AF154561

KARL DAME

EIS P

Es ist soweit, Politik zu verändern

novum ◢ pro

Dieses Buch ist auch als
e-book
erhältlich.

Der novum Verlag setzt sich dafür ein, eine breite Meinungspluralität zu fördern und verschiedene Perspektiven und Ansichten zu veröffentlichen. Wir möchten jedoch klarstellen, dass die veröffentlichten Meinungen und Inhalte nicht zwangsläufig die Ansichten des Verlags widerspiegeln. Die Verantwortung für die geäußerten Meinungen liegt ausschließlich bei den jeweiligen Autoren.

Bibliografische Information der Deutschen Nationalbibliothek:

Die Deutsche Nationalbibliothek verzeichnet diese Publikation in der Deutschen Nationalbibliografie. Detaillierte bibliografische Daten sind im Internet über http://www.d-nb.de abrufbar.

Gedruckt in der Europäischen Union auf umweltfreundlichem, chlor- und säurefrei gebleichtem Papier.

© 2025 novum publishing gmbh
Rathausgasse 73, A-7311 Neckenmarkt
office@novumverlag.com

ISBN 978-3-7116-0789-8
Lektorat: Leon Haußmann
Umschlagabbildung:
Harti Ni I Dreamstime.com
Umschlaggestaltung, Layout & Satz:
novum Verlag
Autorenfoto: Karl Dame

www.novumverlag.com

Druckprodukt mit finanziellem
Klimabeitrag
ClimatePartner.com/16547-2311-1001

INHALTSVERZEICHNIS

UNSERE VÄTER HATTEN KEINE KINDHEIT

Wie nun jeder weiß, hat sich Deutschland durch den Zweiten Weltkrieg ein Geschwür eingefangen, was nicht mehr heilen soll. Es hat dazu geführt, dass der Gemeinsinn, das Nationalbewusstsein verloren gegangen ist. Der Vorgang ist so, als hätte meine Tante ein offenes Bein, das immer dann, wenn es gerade beginnt zuzuheilen, aufgemacht wird, um nachzusehen, ob es wirklich heilt. Es fühlt sich an wie langsames Absterben.

Des Weiteren wiederholt sich die Erfahrung: Der kleine Mann ist der Dumme, weil Politiker die Lage falsch eingeschätzt oder falsch gehandelt haben. Denn den kleinen Mann braucht man nur zur Wahl und im Krieg, ansonsten ist er kein Gegner, mit dem man zu rechnen hat. Es sei denn, er geht auf die Straße oder auf die Barrikaden.

Unsere Väter – Soldaten des Zweiten Weltkrieges –, von denen hier die Rede ist, sind um 1920 herum geboren und hatten keine Kindheit und keine Jugend! Sie und ihre Familienangehörigen hatten nach den Kriegen keine psychologische Betreuung. Und sie werden immer wieder so hingestellt, als hätten sie den Krieg gewollt und wären für alles mitverantwortlich. Sind russische Bürger, ukrainische Bürger, palästinensische Bürger ohne jegliche militärische Ausbildung und israelische Bürger auch alle verantwortlich für das, was ein Putin, ein Netanjahu an Vernichtung bestimmt?

Wenn heute der Generalinspekteur der Bundeswehr eigenmächtig ein Waffengeschäft tätigen würde, würde er binnen kürzester Zeit vom Bundesminister der Verteidigung auf das Primat der Politik hingewiesen und eine Ordnungsstrafe erhalten. Der deutsche Soldat erhält die Anweisung zum Handeln von der Politik. Wer sich dagegen wehrt, wird bestraft. So ist das heute; so war es in Deutschland auch nach dem ersten Weltkrieg!

Nicht generell unsere Väter wollten den Krieg, sondern der Führer. Wer ihn nicht wollte, wurde eingesperrt, so wie heute für jeden sichtbar unter Putin in Russland. Schweigen heißt nicht Zustimmung, sondern Angst vor Gefängnis und Tod!

Wenn unsere Bundeswehrsoldaten in Afghanistan Dienst getan haben, war das die Umsetzung der Weisung des Ministers auf der Basis einer Parlamentsentscheidung. Doch diese Parlamentsentscheidung ist nur die Entscheidung der schon gewählten Vertreter des Volkes. Denn die Wahl der Volksvertreter erfolgte nicht unter den Rahmenbedingungen Afghanistan-Einsatz, weil dieser Sachverhalt gar nicht abzusehen war. Das heißt, das Volk steht nicht unbedingt hinter der politischen Mehrheitsentscheidung. Das Volk wird zu dieser Einzelentscheidung auch nicht in dieser Demokratie gehört. Es ist eine Pseudo-Demokratie. Das Volk hat nur mit der einen Wahl für 4 Jahre einen Freifahrtschein für das Handeln seiner Politiker abgegeben, ungeachtet von möglichen unvorhersehbaren politischen schwerwiegenden Ereignissen. Nicht anders war es zwischen den beiden Weltkriegen auch. Es spricht nur niemand aus.

Von 1914 bis 1918: der Erste Weltkrieg
Von 1919 bis 1933: Nachkriegszeit
Von 1933 bis 1939: Aufbauzeit
Von 1939 bis 1945: der Zweite Weltkrieg

Um 1900: Geburt unserer Väter
Von 1926 bis 1933: Schulzeit
Von 1933 bis 1939: Schulzeit und militärische Vorausbildung
Von 1939 bis 1945: Kriegszeit
Von 1945 bis 1948: Kriegsgefangenschaft

Schon im ersten Weltkrieg hatten die Eltern unserer Väter und Mütter vieles oder alles verloren. Somit wurden sehr viele unserer Eltern in eine Welt der Armut hinein geboren. Nur eine kleine Gruppe von Menschen hatte genügend Werte und Geld, wie dies nach jedem Krieg der Fall ist.

Die Reparationskosten der Alliierten, die Deutschland für den verlorenen 1. Weltkrieg zu zahlen hatte, waren unbezahlbar hoch. Derjenige, der als Politiker Änderung versprach, fand natürlich Gehör bei den Unzufriedenen.

Danach ging es um die Zukunft des Deutschen Reiches, um hoffentlich ein besseres Leben in Frieden. Von 1919 bis 1932 hat es 14 Reichskanzler gegeben. Was wollten deren Parteien jetzt noch besser machen?

Wir wählen die Neuen, hörte Karls Vater Karl Herbert seine Mutter sagen. Nicht mehr das Zentrum, die Deutsche Volkspartei, die Deutschnationalen, die SPD oder die Monarchisten. Alle Tageszeitungen schrieben über die letzte Hoffnung, Adolf Hitler. Jeder wollte ihn sehen und hören. Was hatte er für Ideen? So kam es, wie es kommen musste. Konkurrenzlos hatte Adolf Hitler die Mehrheit des Volkes durch seine Auftritte und Reden überzeugt. Das Wahlergebnis der Reichstagswahl am 05.03.1933: NSDAP 43,9; SPD 18,3; Z/BVP 14,0; KPD 12,3; KSWR 8,0.

Keine Partei hatte die absolute Mehrheit; die NSDAP erhielt 288 von 647 Sitzen; nach Konstituierung ohne KPD 288 von 566 Sitzen.

Karl Herbert war nun in dem Alter, wo er den politischen Neuanfang bewusst miterlebte. Im Dezember 1932, 18 Jahre alt, war er im letzten Lehrjahr. Die Arbeit machte ihm auf Dauer keinen Spaß, da er lieber studiert hätte; aber er musste da durch. Und seine Freizeit wurde ja auch immer interessanter, seit Adolf Hitler sich für das Volk einsetzte. Karl hatte keinen Vater, den er fragen konnte, ob Hitler denn jetzt der Richtige wäre. Karl hörte sich die Meinungen der Erwachsenen an und die waren überwiegend positiv. Unzufriedene, Unentschlossene gibt es immer. Aber jetzt waren diese in der Minderzahl. Not und Armut schweißt zusammen!

Die Reparationskosten der Alliierten England und Frankreich wurden storniert. Es ging wirtschaftlich und finanziell durch den Neuen wieder bergauf. Es schien eine friedliche zufriedenere Zeit zu werden.

Aber es zeigt sich, Geschichte wiederholt sich.
Voltaire: Geschichte ist die Lüge, auf die man sich geeinigt hat.
Bertold Brecht: Wenn Unrecht zu Recht wird, wird Widerstand zur Pflicht!
Karl: Währet den Anfängen nicht mit Reden, sondern mit Maßnahmen!

Warum findet gegenwärtig die AfD bei vielen Bürgern Gehör?
Die politisch und historisch belegte Begründung heißt „Unzufriedenheit bei der Mehrheit der Bürger"! Offensichtlich kennen die Bürger nicht das ganze Parteiprogramm der Alternative für Deutschland.

DAS „ZEITALTER NULL UND EINS"

Im 20. Jahrhundert befinden wir uns in einem Umbruch aller gegenwärtigen Techniken. Die Künstliche Intelligenz KI bringt zusätzlich etliche Hilfsmittel und Produkte zur Anwendung. Sie ist jedoch nur eine Vorstufe zur Technischen Singularität (TS) oder Intelligenten System Steuerung „ISYS" mit immensen Rechenleistungen. ISYS ist dabei, die Welt zu verändern, wobei sich sehr viele Berufsbilder ändern oder gar wegfallen werden.

Dies geschieht neben der Herstellung auch in der Anwendung. Anwender sind jedoch die einzelnen Bürger eines Staatsvolkes. Nimmt man die Bundesrepublik Deutschland als Beispiel, dann zeigen die PISA-Studien, dass es sehr große Unterschiede im Wissen bei den Schülern gibt. Und ohne Weiterbildung bleiben sie auf dem Stand des Schulabschlusses stehen. Die Nutzung von Elektronikartikeln zeigt jetzt schon deutlich, dass das Verständnis von Zusammenhängen geringer wird.

Es werden auch einfache Berufe wegfallen, womit die Arbeitnehmer zur Umschulung gezwungen werden. Die neuen Fähigkeiten erfordern aber mehr Wissen und Können. Nicht jeder Bürger wird das fachlich umsetzen können.

Wie sich Berufe verändern können, zeigten die Discounter schon vor Jahren mit ihren Backstationen. Vorgefertigter Industrieteig wird von einer Verkäuferin nach Bedienungsanweisung in einem elektrischen Backofen gebacken, fortwährend in der Zeit der Kundenbesuche. Obwohl die Qualität dieser Backwaren unter der eines Bäckers liegt, der nach traditioneller Methode gebacken hat, werden die Produkte gekauft. Ein Teil der jüngeren Gesellschaft kennt die alte Brotqualität mit dem typischen Teiggeruch als Vergleich nicht mehr. Für diese ist das jetzt der gängige Standardgeschmack. Somit fehlt ihnen auch nicht der Bäcker mit eigener Backstube. Das ist jetzt eine Berufsveränderung auf niedriger technologischer Ebene, wo der Ersatz noch mit Checkliste für jede Verkäuferin zu schaffen ist.

Es gibt daneben ein Industriebrot, welches 50 m über ein programmiertes Transportband geschickt wird, für das chemische Beimengungen erforderlich sind, die z. B. die Formstabilität gewährleisten müssen. Negative Auswirkungen auf die Gesundheit sind vorprogrammiert.

Ähnliche Veränderungen und vielleicht noch abrupter gibt es in den technischen Berufen. Das werden alle Handelskammern in Zusammenarbeit mit der Wissenschaft herausfinden müssen und sich mit den dafür verantwortlichen Politikern vorbereiten. Die Umsetzungen in zurzeit 14 Ministerien mit ca. 500 000 Mitarbeitern bedarf einer neuen koordinierten Zusammenarbeit. Wofür sind die eigentlich da?

Es findet eine rasante Veränderung im gesamten Staat statt, der das Volk ausgesetzt ist. Die Diskrepanzen in den Behörden nehmen zu. Wie groß die sind, zeigen auch folgende Beispiele:

Bauern bringen immer noch mehrmals im Jahr Gülle wie im Mittelalter auf die Felder, so dass es 2–3 Tage nach Kuhschiet stinkt und die Gülle bei dem zunehmenden Regen durch den Klimawandel ins Grundwasser absinkt. Ihre Trecker dagegen sind High-Tec-Maschinen mit Genauigkeitsgraden bei der Saat von Zentimetern.

Im behördlichen Gesundheitswesen wird noch mit Fax gearbeitet. Das Ergebnis fehlender IT in diesem Bereich: Ein Zugewanderter hat 14 Frauen und bekommt für alle Kinder Kindergeld; er selbst lebt jedoch in Afrika.

Auf der anderen Seite sorgt die Deutsche Weltraumtechnik mit dafür, dass Satelliten auf Asteroiden landen, Bodenproben ziehen und zur Erde zurückbringen. Pkw haben Digitalkonsolen, aber in Schulen wird noch mit Kreidetafeln gearbeitet.

Es fehlt den politisch Verantwortlichen an Erkenntnissen von praktischen Zusammenhängen, an Weitsicht und an praktischen Lösungen. Deutschland hat sehr kreative Ingenieure und Wissenschaftler. Wenn sie einen Fortschritt erzielt haben, wird dieser durch fehlende finanzielle Unterstützung gebremst und durch Sicherheitsvorgaben ganz zunichte gemacht. Wo hat

Revolution auf dem Fundament einer durchsetzungsfähigen demokratischen Bürgerschaft, die die Mehrheit der Bürger erlangt und den **Artikel 146 des GG** anwendet: „Dieses Grundgesetz, das nach Vollendung der Einheit und Freiheit Deutschlands für das gesamte deutsche Volk gilt, verliert seine Gültigkeit an dem Tage, an dem eine Verfassung in Kraft tritt, die von dem deutschen Volk in freier Entscheidung beschlossen worden ist."

OMADAKRATIE

Alle sprechen davon, die Demokratie in Deutschland zu retten. Welche Demokratie? Welche Volksherrschaft? Ist eine Stimmabgabe für 4 Jahre Volksherrschaft? Gehören Wahlen von Partei-Personen, für die es keinen Ausbildungsberuf Politik gibt, zur Volksherrschaft? Nein!

Diese Demokratie stirbt in Raten, zurzeit an liberaler Selbstgefälligkeit. Es ist nicht mehr länger anzusehen, wie Deutschland nicht nur verteidigungsunfähig ist, sondern auch wirtschaftlich immer wettbewerbsunfähiger wird. Provinzdenken muss in den Ministerien abgeschafft und Lobbyismus intensiver überwacht werden.

Die Demokratie gibt es gar nicht. Es gibt diverse Pseudo-Demokratien. **Das Deutsche Demokratische System der BRD ist eine OMADAKRATIE;** eine Gruppenherrschaft von Parteien, Justiz, Lobbyismus, Gewerkschaften und Tagesjournalismus, die insgesamt zu viele Sachentscheidungen zum Nachteil des Volkes, der Mehrheit der Gesellschaft, für Jahre beeinflussen oder sogar verhindern.

Es ist so weit, die bestehende OMADAKRATIE (Gruppenherrschaft) in die Demokratie (Volksherrschaft) der Bürger zu überführen.
In der OMADAKRATIE machen zu viele

* Juristen unsere Gesellschaft kalt und unmündig,
* Politiker unsere Gesellschaft unsicher und unmündig,
* Soziale Netzwerke unsere Gesellschaft aggressiv und radikal,
* Streikrecht-Missbrauch unsere Gesellschaft gegen das Prinzip Verhältnismäßigkeit pro Tag um 100 Millionen € ärmer!

- Freiberufliche Tagesjournalisten unsere Gesellschaft mit Halbwissen unsicher bis verrückt.
- Werbefirmen unsere Gesellschaft sprachlich dumm.

Unsere moralisch-ethischen Grundsätze des gegenseitigen Respekts, des Miteinander, der rechtzeitigen Auseinandersetzungen mit dem Ziel, eine gemeinsame Lösung zu finden, sind kaputt. Politiker der BRD versprechen nur Änderungen; sie tun es weiterhin. Wir brauchen Politiker – auch in der Opposition – die mit intensivem Fachwissen praktikable Signale für die Zukunft durch optimistisches Handeln verbreiten.

Wir brauchen Journalismus, der dem oberflächlichen Tagesjournalismus entgegenwirkt; sozusagen investigative Journalisten im eigenen Bereich.

Wir brauchen eine Justiz, die auf neue gesellschaftliche Verhaltensweisen schneller reagiert und Opferanklagen als einen Gesamtfall bearbeitet.

Die Bundesrepublik Deutschland mit Bundestag, Bundesrat, 16 Bundesländer, 106 Kreisfreien Städten, 294 Landkreisen, 11 127 Gemeinden mit und ohne Verwaltung ergibt eine fünfstufige Verantwortungsleiter von oben nach unten. Entscheidungsebenen von oben nach unten, ein völlig überholtes Konstrukt aus dem vorletzten Jahrhundert. Wieviel Fach- und Sachkundige sind bei 5 Stufen erforderlich? Es gibt manchmal nur einen. Denn die BRD kauft für Millionen Fachwissen von Beratungsinstitutionen aus der Wirtschaft ein. Daraus ergibt sich die Frage: Warum können die Ministerien mit 275 000 Mitarbeitern diese Aufgaben nicht selbst erledigen? **Hier ist eine intensive Umstrukturierung fällig!**

Statt OMADAKRATIE mit einer Politik der inneren Widersprüche, selbstzerstörerischer Auseinandersetzungen bis zur Selbstpreisgabe, Kapitulation vor roher Gewalt und Beschwichtigungspolitik wird es in der Republik GERMANIEN zukunftsorientierte Programme für 10–15 Jahre, tatsachenorientierte

Debatten, aktualisierte Gewaltabwehr und konsequente koordinierte Durchsetzungswege geben.

Den Staat, den die Bürger benötigen, haben sie noch nicht. Sie haben keine Demokratie!

Das Ziel ist die Gründung einer sich in der Weltpolitik behauptenden Republik, auch in Anlehnung an die Weltsprache Englisch.

Daher hat Karl am 02.04.2024 in Deutschland lautlos die **Republik GERMANIEN (RG) ins Leben gerufen**. Zum Aufbau läuft die friedliche Revolution in der bestehenden OMADAKRATIE als Phase 1 durch Aufklärung und Mitgliedergewinnung auf breiter Front. Geschätzte Dauer: 4 Jahre nach Bekanntwerden; vermittelt in der Öffentlichkeit durch Presse, Rundfunk und Fernsehen. Die Weiterentwicklung erfolgt situationsbedingt.

Die Republik GERMANIEN (RG) – bisher auf dem Papier – soll die Nachfolge der Bundesrepublik Deutschland werden. Sie ist eine multikulturelle Republik mit gleichberechtigten Kulturen, die sich an die Verfassung – das durch Ergänzungen aktualisierte Grundgesetz – hält. Sie ist ein Ersatz für die OMADAKRATIE, auch Juristen- oder Behördendemokratie genannt.

Das bestehende Staatsgebiet der RG ist aufgeteilt in die 13 Länder Bayern, Baden-Württemberg, Brandenburg, Hessen, Mecklenburg-Vorpommern, Niedersachsen, Nordrhein-Westfalen, Rheinland-Pfalz, Saarland, Sachsen, Sachsen-Anhalt, Schleswig-Holstein, Thüringen und die 3 Städte Berlin, Bremen, Hamburg. Bremerhaven wird aus wirtschaftlichen Gründen und wegen gemeinsamer Verantwortung für Häfen, Hinterland und Katastrophenschutz der Weserufer dem Land Niedersachsen zugeordnet.

Der Begriff Bund ist gelöscht. Es gibt eine Republik mit 13 Ländern, 2 Hansestädten und einer Hauptstadt BERLIN.

Die **Republik GERMANIEN** (RG) **ist** im Gegensatz zur BRD **eine transparente Volksherrschaft**; eine **DEMOKRATIE**.

Sie ist der erforderliche historische Neubeginn für das laufende und das nächste Jahrhundert, bevor weiterhin Halbwissende das Leben unserer Gesellschaft behindern und die OMADAKRATIE mit ihrer Politik in der globalen Massenwanderung untergeht.

Die Geschichtsbücher sind voll von untergegangenen Kulturen, die die Weltereignisse um sich herum nicht erkannt haben oder nicht sehen wollten; die das Privatleben über das Gemeinschaftsleben stellten. Vor allem ist bewiesen, dass Demokratien an schwachen Führern scheitern, die den Sinn für

Realität und somit die Bodenhaftung verloren oder nie gehabt haben! Schon Margret Thatcher bestätigte: „Das Rückgrat bei manchen Politikern ist unterentwickelt, weil es vielleicht so wenig benutzt wird."

Auf der Welt gibt es nur noch **63 Demokratien** mit drei Milliarden Menschen. Demgegenüber stehen **74 Autokratien** mit 4 Milliarden Menschen. 49 von den 74 Autokratien sind zunehmend „Hardliner-Autokratien". Die gesamte Entwicklung zeigt eine zunehmende Tendenz. Da ist konstruktiv gegenzuhalten. Reden allein nutzen gar nichts.

Die politischen Führer der Demokratien erkennen offensichtlich nicht mehr die Ursachen der Unzufriedenheit der Bürger.

Aktuell sind weder die BRD noch die USA eine Demokratie = Volksherrschaft. Denn das Volk hat nach Abgabe der Stimmzettel nichts mehr mitzubestimmen. Vor allem dann nicht, wenn unerwartete neue komplexe Ereignisse auftreten und zu entscheiden sind. In Deutschland bestimmt indirekt und direkt der Lobbyismus mit Gutachten und in Amerika der Präsident mit Dekreten die Politik nach der Wahl.

In der RG steht jetzt der Bürger im Mittelpunkt: als Mitglied der Volksherrschaft. Alles, was in ganz GERMANIEN gesellschaftlich erforderlich ist, wird als Gesetz oder Vorschrift auf das gesamte Volk bezogen.

Die entsprechende Verfassung ist eine Aktualisierung des GG, das im Kern übernommen wird. Grundlegende Änderungen müssen vom Parlament mit Zweidrittelmehrheit beschlossen werden. Die 13 Länder- und 3 Stadtregierungen werden an allen gesamtstaatlichen Projekten in der Planungsphase beteiligt. Das Motto auf jeder politischen Ebene ist:

Gesamtinteresse geht vor Eigennutz.

Die neue Staatsform: „Republik GERMANIEN" ist ein Ersatz für die kleinbürgerliche Behörden- und Juristendemokratie, wie der Bürger sagt. Sie entwickelt sich nunmehr unter aktiver Mithilfe der Bürger weiter.

Staatsbürger

Alle Staatsbürger – das Volk – sind das Fundament des Staates. Es gibt mehr als 84,67 Millionen Bürger. Der Staat hat eine Grundverantwortung für seine Staatsbürger, damit sie würdig leben: betreffend Wohnraum, Mobilität, Bildung, Arbeitsangebot, Gesundheit und Sicherheit. Die Bürger werden vom Staat in Friedens- und Krisenzeiten geschützt.

In der Verfassung, bisher Grundgesetz, ist das in den Grundrechten 1 bis 19 mit den neuen Ergänzungen in 2a und in 12a (4) niedergeschrieben.

Dazu gehört auch das Recht, frei und sicher zu leben und seine Meinung offen äußern zu können. Die Grenze sind Beleidigungen außerhalb der gesellschaftlichen Toleranz. Der Werte- und Achtungsanspruch erkennt die Mündigkeit der Bürger juristisch, wirtschaftlich und persönlich an.

Staatsbürger ist jeder, der von behördlichen Institutionen nach den aktuellen Voraussetzungen auf dem Staatsgebiet der Republik GERMANIEN registriert wurde. Eine gewollte Zuwanderung unterliegt den Grenzen von Unterkunft und Arbeit in den Ländern, um Schaden vom Volk sowie von Bildungs- und Gesundheitseinrichtungen abzuwenden.

Die Staatsbürger sollen auf das Leben vorbereitet werden und arbeiten, um für ihren Lebensunterhalt Geld zu verdienen.

Jeder Staatsbürger der RG hat mit unterschiedlicher Intensität und Schwerpunktbildung **die Zukunft mitzuplanen**. Dabei bleibt er geistig nie stehen; Weiterbildung und Weiterentwicklung sind ein Lebensstandard, um die globalen und regionalen Lebensveränderungen zu verarbeiten. Es werden Erfahrungen auf Basis der staatsbürgerlichen Rechte und Pflichten weitergegeben.

Leben heißt: ohne Egoismus mit den Sinnen die Welt wahrnehmen und verstehen. Im Laufe des Lebens erlebt der Bürger verschiedene Ebenen der Bildung. Generell gilt: Staatsbürger werden durch Bildung von Elternhaus und Staat geformt. Was der Staat für das Berufsleben nicht vermittelt, wird nicht gelebt oder erst in späteren Jahren selbst nachgelebt.

Schwerpunkte der Bildungsstätten bis zur Rentenzeit sind: Häuslicher Lebensraum/Kleinkindalter/Kindergarten/Vorschule/Schulen/höhere Bildungsstätten/Beruf/Freizeit

Tätigkeiten-Zyklus: spielen/lernen/weiterbilden/arbeiten/erholen.

In diesen Bereichen soll der Staatsbürger vorbereitet werden. Denn er soll als politisch verantwortungsvoller Bürger, also als mündiger Bürger, in der Gesellschaft mitentscheiden.

Erfordernisse dafür sind: geistige Stärke durch selbstständiges Denken; moralische Stärke durch Standfestigkeit, Fachwissen, um Zusammenhänge und Abhängigkeiten zu erkennen, Kompromissfähigkeit, Glaubensstärke sowie gesundheitliche Stärke durch Bewegung. Ergeben sich gesundheitliche Defizite, wird er krank, kostet die Gesellschaft unnötig Geld und kann letztlich keine Zufriedenheit erlangen.

Jeder Bürger benötigt zur Zufriedenheit 4 Ausprägungsgrade:

- Anschluss und Anerkennung
- Abgrenzung und Kontrolle
- Selbstwert
- Streben nach guten Gefühlen.

Staatsbürger müssen auch die Fähigkeiten haben, beide Seiten der Medaille erkennen und bewerten zu können, um den politischen Pflichten nachzukommen, z. B., um zu wählen. Ein Ergebnis zum jetzigen Wählerverhalten: 23 % sind unentschieden; 40 % sind festgelegt, egal was passiert; 12 % sind uninteressiert; 25 % kommen nicht. Bei den 23 % Unentschiedenen tragen die Ereignisse der letzten 4 Wochen entscheidend zur Urteilsfindung bei. Auf dieser Basis kann keine arbeitsfähige Regierung aufgebaut werden. Hier ist für die Bürger eine Änderung erforderlich, um klare Mehrheiten für eine Regierung zu erhalten.

Jeder Staatsbürger (Bürger) ist Teil des Staatsvolkes (Volkes). Das Volk ist gesellschaftlich ein Zusammenschluss von vielen Volksgruppen mit eigenen Traditionen wie Brauchtum, Tugenden, Lebensstile, Feste und historische Veranstaltungen. Die kulturellen Leiter sind Führer/Organisatoren und achten auf Einhaltung der Tradition. Die Abschaffung von Staatstraditionen bedarf immer einer 2/3-Mehrheit im Parlament; per Gesetz. Da nicht alle Menschen gleich sind, ist das eine schwierige Aufgabe, wenn einige ihre persönlichen Belange in den Vordergrund stellen wollen. Tradition basiert auf Althergebrachtem. Veränderungen = Modernisierungen müssen friedlich erstritten werden. Dazu ist eine Streitkultur erforderlich, die man jetzt in den Schulen GERMANIENs lernt. Sachliche Argumente für und wider, Kompromissbereitschaft, Respekt vor Erfahrungen, Zuhören und zielstrebige Überzeugung sind gefragt. Dabei wird jeder friedliche Religionsglaube gleichberechtigt akzeptiert. Da kaum ein Bürger seine religiösen Schriften kennt, sei darauf hingewiesen, dass diese Inhalte von vor über 2000 Jahre aufweisen! Das Leben wurde zu der Zeit ständig durch Kriege, Morde, Verfolgungen und Hinrichtungen bestimmt. Der Berliner würde sagen: es gab vor über 2000 Jahren in Palästina und Umgebung Mord und Totschlag. Dementsprechende Texte sind in der Bibel, im Koran und in der Tora nachzulesen. Die Anwendung dieser Taten wäre aus religiöser Sicht gar nicht strafbar. Denn sie sind Gott gewollt. Kaum zu glauben aber wahr, siehe Eis R.

Warum sind die Bürger mit der Politik in der BRD seit Jahren nicht zufrieden? An jedem Wahlabend gibt es seit 24 Jahren bei den Politikern im Abendfernsehen, deren Parteien verloren haben, die Aussage: „... wir sind zu wenig auf die Bürger eingegangen ..." Die Wiederholungen zeigen alle 4 Jahre, dass diese Politiker das Volk offensichtlich nicht verstehen können und nur auf ihre Stammwähler hoffen. Bis heute hat keine Partei konzeptionelle Ergebnisse nach einem Wahlverlust veröffentlicht, aus denen die

Bürger die Veränderungen erkennen können. Die gesamte Diskussion besteht nur aus Forderungen, etwas zu ändern.

Die Politiker erkennen sichtbar nicht die Zusammenhänge und Abhängigkeiten in den Bereichen, die den Bürgern Sorge bereiten. Es sind und bleiben: Bildung, Erziehung, Betreuung, Beruf und Einkommen, Mieten, innere und äußere Sicherheit, Infrastruktur, Altersversorgung und die hohe zunehmende Anzahl von Migranten.

Für eine professionelle Politik hat Karl **eine Partei gegründet**, die „**Bürgerinitiative GERMANIEN**".

Die Bundesrepublik Deutschland ist gem. Artikel 20 GG ein demokratischer und sozialer Bundesstaat. Die Parteipolitiker entscheiden nach der Wahl mehrheitlich nach den Vorgaben ihrer Partei und nicht nach bestem Fachwissen und Gewissen. Dabei kommt es sogar zur Unterschlagung von Mehrheiten, die das Volk und nicht eine Partei bestimmt hat. Beispiel: Partei A 35 %, Partei B 20 %, Partei C 16 %, ergibt nach Wählerwillen Partei A mit Partei B. Aber die Partei A macht daraus einen politischen Auftrag mit Partei C. **Ist dies Demokratie?** Nein, das ist Ignoranz des Wählerwillens. Juristisch ist das sogar indirekte Unterschlagung von Wählerstimmen. Es zeigt deutlich das Versagen der Parteien A, C und andere vor der Wahl, die die Wähler nicht von ihrem Parteiprogramm überzeugen konnten. Daraus hat man sicher auch bis 2025 noch nicht gelernt. Dazu müssen die Wähler überzeugt werden und wissen, dass die BIG mindestens eine Mehrheit von 40 Prozent braucht, um eine professionelle und stabile Regierbarkeit zu gewährleisten.

Der Artikel 21 des GG wird in der Verfassung der Republik Germanien ergänzt, weil der Begriff „demokratische Grundsätze" völlig ungenau und nicht definiert ist:

Die Republik Germanien ist eine Demokratie. Zugelassen sind nur demokratische Bürgerschaften mit Mitgliedern, die die Verfassung gänzlich vertreten. Einzelne Mitglieder oder die Bürgerschaft verlieren ihre politische Zulassung, wenn sie verbal oder lesbar gegen einen oder mehrere Artikel der Verfassung verstoßen. Entscheidungsträger ist das Verfassungsgericht der Republik Germanien.

Die Einflussnahme der Interessengruppen (Lobbyismus) ist unverantwortlich groß und hat nach der politischen Entscheidung überwiegend mit dem Wählerwillen nichts mehr zu tun. Für die Lobbyarbeit sind Hunderte Lobbyisten tätig, die Millionen von € aufwenden dürfen. Die Gasindustrie z. B. 40 Mio., des weiteren BUND, Greenpeace, Deutsche Umwelthilfe 1,55 Mio. usw. Die Ergebnisse dieser Gruppenpolitik entsprechen nicht den Erwartungen der Wähler.

Die nächste Einflussgruppe, direkter und indirekter Art, sind die Juristen. Sie sind in hohen Politikebenen fehl am Platz. Denn sie haben aufgrund ihrer Ausbildung nur rückwärtiges Denken und Entscheiden gelernt. Sie werden tätig, wenn etwas passiert ist und entscheiden dann nach Jahren. Es fehlen wirtschaftliche Kenntnisse für mittel- und langfristige Abhängigkeiten in Planung, Vorausschau, organisatorische und wirtschaftliche Zusammenhänge sowie praktische Erfahrungen des arbeitenden Volkes. Fehlentscheidungen sind zu oft das Ergebnis.

Beispiel: Ein Politiker ist Mitglied im Aufsichtsrat einer großen Bank und kann keine Bilanz lesen. Die Bank ging später pleite und er hatte keine Mitschuld.

Die dritte Einflussgruppe sind die Tagesjournalisten der Medien, Presse und Fernsehen, die überwiegend freiberuflich arbeiten. Was veröffentlicht wird, wird diskutiert. Was nicht/nicht mehr veröffentlicht wird, wird nicht diskutiert. Der schnelle Themenwechsel führt zu Rechercheverlusten und dementsprechend zur Übermittlung von Teil- und Halbwissen. Die Gesellschaft wird 24 Stunden lang oberflächlich mit unzähligen Informationen bombardiert und glaubt das, was sich am besten anhört oder anzusehen ist. Korrekte Sachentscheidungen sind zu langweilig und fallen daher unter den Tisch.

Es bedarf einer zukunftsfähigen Bürgerschaft, die all diese Schwachstellen abbaut. Deshalb hat Karl nach der Freien Wählergemeinschaft „FWK" wieder eine Partei gegründet; die **BIG**.

Er stellt jetzt Inhalte einer friedlichen Revolution mit einer zukunftsfähigen Bürgerschaft, der **Bürger Initiative GERMA-NIEN**, weg von einer CDU – FDP – SPD OMADAKRATIE vor. Er zeigt Wege auf, wie die Bürger gleichberechtigt, menschlich und leistungsgerecht in GERMANIEN leben können.

Zur Europawahl standen im Jahr 2024 34 Parteien zur Wahl. Das ist kein Zeichen für eine hohe Kultur. Nein, Splitterparteien sind ein Zeichen für Unzufriedenheit der Bevölkerung. Geschichtsbücher belegen es.

Die Bürger erkennen jetzt in der RG, dass eine Partei eine Mehrheit erreichen muss, um zu regieren. Deshalb muss das Parteiprogramm durch die Mehrheit der Bürger getragen werden. Denn die Regierungsfähigkeit nimmt mit mehr als zwei Parteien in der Regierung rapide ab.

Jede zugelassene Partei hat nunmehr vor der Wahl ihr erforderliches thematisiertes Konzept zu veröffentlichen. Es gibt im Sprachgebrauch nur noch Demokraten, Antidemokraten oder Gegner der Demokratie. Die uneinheitlich definierte Einteilung in Links, Mitte und Rechts fällt weg. Die parteiinternen Meinungsunterschiede brauchen keine gesonderte Bezeichnung. Meinungsdifferenzen beziehen sich nie auf das gesamte Programm, sondern auf Projekte.

Wenn politisch etwas Neues eingerichtet wird, muss es sich in einem demokratischen Staat von der Basis her bilden, facettenreich ohne weitere durchgängige Einflussnahme. Dafür ist permanente Schulung erforderlich. Die heutigen Lebensbereiche sind so komplex, dass sie von einer Aussitzerregierung [nur nichts verändern] nicht mehr in Konkurrenz mit anderen Staaten regiert werden können. Von außen einwirkende Ereignisse mit den daraus folgenden Auswirkungen sind von Einzelpersonen nicht mehr bewertbar.

Die bisherige Parteipolitik als Führungsmittel ist in Deutschland am Ende.

Die Unzufriedenheit der Bevölkerung nimmt stetig zu. Sehr viele Bürger rufen verstärkt: „Es muss sich was ändern, die Regierung muss weg oder wir brauchen eine Revolution."

Es scheint auch, dass die wenigen Demokratien dieser Welt nicht mehr in der Lage sind, sich gegen politisch Radikale zu wehren, weil sie – besonders aber Deutschland – ihre eigenen politischen Gefangenen sind. Eine Bürgermehrheit braucht für die eigene Sicherheit und Zukunft demokratische Führer mit Durchsetzungskraft, die die vorhandenen juristischen Zwänge aktuell auf die Gegenwartsebene der Gesellschaft heben und damit mehr auf die Bedürfnisse der Bürger eingehen können. Das verhindert auch, bei Wahlen den radikalen Führern zuviel Stimmen zu geben.

Für eine professionelle Ausbildung der Politiker hat Karl eine Bildungsstätte gegründet, die Zentrale der Politischen Bildung GERMANIEN.

ZENTRALE DER POLITISCHEN BILDUNG GERMANIEN „ZPBG"

Dies ist eine politische Revolution für Deutschland, aber eine Selbstverständlichkeit für die Republik GERMANIEN. Alle, die von der untersten Ebene ab in die Politik gehen wollen, müssen zur **Zentrale der Politischen Bildung GERMANIEN (ZPBG)**. In jedem Land gibt es ein Institut; in Berlin befindet sich das Zentralinstitut. Dort wird für die einheitliche Unterrichtung gesorgt.

Wenn die ersten 10.000 Politiker ausgebildet sind, können die alten Parteien in die neuen Bürgerschaften umbenannt werden, in: SB, LB, GB, KB, AB usw.; soziale, liberale, grüne, konservative und alternative Bürgerschaft. Die ausgebildeten Politiker müssen sich dann für eine dieser Bürgerschaften entscheiden oder zur FB Freien Bürgerschaft gehen. Weitere bestehende Parteien werden für **Republikwahlen** nicht zugelassen, da regierungsfähige Mehrheiten verlangt werden. Hundepartei und ähnliche gehören auf dieser Ebene der Vergangenheit an und sind nur noch regional auf Landesebene bei den **Regionalwahlen** zugelassen.

Das Ziel ist, die größte Anzahl der Bürger für das Regieren hinter sich zu haben: also eine **Volksherrschaft mit stabilen Mehrheiten** zu schaffen. Ausspruch von Bundespräsident Frank-Walter Steinmeier 12/2024: „Unser Land braucht stabile Mehrheiten und eine handlungsfähige Regierung.

Politik findet dann in Germanien weder in der Justiz noch in den Talkshows statt.

Karl ist und bleibt kulturell ein Germanier in Europa und nicht ein amerikanisches politisches Derivat. Die in Amerika angestrebte Einparteienherrschaft mit dem Wirtschaftsmodell: „Wer die Macht hat, hat die Wirtschaft" oder „America first" wird hier nicht einmal im Ansatz Fuß fassen.

Damit das Volk dies rechtzeitig versteht, wird die Politische Bildung (PB) auch in allen Schulen Pflichtfach: in der Grundschule als Basis mit verstärkter regionaler Kultur und in den weiterführenden Schulen mit Gegenwarts- und Zukunftspolitik gelehrt. Es gibt keine Reduzierung mehr über die deutsche Vergangenheit auf Hitler und die Juden. Der Krieg in der „Ukraine" und der Krieg in „Palästina" sind Wiederholungen von historischen Ereignissen. Sie zeigen die Ohnmacht derjenigen, die immer noch Karl und seine Eltern (gestorben) für Hitlers Taten mitverantwortlich machen. Die periodischen Erinnerungen und Mahnungen sind kein Mittel, Kriege zu vermeiden oder frühzeitig zu beenden. Sie haben eindeutig versagt. Die periodischen Mahner haben nach über 80 Jahren weder praktikable Vorschläge, um das Morden an den beiden Zivilbevölkerungen in der Ukraine und Palästina sofort zu stoppen, noch erhebt deren oberste Führungsebene ihre Stimme dagegen!

Karl hat die Erfahrungen für eine Erneuerung. Seine Ahnen haben sämtliche politische Behandlungen, die ein Mensch bisher im westeuropäischen Raum erfahren konnte, überlebt, auch wenn dabei Verluste einiger Familienmitglieder zu beklagen waren. Von der Verfolgung bis zur Ehrung ist ihnen alles widerfahren; siehe Eis C.

Karls Vorfahren waren vertriebene Hugenotten oder Calvinisten. Die Familie hat dafür gesorgt, dass Karl sämtliche Erfahrungen seiner Ahnen verarbeiten konnte. Seine Fähigkeiten: eine schnelle Auffassungsgabe, Weitblick, Sinn für Realität und Gerechtigkeit sowie das Erkennen von Zusammenhängen, haben ihm beruflich die interessantesten Aufgaben an vielen Orten im In- und Ausland ermöglicht. Er denkt und arbeitet immer nach seinem **Leitspruch:**
„Prioritäten schaffen, dabei die Vergangenheit verstehen, die Gegenwart meistern und die Zukunft planen."
Diese Fähigkeiten und die Erfahrungen sind es, die seine Freunde bewogen haben, ihn als ihren Wegbereiter zur friedlichen Revolution zu bestimmen. Aber an der Front müssen andere stehen, Naturtalente der Rhetorik mit Durchblick und realer Überzeugungskraft.

Um den skeptischen Bürgern die Angst zu nehmen, sei gesagt, dass Karl als gebürtiger Berliner immer auf der Basis der Verfassung (zuvor Grundgesetz) denkt und arbeitet und sein verändertes Deutschland, die Republik GERMANIEN, ein Staat mit internationalen Kulturen und Religionen bleibt. Die RG wird regiert im Mittelpunkt der Völkervielfalt von 9 angrenzenden Ländern Europas, aus einer Hauptstadt Berlin, die im 4-Mächtestatus schon immer eine friedliche Vielvölkerstadt war.

Die Grenzen des Journalismus liegen beim Missbrauch von Toleranz, die die Mehrheit der Gesellschaft pflegt.
Dazu ein Gleichnis, das innerlich beflügelt, zu handeln.

„Am Anfang stand das Volk. Es lebte vor sich hin in Gruppen. Man beschäftigte sich mit Fischfang, Ackerbau, Handwerk und Handel. Im Grunde machte jeder, was er wollte. Es dauerte nicht lange, da war das Volk ruiniert und es verlangte nach einer Führung, einem Ausweg aus der Misere. Die Bürger des Volkes sahen ein, dass sie ihre Meinungen bündeln mussten, um ein praktikables Ergebnis zu erzielen. Sie wählten aus der jeweiligen Volksgruppe zwei Vertreter ihres Vertrauens mit der größten Lebenserfahrung. Die Vertreter wurden zu einer großen Versammlung geschickt, auf der man den weisesten Mann, den mit der größten Lebenserfahrung, also mit den Fähigkeiten: Sachkenntnisse, Menschenkenntnis, Ehrlichkeit, Verlässlichkeit, Vertrauen, Anstand und Achtung, wählen sollte. Im Ort des Geschehens angekommen, gab es einen Typen, der den ganzen Wahlvorgang organisierte. Er hatte Kraft, Durchsetzungsvermögen und genügend Hilfskräfte, die sich aus vielerlei Motiven verdingten. So wurde für die Volksvertreter für Unterkunft, Essen, Trinken und Unterhaltung gesorgt.
Der Typ hatte sich im Kopf einen Plan gemacht, wie sich diese hundertzwei Vertreter aus den 51 Volksgruppen kennenlernen konnten. Er hatte dafür, Anreise und Abreise ausgenommen, zwei Tage angesetzt. Am ersten Tag stellte sich jede Gruppe vor. Am Abend waren alle durstig und hungrig und gierig auf Unterhaltung. Der Abend und die Nacht veränderte den einen oder anderen. Aus dem Ruhigen am Tage wurde die Bestie der Nacht und aus dem Temperamentvollen vom Tage wurde der ru-

hige Genießer der Nacht. Jeder beobachtete jeden, soweit er bei fortgeschrittener Nacht dazu noch in der Lage war. Diejenigen, die ein gleichmäßiges, in sich ruhiges und gefestigtes Auftreten zeigten, waren glaubwürdiger als die vorher beschriebenen. So hatte sich von selbst die Mehrheit der Chancen beraubt, gewählt zu werden. Da Aussehen und Reichtum keine Rolle spielten, hatten die übrigen gleiche Chancen.

Am zweiten Tag traf man sich erst mittags, um mit klarem Kopf in die entscheidende Phase einzutreten. Da bei Ankunft alle entwaffnet wurden, bestand auch keine Gefahr eines schweren Kampfes. Nun hatten noch einmal diejenigen eine Chance, die sich freiwillig zu Wort meldeten. Man merkte gleich, dass einige etwas einstudiert hatten oder andere etwas aussagten, was nicht ihres eigenen Gewissens und geistige Herberge war. So trennte sich zügig das Gute vom Bösen. Nun gab es nur noch ein Hindernis: einige Gruppen waren miteinander durch Freundschaft enger verflochten als andere. Da trat der Typ in die Mitte der Versammlung und mahnte alle, dass das Volk nicht einen Bevorzugten braucht, sondern den Besten, denn er solle ja Sachentscheidungen zum Wohle des gesamten Volkes treffen, ohne Emotionen, ohne Abhängigkeiten von einer Gruppe. Da konnte keiner dagegenreden, denn das war ja tatsächlich ihr Ziel. Sie besannen sich alle ihrer eigentlichen Aufgabe und wählten im ersten Wahlgang ihren besten und als Vertreter den zweitbesten Mann. Dann feierten sie wieder und die letzten, natürlich die Nichtgewählten, reisten zwei Tage später ab. Zuhause angekommen, wurden etliche in ihrer Volksgruppe abgewählt, weil sie nicht imstande waren, ihre eigenen Leute von der Richtigkeit der Wahl ihrer Person zu überzeugen. Sie wurden auch nicht rehabilitiert, als das Volk fünfzig Jahre erfolgreich und zufrieden mit dieser Führung lebte. Als diese Führung abgetreten war, wollten einige Volksgruppen andere Wege der Entscheidung gehen. Aber kein zukünftiger Weg war so erfolgreich und hatte dem Volk so viel Zufriedenheit gebracht wie der erste Weg mit der Entscheidung für die Sache."

Wenn wir unser Volk heute bewerten, dann ist die Mehrheit unzufrieden und das schon seit längerer Zeit. Die letzten Wege zur Führungsmannschaft waren also nicht die richtigen! Nein, so einfach ist es ja nicht mehr. Denn das Volk lebt mit seinen Bürgern in einem viel komplizierteren Umfeld als zuvor. Daher gibt es keinen Einzelnen mehr, der alles professionell beherrschen kann. Das zeigt sich immer wieder. Jeder, der an irgendeiner Stelle führt, benötigt die Unterstützung von Fachgruppen.

Wie sieht es denn heute für eine Führung unseres Staates aus? Was hat sie alles zu verantworten? Wie gut ist die Meinung des Volkes repräsentiert? Wie schnell werden Mängel abgestellt? Ist diese Führungsorganisation noch zeitgemäß?

Zum Jahreswechsel ins „Millennium" haben sehr viele Politiker versprochen, Fehler des gerade zu Ende gegangenen Jahrhunderts nicht zu wiederholen. Sie haben sich tatsächlich versprochen.

Die Jahre 2000 bis 2022 verliefen für den politisch interessierten Bürger ebenso wie das Jahr 1999. Es hat sich nichts geändert. Es kann sich auch nichts ändern, da die organisatorischen Gefüge nicht verändert wurden, sowie das erforderliche Controlling in den Führungsprozessen weder angewandt noch durchgesetzt wird und keine Konsequenzen gezogen werden.

Rechnungshöfe, investigativer Journalismus und Greenpeace sind Organisationen, die immer wieder Mängel aufdecken und publik machen. Berichte des Bundesrechnungshofes sowie der Landesrechnungshöfe werden stets damit abgetan, dass diese nur Empfehlungen sein können. Das behaupten jedenfalls die „erwischten Stellen" und Juristen. Und alle Verantwortlichen lassen das zu.

Es gibt keine ernsthafte Aufarbeitung der Mängel.

Da waren Aktionen von Greenpeace effektiver. Wenn diese eine gezielte Thematik publik machten, änderte sich danach immer etwas.

Aber genau dies können wir als Staatsvolk, nach über 80 Jahren nach dem letzten Weltkrieg und fast 25 Jahren Wiedervereinigung, als steuerzahlende Bürger nicht weiter hinnehmen, dass andere Organisationen oder Investigativjournalisten den Politikern Anstöße für die richtige Arbeitsweise und Machbarkeit geben müssen.

Das auf Beamtenwerdegänge, Beamtenorganisationen und Kameralistik und Doppik aufgebaute ministerielle System ist nicht mehr zeitgemäß. Jeder Bürger weiß es und schimpft über seine negativen Erfahrungen. Aber keiner kann etwas dagegen tun oder sieht Verbesserungen! Versuche von einzelnen oder auch von kleinen Gruppen scheitern am jeweiligen Organisationssystem und an der OMADAKRATIE. Die zum Machen gewählt sind, können es nicht, weil sie zu 64 % wie Beamte denken und handeln. Sie haben in ihrem Aufgabenbereich nie die Möglichkeit gehabt, über den Tellerrand zu gucken. Sie handeln eingeschränkt ressortmäßig. Dafür können viele Mitarbeiter nichts.

Dagegen hat jedoch die Wirtschaft Quantensprünge vorgelegt, die beamtete Verwaltung nicht einen einzigen. Beide driften stetig weiter auseinander. Politiker, die keine Konzepte mehr haben und den obersten Juristen ihre Entscheidungsbefugnisse abtreten und Beamte, die ihre Kontrollfunktionen nicht ausüben und sich in der Mehrheit selbst nicht weiterbilden, kosten den Staat zu viel Geld und verhindern seine Zukunft.

Die Mithilfe der Bürger in der RG erfolgt durch Darstellungen von Sachverhalten, die die Mehrheit der Bürger betreffen, also keine Lokalkritik. Die Zielsetzung dabei ist, dass durch die aktuelle komprimierte Darstellung von störenden Mängeln der Druck zur Veränderung dieser Situationen verstärkt werden soll. Eine einmalige Fernseh- oder Radiosendung mit Redaktionsschluss hat nicht diese Durchschlagskraft.

Deutschland, ein demokratischer Staat mit Verfassung auf den Grundmauern des Grundgesetzes, hat in der arbeitenden Bevölkerung Bürger, die flexibel und kreativ sind. Aber er hat staatliche Organisationseelemente, bei denen immer noch Mitarbeiter beschäftigt sind, die nicht flexibel und kreativ zu sein brauchen, weil sie einen festen Job haben und bei Kontrollen keinen Regress befürchten müssen. Zu viele dieser Mitarbeiter fühlen sich in dieser vergleichbar faulen Arbeitssituation sehr wohl, andere haben versucht, mitten in diesem Gefüge etwas zu ändern, ohne Erfolg. Hier muss die jeweilige staatliche/öffentliche Organisationsstruktur aufgebrochen werden, sie ist nicht mehr zeitgemäß.

Es gibt auch in der Bevölkerung sehr viele Pensionäre und Rentner mit großer Berufs- und Lebenserfahrung, deren Wissen und Praxis von einem Tag auf den anderen in der Versenkung landet. Solche Ressourcen können noch genutzt werden, sogar gegen geringes Entgelt ohne Bezug zu Rente oder Steuern; nicht mehr nur ehrenamtlich. Ein Erfolg stellt sich grundsätzlich ein, wenn man will und durchhalten kann.

In jeder aktuellen Demokratie sind alle Wahlberechtigten die Dulder. Wie lange dürfen sie noch dulden? Wir fangen an mit der BIG, der IPFG und der ZPBG. Dann schreiben wir nach einem Jahr die verlässliche Konzeption. Mit den Aktivitäten der Durchführenden müssen in einer bestimmten Zeitvorgabe die Mehrheit der Bürger überzeugt werden. Dann müssen viele freiwillig gehen und umsatteln. Ansonsten ist jetzt historisch die Zeit für Deutschland gekommen, zu der Gruppe der Länder zu gehören, die in der Weltgeschichte in ihrem eigenen Kulturdesaster gestorben sind.

Worauf begründet sich dieser Aufruf? Die Ereignisse der Jahre 1989/1990 haben uns diese historische Wahrheit bewiesen.

Es gibt sogar einige Institute, die verpflichtet sind, Arbeitsweisen des Staates aufzuklären und zu bewerten. Doch ihre Ergebnisse werden in die Schreibtische ganz nach unten und hinten verbannt. Ganz typisch für die OMADAKRATIE.

Es gibt keine Koordinatoren, die Ereignisse zusammenführen und die Macht haben, die aufgezeigten Mängel abzustellen. Die Politiker sind im Parlament mit 64 % Beamten und mit

6 % Wirtschaftsleuten vertreten. Die Mehrheit der Beamtenjobs ist gekennzeichnet durch dauerhaftes Arbeiten in einem abgegrenzten Themenbereich.

Jetzt folgt der Versuch, mit einfachen Mitteln die Begründungen zu festigen bzw. zu liefern. Es ist eine volkstümliche, nicht wissenschaftliche Art. Es ist auch nicht immer eine wissenschaftliche Vorgehensweise erforderlich. Denn hier geht es um Realitäten, denen die Menschen in ihrer Arbeitswelt ausgesetzt sind.

In der Regierung der RG sind gemäß BIG mittel- und langfristige Zielsetzungen mit den dazugehörigen Ausführungsrichtlinien für alle Meinungsgruppen bindend; dadurch entsteht Planungssicherheit.

Nunmehr sind vor jeder Wahl, die GERMANIEN-weit alle 5 Jahre geschieht, von allen Bürgerschaften detaillierte Planungsziele mit Ausführungswege für alle vorgegebenen Bereiche, jeweils 15–20 Seiten, zu veröffentlichen. Die abgegrenzten Vorgaben erfolgen auf der Ebene Republik im **Koordinierungsausschuss** und werden vor jeder Wahl an die aktuellen und zukünftigen Veränderungen angepasst. Somit ist für jeden Bürger ein konkreter Vergleich jeder Bürgerschaft und ihrer beabsichtigten Aktivitäten vor jeder Wahl möglich.

Um eine undemokratische Bürgerschaft (vorher Partei) zu verhindern, wird die Verfassung (vormals Grundgesetz) im Artikel 21 ergänzt. Denn die Aussage im Abs. (2) „freiheitliche demokratische Grundordnung zu beeinträchtigen oder zu beseitigen, usw." ist nicht eindeutig genug und reicht nicht für ein Verbot!

Artikel 21 a (neu)
1. Die Zulassung von Parteien zum Parlament und zur Regierung erfordert ein verabschiedetes Basis Wahl- und Regierungsprogramm durch den aktuellen Parteitag.
2. Vorgaben für das Basis Wahl- und Regierungsprogramm sind im Parteiengesetz § 6 Abs. 3 (neu) geregelt.

Parteiengesetz § 6 Satzung und Programm
Abs. 3 (neu) Das Basis Wahl- und Regierungsprogramm muss folgende Kriterien enthalten:

Neu zu erarbeiten
Abs. (3) alt wird Abs. 4

Für eine professionelle Ausbildung der Politiker hat Karl ein Institut gegründet: das INSTITUT POLITISCHE FÜH-RUNG GERMANIEN „IPFG".

INSTITUT POLITISCHE FÜHRUNG
GERMANIEN „IPFG"

Warum gibt es für regierende Minister und Staatssekretäre keine Stellenbeschreibungen?

Karl bringt über die Ausbildung im Institut für Politische Führung GERMANIEN (IPFG) jüngere, dynamische, flexible Bürger in die wichtigsten ministeriellen Stellen und an die politische Spitze von GERMANIEN. Sie werden finanziell belobigt, wenn sie gut sind, angestachelt, wenn sie auf der Stelle treten, und erhalten den Laufpass, wenn die neutrale Kontrollkommission Gesetzesverstöße/Verstöße zum Ergebnis nachweist. Beamtengehälter in Abhängigkeit vom Dienstposten sind abgeschafft. Die Mehrheit der Bürger muss mit Entscheidungen ihrer Politiker für die gesamte Gesellschaft mitgehen. Allgemeinwohl steht über Eigenwohl.

Das Institut für Politische Führung GERMANIEN (IPFG) mit Basis- und Fachbildung für Minister, Staatssekretäre und deren Vertreter hat das Ziel, professionell versierte internationale Gesprächspartner auszubilden. Nur mit Wissen und Erfahrung kann man vorausschauend handeln. Unvorhergesehene neue Entwicklungen bedürfen zusätzlich einer ruhigen Logik. Das **Studium** heißt **„Internationale Regierungswissenschaft"**.

Eine Tochtergesellschaft befasst sich mit Bildung und Weiterbildung für Führungskräfte auf Landes-, Kreis- und Gemeindeebene. Die Länder und Stadtstaaten bestimmen die Teilnahme.

Im **BASIS-Seminar** sind die Schwerpunkte:

Führen, Leiten, Bewerten, Englisch, Planen, Organisieren, Koordinieren, Konzepte, Konzeptionen, Gesetze, Zusammenarbeit: europäisch, national, international; Beschaffung, Haushaltsrecht, Nationales Recht, Völkerrecht, Partnerschaften, Leistungsfähigkeiten, Beurteilungen, Stellenbeschreibungen, Beamtenrecht, Verfassung und BGB.

In den Fach-Seminaren des Studiums Internationale Regierungswissenschaft werden Zentralkenntnisse gelehrt:

in Finanzen, Justiz, Verteidigung, Wirtschaft, Auswärtiges, Arbeit- und Soziales, Bildung und Forschung, Bürger Erfordernisse, Energie, Gesundheit, Sicherheit, Internationale Unterstützung, Verkehr, Planung, Soziales, Management, IT/Cyber, Englisch.

Ein Schwerpunkt ist die Kommunikation mit Medien.

Die Europawahl 2024 hat gezeigt, dass durch viele Einzelinterviews noch nicht abgestimmter Meinungen einzelner Politiker von 3 Parteien laufend als Streitgespräche veröffentlicht wurden. Das kurzfristige Meistern der Energiekrise hat beispielsweise medial für Industrie und Bürger keinen Stellenwert erhalten. Das Ergebnis: zunehmende Verwirrung bei den Wählern aufgrund bis dahin nicht dagewesener umfangreicher Probleme in den Bereichen Energie, Inflation, Klimawandel, Pandemie, Palästina und Ukraine neben Bildung, Digitalisierung, Gesundheit, Infrastruktur, Sicherheit und Soziales.

Das **Abschlusszertifikat im Studium „Internationale Regierungswissenschaft" heißt „Master of Government Science"** und befähigt die Absolventen für politische Führungsämter in der RG.

Die Probanden für politische Ämter bewerben sich alle 5 Jahre vor jeder Regierungswahl und Republikwahl zum Abgeordnetenhaus. Ja, es gibt zwei Wahlen:

Die **Regierungswahl** beinhaltet die direkte Wahl von 18 Personen direkt durch die Bürger.: Kanzler, Stellvertreter und 16 Minister für folgende Ministerien der Regierung:

Wirtschaft 1 (Industrie und Ausland), Wirtschaft 2 (Mittelstand, Handel), Finanzen, Innere Sicherheit, Auswärtiges Amt, Justiz, Arbeit und Soziales, Verteidigung, Agrarwesen und Ernährung (Erzeuger und Verbraucher), Bürger, Gesundheit, Verkehr, Infrastruktur (Land, Luft, See), Bildung und Forschung, Natur und Umwelt, Koordination.

Jede der 7 Bürgerschaften, (AB-Alternative), BIG, FB (Freie), GB (Grüne), KB (Konservative), LB (Liberale), SB (Soziale), die laufend über 5 % Wahlergebnisse aufweist, stellt der Bevölkerung zur Wahl je 2 bis 3 Kandidaten vor; insgesamt 36–54 Personen. Gewählt ist die Person mit einfacher Mehrheit je Posten. Die Amtszeit dauert 5 Jahre.

Ein Jahr später findet – sozusagen zeitversetzt zur Regierungswahl – die **Republikwahl** für das Abgeordnetenhaus statt, nach dem Modus: ein Kandidat, eine Stimme, ein Wahlkreis. Was soll gewählt werden? Es werden Kandidaten, also Personen, gewählt und keine Institutionen. Dafür werden Listen jeder Bürgerschaft mit 10 von ihren aufgestellten Kandidaten ausgelegt, die den Bürgern bekannt sind. Für die Bürger bedeutet dies eine Auswahl von 7 oder mehr Listen: 1 Republikwahl 1 Kreuz.

Die Amtszeit der gewählten Abgeordneten dauert ebenfalls 5 Jahre.

Die Republik GERMANIEN verschwendet keine Steuergelder. Somit ergeben sich auch Änderungen im Parlament.

Die Anzahl von Parlamentarier wird begrenzt auf maximal 425 Mitglieder anteilig zur Bevölkerungszahl der 13 Länder und 3 Städte. Die Bundesrepublik Deutschland mit ca. 84,7 Millionen Einwohnern hat mit 735 Abgeordnete zurzeit die größte freigewählte Parlamentskammer der Welt! Das ist Größenwahn. Im Vergleich dazu hat das Repräsentantenhaus der USA 435 Abgeordnete. Maximal 420 Abgeordnete errechnen sich nunmehr aus 84,7 Millionen Einwohnern; für je 200 000 Wahlberechtigte 1 Abgeordneter ergeben 424 Abgeordnete.

Die Wahlbeteiligung der Bürger hat immer über 50 % zu liegen, um die Volksherrschaft und keine Minderherrschaft zu gewährleisten. Darunterliegend wir die Wahl nicht anerkannt und ist zu wiederholen. Einmal im Jahr kann bei Bedarf eine Volksabstimmung über ein neues Thema, das die gesamte Nation betrifft, stattfinden.

Es kann nach einem Ministeriumswechsel auch umgehend mit Nachschulungen begonnen werden. **Nicht jeder Minister muss nach einer Wahl in der Republik GERMANIEN wechseln.** Ein aktuelles Beispiel wäre 2025 der jetzige Bundesminister der Verteidigung Pistorius mit seinen Sach- und

Fachkenntnis, der dann unabhängig von seiner Bürgerschaft vom Volk direkt wiedergewählt werden könnte. Die Bevölkerung hat dann im Falle einer Verteidigung die Sicherheit von einem fähigen Verteidigungsminister geführt zu werden. Wenn diese Veränderung nicht kommt, dann Muß jeder wissen, dass im Verteidigungsfall die Befehls- und Kommandogewalt über die Bundeswehr vom Bundesminister der Verteidigung auf den Bundeskanzler übergeht.

Sichtweisen

Mit welchen Sichtweisen haben heutige Politiker zu tun? Es gibt so viel Sichtweisen, wie es Einflussnahmen durch Verbände und andere Institutionen gibt; pauschal gesagt.

Grundlegende Sichtweisen (gesunder Menschenverstand) sind sachlich, ehrlich, humanitär.

Fachliche Sichtweisen richten sich für politische Führungskräfte nach den Arbeitsgebieten:

Ausland: Geopolitik
Bildung: Schulen, private Institute, Hochschulen, Universitäten
Energie: Kohle, Öl, Gas, Solar, Wasserstoff, Wind, Wasser
Finanzen: Sparen, Aktien, andere Wertpapiere, Bargeld, Kredite
Gesundheit: Vitalität, Sport, Fitness, Ernährung
Gewerkschaften: wie GDL, IG Metall und weitere
Infrastruktur: zu Land zu Wasser zur Luft
Innere Sicherheit: 24 Std. Bürgerschutz
Justiz: Urteile, Gesetze aktualisieren/anpassen,
Klima/Natur: Schutzgebiete, Abgrenzungen zur Landwirtschaft
Kultur: Vielfalt der Regionen, Eigenständigkeit der Länder,
Religionen/Glauben: Politischen Missbrauch verhindern,
Soziales: Beschäftigung für jedermann

Umwelt: Atomlager

Verkehr: national und Transit, zu Land, zu Wasser und zur Luft

Verteidigung: Führung, Heer, Luftwaffe, Marine, Cyber, Unterstützungsbereich, Bundeswehrverwaltung, sonstige Dienststellen.

Wissenschaft und Forschung: Jugend forscht, Privatforschung, Industrieforschung, Weltraum

Wirtschaft: Industrie, Land-, Forst-, Fischwirtschaft, Zucht, Handel, Gewerbe

Geopolitik: Bündnisse, Europa, NATO

Weshalb die Frage nach Sichtweisen? Während der Corona-Pandemie hatten viele Experten Fernsehauftritte, die uns zeigten, dass es zu einem Thema unterschiedliche Herangehensweisen und Schlussfolgerungen gibt. Der Bürger kennt das Sprichwort: Viele Wege führen nach Rom. Also nichts Besonderes. Aber was die Medien daraus gemacht haben, ist etwas Besonderes: Verwirrung und Unruhe in der Bevölkerung durch täglich übereilte oberflächliche Mitteilungen. Das war genauso, als würde man jede Stunde seinen Blutdruck messen, aufschreiben und bekanntgeben.

Das parlamentarische Umstrukturierungen, wie z. B. weg von den Handlungsweisen beamteter Führungskräfte in Behörden möglich, ja sogar sehr gut sind, hat uns die Wandlung von der nationalen Post, Anteil Telefonie, zur zukunftsfähigen internationalen Telekom gezeigt.

Jedoch sind die o. a. Erneuerungen von Karl ein Angriff auf die Altparteien, die alles Mögliche tun werden, um das zu verhindern, anstatt sich selbst zu erneuern.

Daher brauchen wir eine Revolution von unten her. Das bestehende Beamtendemokratie-System war schon Mitte der 80er-Jahre abgelaufen. Es hat sich nicht selbst gereinigt, ist viel zu schwerfällig, kostet den Steuerzahler zu viel Geld, hinkt der wirtschaftlichen und gesellschaftlichen Entwicklung weit hinterher, lässt Wissenschaft und Forschung im finanziellen Regen stehen und ist somit nicht mehr zeitgemäß. Das allerbeste Beispiel dazu waren die Ministerbesetzungen der vorletzten 16 Jahre im Bundesministerium der Verteidigung. Ein Ergebnis dieses Jahrhunderts: **Deutschland ist nicht mehr verteidigungsfähig!**

ERNEUERUNG DURCH DIE 4. REVOLUTION

Es ist nach Ende des Zweiten Weltkrieges nicht die erste Revolution in Deutschland. Zwei Revolutionen waren nicht erfolgreich, deshalb spricht man von Aufständen: der Arbeiteraufstand vom 17. Juni 1953 und die Studentenaufstände der 70er-Jahre.

Die dritte Revolution war die der DDR-Bürger und führte 1989/90 erfolgreich zur Wiedervereinigung. Eine weltweit einzigartige Revolution, da sie in einem Polizei- und Spitzelstaat ohne Waffeneinsatz friedlich verlief! Ein Friedensnobelpreis für die beteiligten Bürger der ehemaligen DDR wurde nicht vergeben! Unglaublich!

Wer führt für uns die vierte Revolution durch?

Geschichtlich gesehen waren Auslöser von Revolutionen Intriganten der Kirche, Stammesfürsten, Eliten des Volkes, Studenten und Arbeiter. Unsere Studenten von heute sind mit sich zufrieden, haben in der Mehrheit zu viel Geld und zu wenig Beschränkungen, die sie wegen Unzufriedenheit auf die Straße führen. Die Kirchen haben mit sich selbst zu tun. Arbeiter und Stammesfürsten bezeichneter Art gibt es nicht mehr. Eliten, die die Revolution steuern, bleiben lieber im Hintergrund. Eine Revolution entsteht auf dem Boden der Unzufriedenheit einer größeren Gruppe, die dann die ewig Unentschlossenen (ca. 18–24 %) mitreißt und in der Eigendynamik danach das ganze Volk. Das sind augenblicklich offensichtlich Bauern mit Treckern ab 100 000 €; aber nur für sich selbst.

Die Erneuerung muss entweder traditionell von der Straße her oder mit Hilfe einer neuen politischen Gruppe erfolgen. Es sei denn, es gibt einige Bürger, die mit friedlichen und mit der Verfassung zu vereinbarenden Mitteln eine noch schnellere Lösung entwickeln.

Als vorbereitende Maßnahmen sind die Gründungen der 3 Institutionen BIG, IPFG und ZPBG erforderlich. Dafür müssen Programme und Konzepte erarbeitet werden. Es werden Doktorarbeiten ausgeschrieben und von bestehenden politischen und wirtschaftlichen wissenschaftlichen Instituten begleitet und examiniert. Die Koordination erfolgt durch ein gemeinsam festgelegtes unabhängiges Institut; Teil der stillen Revolution. Aber zurzeit geht noch keiner hin, der sie, die **friedliche Revolution**, durchführt. So wird sie erst ca. 2027 ± 2 Jahre stattfinden. Es sei denn, die beiden laufenden Kriege in Palästina und Ukraine erlangen mehr Einfluss auf eine einsichtige und tatkräftigere Bevölkerung.

Es ist neben den Volksparteien eine neue politische Kraft erforderlich. Die Volksparteien CDU/CSU, SPD, FDP haben es offensichtlich noch nicht begriffen, obwohl die AfD und die BSW das Erfordernis sehr deutlich machen.

Unsere moralisch ethischen Grundsätze des gegenseitigen Respekts, des Miteinander, des Vertrauens, der rechtzeitigen Auseinandersetzungen mit dem Ziel, eine gemeinsame Lösung zu finden, sind verloren, sind zu gering verbreitet. Jeder weiß es. Viele sprechen es aus. Sogar die letzten drei Bundespräsidenten unseres Landes. Vom Reden bewegt sich aber nichts. Daher zeigt Karl den Weg auf und gibt die Richtung zum Ziel an.

Die Art von Revolution ist eine Frage der Fähigkeit der Führer. Für die Demokratie sind alle Wahlberechtigten die Basis, unabhängig von den Parteien/Bürgerschaften. Forderungen und Konsequenzen werden für einige sehr hart. Es werden viele ihren Posten verlassen. Freiwillig gehen wird wohl nicht zu klaren Verhältnissen führen. Somit müssen in der ersten Phase Betroffene in einer bestimmten Zeitvorgabe überzeugt werden, sich zu verändern oder zu gehen. Ansonsten ist jetzt historisch die Zeit für Deutschland gekommen, zu der Gruppe der Länder zu gehören, die dem Untergang geweiht sind. Dann ist auch keine Demokratie Republik GERMANIEN mehr möglich.

Die Staatsführung, abgebildet durch Parteipolitiker, hat die Demokratie vorzuleben; die Wirtschaft hat dies zu unterstützen, die Juristen haben dies zu untermauern, die Kirche hat dies mitzutragen. Das bedeutet, dass alle flexibel sein müssen. Sie müssen sich verändern, altes über Bord werfen, bestehendes zeitgerecht aktualisieren und Neues einfügen. Wer gibt hier aber die Impulse, wer setzt die immer komplexer werdenden Veränderungen um, die einige wenige gar nicht mehr professionell steuern können?

Zum Anführen gehören klare verständliche unideologische Reden mit belegten Fakten.

Wir sind Bürger des deutschen Staates.

Nach 87 Jahren haben wir in Deutschland kein Nationalbewusstsein mehr! Es wurde uns durch ständige Schuldzuweisungen gestohlen. Nun sind wir als einziges Volk in Europa ohne natürliches Nationalbewusstsein blockiert. Es gibt kein anderes Land auf dieser Erde, welches von neun anderen Kulturen umgeben ist. Deutschland liegt im Mittelpunkt von 9 nationalbewussten Nationen Dänemark, Niederlande, Belgien, Frankreich, Luxemburg, Schweiz, Österreich, Tschechien, Polen, aber mit den meisten Einwohnern ohne nationale Geschlossenheit, mit rechtlichen Sperren, im kulturellen Stillstand und mit gebremster Wirtschaft. Deutschland ist geschichtslos zurückgefallen bis ins vorletzte Jahrhundert.

Deutschland ist eine Aneinanderreihung von Kleinstaaten, den sogenannten Bundesländern. Da gibt es ein regionales Kleinstaatenbewusstsein, z. B. stark vernehmbar im Freistaat Bayern.

Das Nationalbewusstsein – sogar mit dem Zeigen von Nationalflaggen – entwickelt sich nur kurzfristig bei einer Europaoder Weltmeisterschaft im Fußball, wenn die deutsche Mannschaft erfolgreich ist.

Dabei war die Möglichkeit bei der Wiedervereinigung vorhanden, zum gemeinsamen „Deutschland" (BRD und DDR) zurückzukommen. Die ganze Welt spricht von Germany, Allemagne,

Alemania, Tyskland, GERMANIEN, Duitsland, Nemcija usw. Kein Fremder sagt Bundesrepublik Deutschland!

Auf 6 Vorschriften-Ebenen: Europa, Bund, Land, Stadt, Kreis, Gemeinde und den dazugehörigen Durchführungsbestimmungen ohne Koordinierungsstellen enden zu viel politische Entscheidungen in Gesprächsmarathons, Inkonsequenz und Geldverschwendung.

Die Durchführungsebenen von Politik und Verwaltung werden nun professionalisiert.

Jeweils 17 zuständige Ministerien halten derzeit die paradiesischen Beamtenwelten mit Tausenden von Mitarbeitern in Hochstimmung. Wenn nötig sogar mit dem Einkauf von Gutachter- und Beratungsfirmen. Da lernt man auch Jahr für Jahr nichts aus den Ergebnissen der 16 Schwarzbücher der Länder und dem einen des Bundes. Sie werden einfach ignoriert. Sie kehren jährlich in neuer Form wieder! Einzelne Verursacher gibt es nie. Also braucht auch keiner zur Rechenschaft gezogen werden. Den Bürgern stinken diese Millionen-Geldverschwendungen seit über 60 Jahren. Die erste große Verschwendung gab es wie heute noch im Bauwesen: der sogenannte Bullentempel von Bonn.

Karls Regierung nimmt die **Ergebnisse der Schwarzbücher** als Grundlage, um die Verantwortlichen zur Rechenschaft zu ziehen und **Wiederholungen abzustellen**, nicht nur zu verhindern!

Die Begriffe National und Nationalbewusstsein werden in der Bildung der Republik GERMANIEN differenzierter betrachtet und normalisiert; sie werden ein beachteter Teil von Europa.

Zum Nationalbewusstsein gehört auch nur eine Hauptstadt **Berlin**.

Keiner spricht mehr davon, dass 6 Bundesministerien ihren ersten Dienstsitz 2024 noch in Bonn haben.

Warum fordert kein Politiker, diese Geld-, Zeit- und Effektivitätsverschwendung zu beenden? Bonn mit 336 000 Einwohnern hat 25 Ausgleichsbehörden bekommen und wird immer noch behandelt wie Berlin mit 3 851 000 Einwohnern als Hauptstadt. Das ist im Zeitalter der Globalisierung und Internationalität kleinbürgerliches und schon gar nicht sinnvolles finanzielles Handeln im Sinne der Bürger.

Der Einigungsvertrag vom 31.08.1990 zwischen der Bundesrepublik Deutschland und der Deutschen Demokratischen Republik erklärte Berlin zur Hauptstadt des wiedervereinigten Deutschlands. Sowohl die adäquate Verfassung als auch die ministerielle Auflösung Bonns haben die Parteipolitiker nicht zustande gebracht, weil sie kleinbürgerlich denken. Stattdessen ist ein Parlament in Berlin entstanden, das immer umfangreicher wird. Da stellen sich die Bürger immer noch die Frage: Sind diese Politiker überhaupt in der Lage, demokratisch zu denken?

Kohl und Merkel haben diese Themen ausgesessen. Es waren keine Macher, dafür Ahnungslose, was wirschaftliche Zusammenhänge betrifft. In Deutschland hat sich nichts bewegt, was den meisten Bürgern, die ihre Ruhe haben wollen, auch gutgetan hat. Mutti Merkel sorgte für ihr ruhiges Leben. Dadurch entstandene Schäden in Behörden, Infrastruktur, Bundeswehr, Landwirtschaft und weitere müssen jetzt für sehr viel Geld auf einmal behoben werden. Keine Regierung hatte zuvor eine derartige Anzahl von Problemlösungen abzuarbeiten wie die aktuelle mit drei Parteien!

Konjunktureller Einbruch, hohe Energiepreise, steigende Zinsen, Fachkräftemangel, nachlassende Weltkonjunktur, Auswirkungen des Ukrainekrieges, Pflegenotstand, Bildungskatastrophe, Mietennotstand, Verteidigungsunfähigkeit, Infrastrukturmängel bei Verkehr, Energiewende, Digitalisierung und Fachkräftemangel. Das soll die jetzige Regierung alles auf einmal stemmen mit den Versäumnissen der CDU-Subventions- und Bauernpartei katholischen Glaubens als innenpolitische

Aussitzer. Warum der Hinweis auf den katholischen Glauben? Nun, weil man als Katholik jederzeit in die Beichte gehen kann und danach offensichtlich frei von seinen Missetaten ist. Was macht das mit einem? Dieser mittelalterliche Akt führt dazu, dass Fehler für die einzelne Person zur Bedeutungslosigkeit werden, also zu einem fehlenden Schuldgefühl und zur Verantwortungslosigkeit führen. Das ist gemäß der „Väter des GG" eine sträfliche Handlung.

Ein unglaubliches Beispiel dazu ist Ex-Verkehrsminister Scheuers geplatzte PKW-Maut, die den Steuerzahler 243 Mio. € gekostet hat.

Die Änderung von Karl sieht vor, dass es einen Zusatz in der Verfassung ehemals GG-Artikel 34 gibt, der die Geldverschwendung einschränkt.

Ergänzung Absatz (4): Wenn durch neutrale Fachleute die finanzielle Unsicherheit festgestellt wird oder die Unnötigkeit des Projektes attestiert ist, ist der Vorgang abzubrechen oder aufzuheben. Geschieht dies nicht, liegt vorsätzliches Handeln vor. Dies führt zur juristischen strafrechtlichen Bewertung bis zum Verlust des Amtes. Das Beamtenrecht wird diesbezüglich geändert.

Karl stellt hier einen Normalzustand für die neue Regierung her.

Deutschland mit über 84,67 Millionen Bürgern und 61,2 Mio. Wahlberechtigten braucht Politiker, die Systeme über mehrere Ebenen hinweg flexibel anpassen und mit dem gesellschaftlichen Fortschritt mithalten können. Was noch beeindruckender ist, es gibt nach den Wahlen bisher keine öffentlichen Analyseergebnisse, aus denen die Bürger die Umsetzung ihrer Probleme nachlesen können.

Ein aussitzender Kohl hat schon 1995 nicht mehr an die Spitze unserer 80 Millionen Gesellschaft gehört. Kohl, der als erster Mann des Staates Deutschland nicht einmal in der Lage war, in internationalen Begegnungen englische Konversation durchzuführen, und sich auch nie bemüht hat, dies zu ändern. Was für eine veraltete patriarchalische Haltung in einem Weltwirtschaftsland Nr. 2 und Exportland Nr. 1, das u. a. für die Erforschung des Weltraumes produziert und international sehr viele aktive Mittelständler in fachlicher Führung hat.

Mein Nachbar, ein ehemaliger Geschäftsmann, ist in Rente und hat mit seinesgleichen VHS-Kurse belegt, um mit dem eigenen PC im Internet surfen zu können und später selbst zu unterrichten. Auch viele ältere Bürger unserer Gesellschaft sind den meisten Beamten in ihrer Flexibilität des täglichen Arbeitslebens davonmarschiert. Diese Bürger sind 2000-fähig!

Politiker sind im Parlament mit 64 % Beamte und mit 6 % Wirtschaftsleuten vertreten. Auf dieser Basis ist die für die Wirtschaft erforderliche Weitsicht und Planungssicherheit nicht gegeben.

Karl hat hier die neue Ausbildungsstätte geschaffen, die IPFG. Jedes Individuum hat die Fähigkeit, die Vernunft auch selbstständig und ohne Leitung eines anderen zu gebrauchen. Alter und Ausprägungsgrad sind bestimmend. Letzterer ist Ergebnis der Intelligenz. Für die politische Mündigkeit ist der Staat zuständig. Denn Politik ist in der Bildungs- und Arbeitswelt untergeordnet. Sie hat keine Priorität im Tagesablauf. Somit muss der Staat für Politische Bildung sorgen: für die gesamte Gesellschaft. **Grundlage für die Stimmabgabe bei Wahlen ist** das **Politikverständnis der Demokratie als mündiger Staatsbürger**; nicht ein Parteiverständnis wie in der OMADAKRATIE!

Weil das nicht gegeben ist, haben unsere Staatsbürger in der Breite politisch und wirtschaftlich noch Bildung nachzuholen. Sie müssen die Fähigkeiten haben, beide Seiten der Medaille zu erkennen und bewerten, um den politischen Pflichten nachzukommen. Es ist eine politische Pflicht, sich mit allen nicht verbotenen Bürgerschaften auseinanderzusetzen und diese zu akzeptieren.

Dafür hat Karl im neuen Bürger Fernsehen ARD I, ARD III und ZDF (ehemals öffentliches Fernsehen) das „Monatsgespräch der Bürger" eingeführt.

Da sitzt jeweils ein Vertreter von allen neuen Bürgerschaften über 5 % AB, BIG, FB, GB, KB, LB und SB [ehemals AFD; Freie Bürger; Grüne; CDU; FDP; SPD] mit einem durchsetzungsfähigen unparteiischen Fachmann als Diskussionsleiter in einer RUNDE zusammen und debattieren von 20:15 bis 22:00 im öffentlichen Fernsehen über ein <u>vorgegebenes Thema</u> aus der Bevölkerung. Das sind 12 Themen im Jahr, die die Bürger interessieren. Gegenseitige Vorwürfe, wer was wann wie falschgemacht hat, sind tabu. Es geht nur um Fakten, Programme und ihre Durchsetzung bis zur Bürgerebene. Ein Ergebnis wird vom Moderator abschließend zusammengefasst.

Ergänzend ist zu den künftigen Bürgerschaften zu sagen, dass neben der CDU nur noch eine eigenständige CSU zugelassen ist, wie es in Schleswig-Holstein dem SSW erlaubt ist. Die CSU muss sich entscheiden: entweder zu 100 % eigenständige Partei oder in der CDU integriert. Das politische Mittelalter ist dann beendet.

Jeder Bürger hat das Recht zu wählen. Karl hat seine mündigen Bürger überzeugt, dass zu Republikwahlen nur Parteien zugelassen werden, die die Fünfprozenthürde überschreiten können. Denn die 8,7 % Andere bei der letzten Bundestagswahl waren verlorene Stimmen, die verhinderten, dass es eine **regierbare Mehrheit** gibt. Es bedurfte der drei Parteien: SPD, Grüne und FDP, um 52,0 % zu erhalten!

Die letzte Bundestagswahl vom 26.09.2021 mit dem amtlichen Wahlergebnis vom 15.10.2021 ergab bei 61,18 Mio. Wahlberechtigte ein Wahlergebnis von 76,6 % = 46,86 Mio. Wähler. Im Einzelnen:

Nicht gewählt:		14,32 Millionen!
SPD	25,7 % =	12,04 Mio.
CDU	24,1 % =	11,29 Mio.
Grüne	14,8 % =	6,94 Mio.
FDP	11,5 % =	5,39 Mio.
AfD	10,3 % =	4,82 Mio.
Sonstige	8,7 % =	4,08 Mio.
Linke	4,9 % =	2,30 Mio.

Wie mündig sind die Staatsbürger in der BRD?

Eine Demokratie braucht mündige Staatsbürger, die sich gem. GG-Artikel 1 bis 146 verhalten können.

Beispiel Fischerei:
Die Vögel auf Helgoland nisten nicht auf Seegras, sondern auf Netzresten aus Plastik. Das Ergebnis: 200 Tiere sterben über mehrere Tage/Wochen in den Plastikschlingen.
Verursacher: Nordseefischer.

Beispiel Viehzucht:
Milchkühe geben täglich 400 g CH_4/Tag/Rind. Das ist Methan, welches 34-mal klimaschädlicher ist als CO_2. Das ergibt dann mehr als 3 to CO_2 im Jahr. Ein PKW-Mittelklasse mit 12 000 km Jahresleistung stößt nur 2,7 to aus. Gülle von denselben Tieren wird aufgrund der sich häufenden Regentage nicht mehr regelgerecht ausgebracht. Eine Methode aus dem Mittelalter.
Verursacher: Milchviehbauern.

Beispiel Sicherheit:
Bis zum heutigen Tage gibt es **kein Endlager für Atommüll**: ein gesamtdeutsches Projekt! Ursachen: fehlende politische Entscheidung, fehlendes Verantwortungsbewusstsein für den Staat Deutschland, egoistisches Bundeslanddenken und Aussitzen von Kanzler/Kanzlerin der letzten Legislaturperioden.
Verursacher: Politiker der Regierung.

Beispiel Recht:
Kriminalität ist in Deutschland eine Form von Arbeit geworden. Zeitliche Verjährungen, nicht ausgeschöpftes Strafmaß, Vergleiche statt Urteile ohne Abschreckungspotential ziehen aus vielen Ausländern Kriminelle und Banden an, da sie hier wesentlich geringere Strafen erwarten als im Rest der Welt. Deutschland wird Weltmeister.
Verursacher: Justiz bis zur Ebene LG.

Beispiel Rechtsstaat:
Das System ist so aufgebaut, dass Auswirkungen auf die Opfer überhaupt nicht verhandelt werden. Vorgang: Ein Täter überlebt; Opfer 1 toter Ehemann, 1 verletzte Ehefrau, 2 verletzte Kinder. Urteil: Unter 5 Jahren. Begründung: Einsichtig, nicht vorbestraft, im psychischen Stress durch Trennung seiner Freundin. Danach erfolgen Integrationsmaßnahmen in die Gesellschaft auf Staatskosten.

Welche Unterstützung bekommen die Opfer, um gesund zu werden, um leben und arbeiten zu können? Nichts! Warum nichts? Dies ist nicht Gegenstand dieser Verhandlung; auch noch nicht im Jahre 2024! Da müssen die Opfer für eine erneute Gerichtsverhandlung Geld in die Hand nehmen, um einen weiteren Anwalt und Gerichtskosten bezahlen.
Verursacher: Richter von 17 Justizministerien, dem sogenannten Rechtsstaat ohne durchgängige Verfahren!

Beispiel Wirtschaft:
Diverse Skandale wie z. B. Wein und Futtermittel und Kartelle wie Süßigkeiten und … Absprachen … Am Ende ist alles verjährt, weil die Justiz Jahre bis zur Anklage braucht und letztlich keiner Schuld hat. Die Industrie nutzt das aus.
Verursacher: finanzstarke Wirtschaftsnetzwerke mit „den besten" Anwälten.

Beispiel Behörde:
Ein Abteilungsleiter (AL) stellt fest, dass die Aufgaben seiner Abteilung eigentlich von zwei statt von drei Dezernaten geleistet werden kann. Wenn er das meldet, ist er kein Abteilungsleiter mehr, sondern Gruppenleiter. Da sein Gehalt am Dienstposten gekoppelt ist, müsste er auf eine andere AL-Stelle versetzt werden; evtl. mit Ortswechsel. Das will er nicht.
Verursacher: Beamtensystem

Beispiel Naturschutz:
Tierschützer der SOKO-Tierschutz machten heimlich Aufnahmen in einem Schlachthof von Schlachtungen noch lebendiger

Tiere. Das Verfahren ergab u. a., dass die amtlich zuständige Tierärztin den Betreiber des Schlachthofes per Handy vor den unangekündigten Kontrollen warnte.

Verursacher: Komplott Staat und Wirtschaftsbetrieb

Verursacher Aufklärung: Kreative jugendliche Tierschützer

Beispiel Mietrecht:

Die Miete wird vom Mieter für die Nutzung bezahlt, also die Abnutzung der Miträume. Seine Energiekosten trägt er selbst. Mietverträge gibt es offiziell zwei: den vom Mieterbund und den von der Vermietervereinigung. Es gibt jährlich **Zehntausende unnötige Gerichtsverfahren** in ganz Deutschland (20 000 in Berlin), an denen mehrere Berufsgruppen Geld verdienen. Dabei macht ein Standardmietvertag mit den Anlagen: gesetzlich vorgeschriebener bauamtlich geprüfter Unterlage über die Wohn- und Nutzflächen, Auszug Grundsteuerbescheid, Original Versicherungspolice Gebäudeversicherung, einheitlicher Energieausweis (Bedarf) all diese Gerichtsverfahren nahezu überflüssig.

Verursacher: Politik und Justiz.

Beispiel Gesundheit:

Es gibt fünf Pflegegrade. Erhält ein Schwerstpflegender Grad 5 einen Katheter und eine Magensonde, wird er auf 4 heruntergestuft, weil Essen reichen und Toilettengangbegleitung wegfallen. Die medizinischen Infektgefahren und Folgekrankheiten von Katheter und Magensonde legen (z. B. Ohr, wenn nicht gekaut wird) werden nicht bewertet.

Verursacher: Gesundheitssystem

Beispiel Internet:

Eine Mitarbeiterin, die die Chefin nicht mag, hat in einem sozialen Medium verbreitet, dass ein älterer Bewohner eine ältere Dame (dement) vergewaltigt hat. Da schaltete sich sofort der Medizinische Dienst ein. Ergebnis nach einer Woche: nur eine Behauptung einer Mitarbeiterin.

Die Chefin wurde aber vom Dienst beurlaubt. Das Pflegeheim war öffentlich bekannt und „geschädigt", die Angestellte blieb (eine, die die Arbeit nicht erfunden hat), der ältere Bewohner wurde in diesem Heim gekündigt und in ein spezielles Altenheim verlegt. Aussagen der dementen Bewohnerin oder Verhalten zeigten keine Abwehr- oder Bedrohungshaltungen, die medizinische Untersuchung bestätigte keine Vergewaltigung, eine Vergewaltigung hatte niemand gesehen, nur dass der 81-Jährige die Hose halb runtergelassen hatte, behauptete die Mitarbeiterin. Die auswertende Professorin sagte der Angestellten (eine gerontopsychologische Fachkraft) und der Leiterin vom Medizinischen Dienst (als Fachkraft weiß sie das richtige Verhalten; das hat sie gelernt): „Einfach die Hose hochziehen und den Bewohner hinausgeleiten" (Anweisung Kurzform).

Aber die Angst vor der Öffentlichkeit im Internet führte zum völlig falschen Verhalten der Firmenführung und dem Medizinischen Dienst mit nicht wiedergutzumachender Konsequenz. Dass alte Menschen im Altenheim Nähe suchen, weiß jede Altenpflegerin; das ist Tagesgeschäft. Wenn aber Nichtprofis den speziellen Fall zu beurteilen haben, gibt es emotionale Fehlurteile! Und das unlöschbar im Internet!
Verursacher: Beleidigte Mitarbeiterin und Internet

Beispiel Schulbildung:
Ein Bürger sagt: Ja ich bin auch dafür, dass SUV-Fahrer 38 € Parkgebühr/h auch in Deutschland bezahlen können. Wer ein SUV fährt, ist reich. Dass diese Straße nicht gebaut wird, daran sind die Grünen schuld.

Bei beiden Beispielen ist zu erkennen, dass nicht gelehrt wurde, differenziert zu denken.

Mit einem Schlagwort sind Wertung und Aussage festgenagelt.
Verursacher: Schulpläne im Bereich Kulturhoheit der Länder.

Beispiel Kultur/Kriminalität:
Die im Fernsehen verbreiteten Fernsehfilme dieses Genres, die mit offenen Fragen nach Schuld und Moral enden, führen zu

Nachahmern, die Lehrer ermorden, Mitschüler umbringen.wie Beispiele in den USA, Nordeuropa zeigen.

Verursacher: Tatenlosigkeit der Bildungsministerien.

Wer sind wir?

Die Frage lässt sich durchaus beantworten. Aber die Antworten dazu füllen etliche Bücher. Daher sind hier nur kurze Sachverhalte/Begebenheiten zusammengestellt, die auch beweisen, wie breit die Bildung der Politiker sein muss.

Von den über 84 Millionen Bürger sind 21 Millionen als Rentner registriert = **25 %** der Bevölkerung! Schafft es die Bevölkerung und oder der Staat nach 20 Jahren, für Ersatz zu sorgen?

Gesundheit der Bürger:
Die Anzahl der Diabetes Patienten sind aktuell 8 Millionen = **10 %** der Bevölkerung, ansteigend bis 2040 auf 12 Millionen gemäß Deutsche Diabetes Gesellschaft e.V.

Mobilität:
Kfz-Führerscheinprüfung B: **45 %** Durchfaller im Jahre 2022; Tendenz zunehmend.

Ein Teil der Mobilität ist zum Beispiel in der Erntezeit das Fahren mit teilweise tonnenschweren Landmaschinen auf öffentlichen Straßen. Ergebnisse bei Polizeikontrollen 10-2024 in Norddeutschland ließen erstaunen: 90 % erfüllten die Anforderungen nicht. 40 % durften nicht weiterfahren. Vom Fahren ohne entsprechende Führerscheinklasse über fehlende Pflichtversicherung bis zur Deaktivierung der Auflaufbremsen war alles dabei. Die Verkehrssicherheit ist da für die Bürger stark gefährdet.

Bundeswehr:

171 400 Soldaten in Uniform; 81 300 Bedienstete in Zivil; verteidigungsfähig ist die Nation jedoch erst mit 300 000 aktiven Soldaten!

Öffentlicher Dienst:

11 % = 4,9 Mio. der arbeitenden Bevölkerung sind im öffentlichen Dienst (Bund, Länder, Kommunen) tätig und es sollen noch 340 000 Mitarbeiter fehlen. Davon Beamte/Richter 1 734 720 Mio. und 3 189 465 Mio. Arbeitnehmer.

Armut:

600 000 Wohnungslose, davon **50 000 auf der Straße lebend**, mit zunehmender Tendenz.

Schulbildung:

Forderungen nach Abkehr vom Leistungsprinzip in den Schulen sind abartig, da sie lebens- und berufsfremd sind. Ziel ist die Vorbereitung auf das Berufsleben. Wenn eine Jungköchin gegen 50 andere Bewerber eine Goldmedaille errungen hat, dann nur weil sie geistig und praktisch ½ Jahr dafür etwas für die Prüfung geleistet hat. Ebenso tun es alle Deutschen-, Europa- und Weltmeister.

2023 gab es **52 000** Schüler **ohne Schulabschluss**! Gemäß Pisa Studie 2023 **Platz 8 für Deutschland in Europa; Tendenz negativ.**

Finanzen 12/2023:

Bund, Länder und Gemeinden 2,4455 Billionen Schulden: davon Bund 1,696 Billionen €; Länder 595,9 Milliarden €; Kommunen 153,6 Milliarden €.

Digitalisierung:

Das Onlinedigitalisierungsgesetz „OZG" für Verwaltungsdigitalisierung beaufsichtigt das BMI seit 2017. Von 6913 Leistungen sind 2024 5 % gleich 335 + n-Insellösungen verfügbar. Die initiale Frist endete 2022. Insellösungen in Behörden sind typisch für Behörden und verschwinden erst beim Umbau der Organisation. Das Amt für Datenverarbeitung (zivil) der damaligen Bundeswehr hatte sich 1980 zwölf Computersysteme beschafft und arbeitete mit 115 Programmen, die alle einen identischen Datensatz beinhalteten.

Planungsgesetze:
Das Planungsbeschleunigungsgesetz ersetzt die Planfeststellungspflicht mit gebündelten Genehmigungen. Dafür sind nunmehr 10 bis 20 Einzelgenehmigungen erforderlich. Der Baustillstand dauert jetzt noch länger. Das ist ein Beweis für Politiker, die keine Zusammenhänge kennen, wo auch im System die Koordinierung fehlt.

Kriminalität I:
Die realen Erlebnisse in der Nachbarschaft der Bürger zeigen im Gegensatz zu den staatlichen Statistiken die Zunahme von Überfällen, Einbrüchen und Betrügereien.

Kriminalität II:
Die Gewalttätigkeiten (körperlich und mental) gegenüber Helfern und Sicherheitskräften nehmen in allen Bereichen zu.

Gesundheit:
Die wissenschaftlich bewiesene und von Ärzten geforderte gesunde Lebensweise mit Bewegung wird von der Politik missachtet. 45 % der Bürger treiben keinen Sport. In den Jahren 2022 und 2023 waren von 2,4 Mio. Arbeitnehmern an jedem Tag 55 von 1000 Beschäftigten krankgeschrieben. Ursachen sind gleichbleibend: Erkältungen, Rücken und Psyche. Für die Arbeitgeber gibt es dabei einen Dominoeffekt durch Zusatzbelastungen der verbliebenen Kollegen. Die medizinische Glaubwürdigkeit entfällt natürlich, wenn im Fernsehen ein Dr. med. mit einem Bauch wie eine Schwangere im 9. Monat über diese Thematik

spricht. Übrigens gehören im Jahr 2024 17 Millionen Bürger zur Gruppe mit Adipositas. Das hat erhebliche Auswirkungen auf die Kosten im Gesundheitssystem. Eine Änderung bei der finanziellen Beteiligung ist hier erforderlich. 4,17 Millionen Pflegebedürftige gibt es, von denen 3,12 Millionen von Angehörigen betreut werden.

Justiz:
Wenn Regeln nicht eingehalten werden, wird weggeschaut. Es liegt die Angst vor der Justiz zugrunde, nach einer Anzeige selbst bestraft zu werden (Zunehmende Beispiele gibt es beim Lehrpersonal in den Schulen mit Kindern reicher Eltern und ihren besten und teuersten Anwälten).

Krieg:
Das Thema wird in Deutschland verdrängt. Verteidigung wird ohne Bürgerschutz, ohne Verteidigungspflicht und aufgrund der Freiwilligkeit mit weißen Bettlaken und vielen Kartengrüßen der 25 % Geflohenen aus dem Ausland stattfinden (siehe Beispiel Ukraine).

Wir sind nicht auf den ungünstigsten Fall vorbereitet. Dabei haben schon intelligente Philosophen vor Jahrhunderten gesagt: **„Si vis pacem, para bellum.“** Wenn du den Frieden willst, bereite dich auf den Krieg vor. Und sie haben noch immer Recht.

Die Geschichtsbücher zeigen, dass der Glaube an eine friedliche Welt naiv und dumm ist.

Trotz immenser Gegenwartsprobleme für alle sehen wir zu, wie Putin und Netanjahu zivile unbewaffnete und militärisch nicht ausgebildete Bevölkerungsgruppen zu Zehntausenden mit Bomben und Panzern töten lassen. Sind 45 000 tote Palästinenser, davon 70 % Kinder, Frauen und Alte nicht genug? 1,2 Millionen = 50 % haben kein Heim mehr und kaum Nahrung; sie bleiben in Gaza eingesperrt! Das muss man sich einmal im Jahre 2024 vor Augen führen. Mündige Bürger sagen: „Offensichtlich hat der in Israel geborene Jude Netanjahu, der alle Staatsgäste in das Mahnmal Yad Vashem führt, aus der Geschichte mit Adolf Hitler nichts gelernt. Er kopiert seit einem Jahr mit anderen Mitteln".

Da brauchen sich Juden in fremden Ländern wie in Deutschland nicht wundern, dass sie ins Blickfeld geraten, wenn so massiv gegen das Völkerrecht verstoßen wird, obwohl 138 Nationen in der UN-Vollversammlung das Ende des Krieges wollen. Auch wenn es kein Religionskrieg ist, unterscheiden viele Bürger nicht zwischen Israelis und Juden. Das ist eindeutig ein Versagen der „Nur Mahnkultur" in Deutschland. Verallgemeinerungen und Schuldzuweisungen helfen nicht. Wenn der Krieg gegen Restpalästina aufhört, hören auch die undifferenzierten Beschuldigungen auf. Es ist der erneute Beweis, dass eine einzelne Person grenzenlos gegen das Völkerrecht verstoßen kann, auch wenn es ein großer Teil der eigenen Bevölkerung nicht will.

Hier kann der Gegensatz der Auffassungen nicht größer sein. Kanzler Olaf Scholz ist für Waffenlieferungen nach Israel, die Bevölkerung in Deutschland nur zu 31%. Die Bevölkerungsmehrheit will das Ende des Krieges. Der Kanzler sagt nur: die Regeln des Völkerrechts müssen eingehalten werden. Im selben Augenblick fliegen 3 Hochhäuser im Südlibanon in die Luft und begraben 47 zivile Bürger; darunter 4 Kinder. Die Bürger können den Frieden nicht durchsetzen, sie sind politisch ohnmächtig!

Demokratie:
Die Mehrheit glaubt, dass die USA und die BRD eine Demokratie, also eine Volksherrschaft sind. Wie aufgezeigt, ist die BRD eine OMADAKRATIE und die USA ebenfalls. Es bestimmt in den USA nicht der einzelne Bürger bei der Wahl, sondern der Einzelne wird von seiner Gruppe bestimmt. Der jeweilige Führer einer Gewerkschaft, der Polizei, der Mormonen, der Feuerwehr, der Reservisten usw. sagt in den USA seinen Mitgliedern, wen sie wählen sollen. Wenn danach der Präsident – wie Donald Trump – mit unbeschränkter Anzahl von Dekreten und Executive Orders regiert, dann sind auch die USA eine OMADAKRATIE, weil die Bürger nach der Wahl gar keinen Einfluss mehr haben. Volksherrschaft ade!

Nationalbewusstsein:
Es gibt kein Nationalbewusstsein mehr. Auch alle historischen Traditionen werden in Deutschland von Einzelpersonen öffentlich hinterfragt.

Todesstrafe:
Ein großer Teil der Bevölkerung ist durch und durch US-freundlich und verdammt Pressemeldungen aus dem orientalischen und asiatischen Raum, wenn über Hinrichtungen berichtet wird. Karl kann sich das nur durch mangelnde deutsche Schulbildung erklären. Denn in 27 von den 50 Bundesstaaten der USA gibt es 2024 noch die Todesstrafe.

Bürgerpflichten:
Vielen Bürgern ist nicht klar, dass aus den eingenommenen Steuern Forderungen der Bürger bezahlt werden. Sonst ist nicht erklärbar, dass 1 Jahr nach Ablauf der Abgabefrist zur neuen Grundsteuerberechnung über 1 Million Erklärungen fehlen. Dass die veralteten Daten von 1964 (West) und 1935 (Ost) keine Bemessungslage mehr sind, leuchtet jedem ein. Aber dabei mitzuhelfen, das zu aktualisieren, ist offensichtlich nicht für jeden eine Bürgerpflicht. Es handelt sich um 36 Millionen Grundstücke. In der Republik GERMANIEN werden Abgabeverzögerungen minimiert, da sie den Behörden zusätzliche Kosten und Arbeitszeit aufbürden. Nicht eingehaltene Termine mit Vorlauf werden sofort finanziell geahndet.

Vielen Bürgern ist nicht bekannt, dass es eine Schattenwirtschaft gibt, die dem Staat Steuergelder in Milliarden Höhe entzieht. Im Volksmund spricht man von Schwarzarbeit. Die ganze Palette umfasst Scheinselbständigkeit, Lohnsplitting, Leistungsbetrug, Hobbygärtner in sogenannter Nachbarschaftshilfe, Altenpflege, Hauswirtschaft, Allrounder-Handwerker für Einfamilienhausbesitzer, z. B. aus Osteuropa, professionelle internationale Banden wie z. B. Dachdecker. Von den durchschnittlich 4,6 Millionen Arbeitslosen müssen sicher einige ihr Einkommen aufbessern. Der Zoll war 2022 mit 8600 Ermittlern im Kampf um die illegale Wirtschaft aktiv. Sein Erfolg eine Bereinigung von 700 Millionen € Steuerschaden. In den Bereich Schattenwirtschaft fallen nur Personen, die zusätzlich Geld „nebenbei" verdienen

Die 300 Job-Center unter der Agentur für Arbeit zählten 2023 105 000 eingeleitete Verfahren wegen Leistungsmissbrauch.

In der RG gibt es kein Tabu mehr, wenn der Staat geschädigt wird. Diese liberale Bürgerpolitik, hinter der sich jeder mit Individualausflüchten der Strafe entziehen konnte, ist vorbei. GERMANIEN ist eine Demokratie, eine Volksherrschaft und Vergehen werden juristisch immer unter der Prämisse „Welcher Schaden ist dem Volk entstanden" bewertet. Es handelt sich nunmehr tatsächlich um mündige Staatsbürger einer Demokratie, die auch zu ihrem Handeln stehen.

POLITIK

Die Politik der BRD wurde auf dem Grundgesetz und auf alte Werte aufgebaut. Das Grundgesetz ist die Basis für politisches Handeln. Der Geist des Grundgesetzes wurde von einer Gruppe von Menschen geprägt, deren honorige Eigenschaften schon genannt wurden. Historisch gab es davor Ältestenräte, die die Gesellschaftsordnung bestimmten. Das waren Männer mit der größten Lebenserfahrung

Wieviel Eigenschaften erkennen wir davon noch heute bei den Politikern im 21. Jahrhundert?

Was passt heute in unserem Staat der Bundesrepublik Deutschland politisch nicht mehr zusammen?

- Juristen und oberste politische Führungspositionen
- Wohnmiete und „Freie Marktwirtschaft"
- Fachlich fundierte Berichterstattung und Tagesjournalisten
- Parlamentarische Sachentscheidungen und Parteipolitik
- Zukunftsorientierte Entwicklungen der Wirtschaft und Sicherheitsdenken
- Planungssicherheit und Öffentlicher Dienst ohne Koordinatoren
- Erfordernisse des Berufsalltags und Bildungsdefizite in den Schulen
- Parteipolitik in Bund, Länder, Kommunen und Mehrheitsbedürfnisse der Gesellschaft
- Mehrheitswahlergebnisse der Wähler und Regierungsbildungen nach Parteienwunsch
- Wirtschaftsprojekte und abgegrenzte ministerielle Verantwortlichkeiten ohne Koordination
- Subventionen an Bauern und freie Marktwirtschaft
- OMADAKRATIE und Demokratie!

Führungskräfte

Welche Charaktereigenschaften brauchen Führungskräfte?

Es ist eine Illusion, dass einzelne Führer ohne Macht auskommen können. Sie beherrschen den geordneten Rückzug ebenso wie kontrollierte Kampftechniken. Dazu gehören eskalieren, deeskalieren, nicht beleidigt sein, zum richtigen Zeitpunkt wieder versöhnen, Friede herstellen. Machtkompetenz heißt, in jeder Situation angemessen zu agieren oder zu reagieren. Wachsamkeit, Vertrauen, taktisches und strategisches Denken und Verhalten, souverän kontern, Argumentieren unter Stress und Schachzüge durchschauen gehören zur Machtkompetenz. Eine gesunde Selbstbehauptung lässt sich lernen.

Karl gibt nach Jahrzehnten als Vorgesetzter in vielen Bereichen und Berufsebenen die Devise aus:

Es erfordert Reife, andere zu fördern und sich selbst ersetzbar zu machen. Ich bin, was ich leiste und entbehrlich. Geduld und Zuhören bauen Vertrauen auf.

Dafür brauchen Politiker als Führungskräfte praktisches Fachwissen, Flexibilität, mittelfristiges und langfristiges Denken, Immunität gegenüber Medien und soziale Netzen, Koordinierungswillen, Aufgeschlossenheit, Kreativität.

Die politischen Führungskräfte

benötigen Stellenbeschreibungen. Karl als erfahrener IT-Konzepteschreiber und -prüfer hat diese für alle politischen Ämter der hohen Führungsebene sofort verfügt. **Es gibt keinen Minister und Staatssekretär mehr, nur vom Willen seiner Bürgerschaft getragen!**

Wirtschaftliche Führungskräfte

Es gibt im oberen Management ein ungeschriebenes Gesetz: Arbeite dich unbemerkt an die Spitze, halte dich dort so lange als möglich, lasse keinen neben dir hochkommen, der andere Ansichten hat als du. Führungspersönlichkeiten sind auf die Gegenwart fixiert, wollen auffallen und geliebt werden, ihr Ziel ist Anerkennung. Die Angst, dass ihr Vermächtnis zerstört wird, lässt sie so lange als möglich an der Macht festhalten.

Das CAPITAL, eine Wirtschaftszeitschrift, hat vor Jahren wissenschaftlich feststellen lassen, wie fähig die Chefs in der Personalführung sind. Fast 2/3 zeigten damals starke Mängel.

Karl hat auch hier die Konsequenzen gezogen. Freie Institute müssen Seminare zur Personalführung im Wettbewerb anbieten. Er geht davon aus, dass sich bis zu fünf Personen verstehen können. Chefs mit bis zu 5 Mitarbeitern können freiwillig entscheiden, alle anderen mit mehr Personal dürfen Personal nur mit einem **Zertifikat Personalführung** leiten. Der Inhalt der Seminare ist in allen Bereichen nahezu gleich. Das wird aus dem Ministerium mit der Sparte Bildung in der Wirtschaft kontrolliert.

Millennium

war das Wort des Jahres 1999. Vor dem Übertritt ins Millennium hatten viele Menschen Angst, weil sie verunsichert waren. Die Fülle von Informationen durch Journalisten über Möglichkeiten, die bei den Datenumstellungen mit Hilfe von Chips Unheil anrichten könnten, hatte sie dazu gebracht.

Aber sämtliche IT-Leute auf dieser Welt haben einen sehr guten Job gemacht. Es ist nichts an die Öffentlichkeit gelangt, was zu Unglücken oder Verlusten geführt hat.

Das Jahr 2000 konnte also vielversprechend beginnen, schließlich hatte jeder jedem die besten Wünsche übermittelt.

Nicht so in der OMADAKRATIE Deutschland.

Hier begann das Jahr 2000 mit einem parteipolitischen Paukenschlag zur Verhaltensweise und Vorbildfunktion. Es gab einen politischen Trommelwirbel über die CDU Schwarzgeldkonten Ende des Jahres 1999. Alle politischen Wünsche zum Millennium-Jahr waren umsonst. Moralische Grundverständnisse der Gesellschaft hatten sich verändert und einige Politiker haben es bis heute nicht begriffen (siehe Corona Maskenkäufe).

In dieser Demokratie ist es nicht adäquat, rechtzeitig Kontrolle auszuüben. Wer kontrolliert, ist einer von gestern. Dabei ist erfolgreiche Führung immer mit Kontrolle verbunden. Ohne Kontrolle des Erarbeiteten gibt es keine Rückmeldung zur Verbesserung, keinen Fortschritt. Das weiß jeder, der Wirtschaft gelernt hat. Zu viele Beamtengeister haben es nie gelernt. Denn im deutschen Schulsystem gibt es kein Fach Wirtschaft. Man muss sich einmal vorstellen, dass ein Volk von über 84 Millionen Bürgern im Parlament von 64 % aus dem Beamtentum und nur von 6 % aus der Wirtschaft vertreten wird. Laufbahnen unserer Politiker zum Minister oder höher bleiben für den Wahlbürger unverständlich. Die Behauptung: „Jeder kann jedes Ministerium führen" ist in der Republik GERMANIEN eine Falschmeldung.

Die Gesellschaft ist die Mehrheit der Bevölkerung. Minderheiten geben nun nicht mehr den Ton an, weil Medienvertreter, Politiker, Soziologen auf jede Äußerung von ihnen in TV-Diskussionen reagiert haben.

Politiker haben eine Gemengelage von diversen Sichtweisen zu nutzen; es gibt nicht die politische Sichtweise für eine Entscheidung. Es gibt auch keine einheitliche Sichtweise des Volkes, weil das Staatsvolk keine kulturell homogene Gruppe ist.

Öffentlichkeit

Grundsätzlich müssen politische Entscheidungen für die Öffentlichkeit schon aus Kostengründen eine schnelle Umsetzung nach sich ziehen. Eine Politik des Aussitzens ist auf allen Ebenen nicht mehr konkurrenzfähig in Europa.

Jegliche Art von sturer regionaler Bodenständigkeit und Veränderungsfeindlichkeit ist politisch überhaupt nicht mehr tragbar. Damit kann der Staat den globalen Konkurrenzkampf nicht mehr bestehen.

Beispiel: Am Freitag, den 18.08.2023, ging durch die Medien, dass die Gaspreise sinken. Am Montag, den 21.08.2023, gab es eine Internetmeldung, dass die Gaspreise an den Börsen um 11 bis 18 % gestiegen sind. Ursache: in Australien haben MA von Gasproduktionsfirmen angekündigt, zu streiken, wenn auf ihre Forderungen nicht eingegangen wird. Nur eine Ankündigung in der australischen Arbeitswelt hatte globale Auswirkungen zur Folge; um 08:00 Uhr in Australien, um 15:00 Uhr in Deutschland. Derartige Vorgänge müssen Politiker erkennen und danach handeln, nicht im TV mit Journalisten diskutieren.

Handwerksbetriebe machen in der Wirtschaft das Salz in der Suppe aus. Teilweise haben sie sogar weltweite Handelsbeziehungen. Diese müssen durch differenzierte Politik in ihrem Erhalt unterstützt und geschützt werden. Sie weisen die größte Anzahl berufszufriedener Arbeitnehmer auf. Energie- und Steueränderungen haben größere Durchschlagsfähigkeit auf die Eigenfinanzen als in Großbetrieben und Industrie. Aber sie haben keine Lobby. Das müssen Politiker begreifen.

Gegenüber stehen sich Handwerksbetriebe und Industrie, die von der Politik bevorzugt wird:

• Senfmüller in der Eifel	Firma Senf AG
• Bäcker Emmerich	Firma Gutesbrot GmbH
• Gemüsebauer	Kohlanbau GmbH

- Gärtner   Großgärtnereien Dudelheim
- Landwirt Jürgensen (40)   Rinderzucht GmbH mit
                                  500 Rindern
- Fischer Petersen   Krabbenfischer Konsortium
                                  Husum

Politiker

Politik bestimmt theoretisch die Gesellschaftsordnung allein, weder Juristen noch Journalisten.

In der Praxis zeigt sich jedoch, dass wichtigste Projekte durch den Journalismus schon im Entwurfsstadium veröffentlicht werden. Dies geschieht durch vorzeitige Interviews der Politiker. Jede Partei zeigt der anderen auf, wie schlecht sie ist. Das ist amerikanischer Stil und gemäß GG undemokratisch.

Durch Streit unter den Parteien haben Politik-Klagen zugenommen, so dass aus politischen Entscheidungen mit Absprachen juristische Urteile werden. Die gehen an der Praxis vorbei, weil sie Auswirkungen auf andere Bereiche nicht berücksichtigen.

Daraus folgt für Karl: Politische Projekte müssen praxistauglich sein. Vor Entscheidungen sind die Rahmenbedingungen; Kompatibilität und Folgekosten zu untersuchen. Dazu werden in den Ministerien diesbezügliche Org-Elemente als Standardaufgabe eingeführt. Bis zum letzten Entwurf, dem Planungsabschluss, werden keine Aussagen gegenüber Presse und Journalismus getroffen. Damit wird verhindert, dass unterschiedliche Sachstände des Planungsvorlaufes die Öffentlichkeit verunsichern. Das Unsicherheitsempfinden der Bevölkerung wird minimiert. Politiker werden nachgeschult.

Politiker ist in der BRD kein Beruf mit dazugehöriger Ausbildung; er ist nur ein Job. Beruf ist eine systematisch erlernte, spezialisierte, mit einem Qualifikationsnachweis versehene Tätigkeit. In der Ablauforganisation bedarf die Tätigkeit einer Stellenbeschreibung zur Abgrenzung anderer Tätigkeiten auf gleicher Ebene.

Bisher machen Politiker einen Job; eine Tätigkeit zum Erwerb, die nicht an eine besondere Eignung oder Ausbildung gebunden ist.

Eignungsversagen wurden hintereinander im Bundesministerium der Verteidigung sichtbar mit unvertretbaren Folgen für Volk und Staat.

Durch die Ausbildung am IPFG ist Politiker nunmehr ein Vollzeitberuf ohne Nebenbeschäftigung!

Die Zeiten, wo der ganze Politiker als Abgeordneter gefordert war, aber dennoch nebenbei seine Anwaltskanzlei oder Firma gemanagt hat, sind vorbei.

Karl hatte mehrmals die Aufgabe, Personalforderungen zu begründen und Stellenbeschreibungen zu erstellen. Der vorgegebene Inhalt war: 80 % fachliche Tätigkeit, 13 % Urlaub, 4 % Weiterbildung, 3 % Sport und Krankheit für 224 Arbeitstage. Dies gilt als nachweislicher Anhalt für Politiker mit einem Freiheitsdrang nach außen, genannt Bürgergespräche. Diese waren bisher offensichtlich in der Umsetzung mehrheitlich erfolglos.

Politiker müssen Vorbild der regierten Gesellschaft sein. Vertrauen in die Politik sowie Transparenz und Ehrlichkeit in der Umsetzung der Programme sind während der gesamten Legislaturperiode erforderlich.

Waren sie das? Beispiel Helmut Kohl und Wolfgang Schäuble:

Beide Politiker begannen durchweg mit dem Leugnen. Dann wurden die Sachverhalte zum eigenen Vorteil umgedeutet. Die persönliche Urheberschaft wurde bestritten. Danach suchte man nach Rechtfertigungen, bestritt aber die eigene Kontrollfähigkeit. Anschließend versprach man, in Zukunft alles besser zu machen. Die Bitte um Verzeihung entfiel. Was war vorgefallen, was die Deutschen Wähler betroffen, erschreckt und wütend gemacht hat, aber vergessen ist.

Erst die „Kohl'schen schwarzen Konten", dann die Schäuble 100 000 DM-Spende von Schreiber. Damit weitete sich der Vertrauensverlust in die Politik aus. Haben sie gemäß GG gehandelt?

Hier steht es eindeutig im Grundgesetz Artikel 21 (1).
Parteien wirken bei der politischen Willensbildung des Volkes
mit. Ihre Gründung ist frei. Ihre innere Ordnung muss demokratischen Grundsätzen entsprechen. Sie müssen über die Herkunft ihrer Mittel öffentlich Rechenschaft geben.

Das Parteiengesetz sagt dazu folgendes aus:

§ 23 Pflicht zur öffentlichen Rechenschaftslegung
1. Der Vorstand der Partei hat über die Herkunft der Mittel, die
   seiner Partei innerhalb eines Kalenderjahres (Rechnungsjahr)
   zugeflossen sind, in einem Rechenschaftsbericht öffentlich
   Rechenschaft zu geben.
2. Der Rechenschaftsbericht muss von einem Wirtschaftsprüfer
   oder einer Wirtschaftsprüfungsgesellschaft nach den Vorschriften der §§ 29 bis 31 geprüft werden.

§ 24 Rechenschaftsbericht
1. Der Rechenschaftsbericht besteht aus einer Einnahme-
   rechnung. In den Rechenschaftsbericht der Partei sind die
   Rechenschaftsberichte der einzelnen Landesverbände gesondert aufzunehmen ...

§ 25 Benennung der Spender
Spenden an eine Partei oder einen bzw. mehrere ihrer Gebiets-
verbände, deren Gesamtwert in einem Kalenderjahr 20 000 Deut-
sche Mark übersteigt, sind unter Angabe des Namens und der
Anschrift des Spenders sowie der Gesamthöhe der Spende im
Rechenschaftsbericht zu verzeichnen, usw.

§ 28 Pflicht zur Buchführung
Die Parteien haben Bücher über ihre rechenschaftspflichtigen
Einnahmen zu führen. Dabei ist nach den Grundsätzen ord-
nungsgemäßer Buchführung unter Berücksichtigung des Ge-
setzeszweckes zu verfahren ...

Also stellen sich nur noch die Fragen nach den Taten der verantwortlichen Politiker, nicht Fragen nach dem Buchhaltungssystem o. ä., denn das ist in den 4 §§ genau definiert. Kohl hatte sich dem Rechtsstaat widersetzt und die Spendenaffäre ausgesessen.

Die Aussagen, Spenden in Millionenhöhe erhalten und persönlich verwaltet und ausgegeben zu haben, bzw. gar nicht zu wissen, wo sie geblieben sind, sind eindeutige Verstöße und werden in der Republik GERMANIEN rechtlich geahndet, ohne Ansehen der Person. Es ist doch immer die alte Mär: „Er hat doch tolle Arbeit geleistet; das kleine Versehen ist doch nicht so schlimm." Wie schlimm, bestimmen zukünftig die festgeschriebenen Grenzen und entsprechende Ahndungen!

Weiterhin bleibt beschämend, wenn Politiker sagen, es wird schnellstens aufgeklärt. Insgesamt scheint der Umgang mit Steuergeldern auf die leichte Schulter genommen zu werden.

Kurz nach dem Millennium-Übergang begann das Jahr 2000 politisch mit weiteren unglaublichen Sachverhalten:

Hessens Union hat mehrere Millionen Mark ins Ausland transferiert und als Vermächtnisse getarnt von dem/den Auslandskonten wieder zurücktransferiert. Dort sind dann aus angelegten 8 Millionen Wertpapiere DM 17 Millionen geworden, wovon heute noch einige Millionen im Auslandsdepot liegen.

Die Begründung: „Die Flick-Affäre hatte eine so abschätzige Diskussion über Parteien und Geld erzeugt, dass er um die Finanzen seiner Partei gefürchtet habe", begründete Kanther seinen Fehler. Parteikenner vermuten allerdings, dass das Geld im Wesentlichen von der „Staatsbürgerlichen Vereinigung" stammte. Von ihr waren in den 70er-Jahren über 220 Millionen Mark an CDU und FDP geflossen. 1984 verlor diese Vereinigung ihre Steuerbegünstigung. Daraufhin sei Geld von dieser Spendenwaschanlage ins Ausland transferiert worden.

Interessant ist dabei, dass ein Spiegeljournalist aufgrund eines Interviews mit gezielten Recherchen den Hessenchef zum Schritt an die Öffentlichkeit bewegt hat.

Entsprechend waren auch Parlamentsreden betroffener Politiker zur Zinsabschlagsteuer, weil einige auch ihr Geld nach Luxemburg oder in die Schweiz transferiert hatten. Eine schnellstmögliche Aufklärung durch die Parteiführungen blieb außen vor.

Kanzlerin Angela Merkels politisches Erbe

ist die Basis für die nachfolgenden Regierungen bis zur Neuordnung in der Republik GERMANIEN. Die Ex-Kanzlerin hat eine Politik mit Physiker Profil (Stufe für Stufe) und Kohl Profil (Probleme aussitzen) betrieben, die die Gesellschaft mit immensen Kosten bis heute belastet und der jetzigen Regierung im Triumvirat unnötige Kompromisse in abnormal vielen Bereichen auf einmal abverlangt hat.

Fehlendes Wirtschaftswissen und marktwirtschaftliche Weitsicht sowie Unwissenheit über mittelfristige und langfristige Planung im Feld von Abhängigkeiten bremste Investitionen in der gesamten Wirtschaft.

Es sind die Bereiche:

Energie mit chaotischem Management der Energiewende und einem übereilten teuren Atomausstieg mit Millionen-Kosten;

Infrastruktur mit der Vernachlässigung von Straßen, Brücken, Schienen, Seewege, Schleusen und Millionen teuren Minister-Fehlentscheidungen;

Bildung mit der fehlenden finanziellen nationalen Unterstützung und einer damit verbundenen Abschiebung bis auf die Ebene der Gemeinden;

Flüchtlingspolitik mit fehlender Priorität auf eine gezielte Einwanderung von Fachkräften und damit verbundene finanzielle Probleme mit Mietwohnungen, Kinderbetreuung, Überschuldung von Gemeinden. Durch Zuwanderung von unbegleiteten männlichen Jugendlichen, kranken Menschen im Rentenalter und Großfamilien fehlen noch immer Gelder für eine entsprechende Integration. Die Folgen: Sozialbereiche mit Überlastung der Justiz, z. B. von 2016 bis 2023 60 904 Asylklagen mit Verfahren bis zu 2 Jahren und 3 Monaten; Schulen ohne Sportstätten und Gemeinden in tiefsten Verlustzonen. Der Dreikampf Bund, Länder, Gemeinden wurde weder demokratisch durchgeführt, noch ist dieses innerstaatliche Desaster bis heute finanziell erfolgreich geregelt. **Ein Grund mehr, die OMADAKRATIE abzuschaffen!**

Verteidigung mit fachlich unfähigem Minister machten Regionalpolitik, mit dem Ergebnis einer Bundeswehr, die unfähig ist, Deutschland zu verteidigen. Einhergehend mit einer Verschwendung von Millionen von Steuergeldern für private Beraterfirmen, statt die Abteilung Rüstung umzuorganisieren. Keiner übernahm dafür Verantwortung, wie es für den Bürger selbstverständlich ist.

Nach dem Motto „Auf in das Paradies!" Schaffen wir die Wehrpflicht ab und damit verbundene Registrierungen bei den Kreiswehrersatzämtern. Somit gibt es 2024 keine Übersicht über Bürger im wehrfähigen Alter und die erforderliche Unterstützung für den aktuellen Minister militärisch nachzurüsten. 84,67 Millionen, davon 8,2 Millionen Kinder, müssen die weißen Laken hissen. Im Falle einer Bedrohung suchen die Wohlhabenden und Akademiker das Weite; wie am Beispiel Syrien und Ukraine, zuvor Afghanistan.

Wehrhaftigkeit ist die Bereitschaft, Frieden und Freiheit zu verteidigen, die auf dieser Welt niemals garantiert waren und sind!

Außenpolitik mit kurzsichtiger Blauäugigkeit Putin-Russland gegenüber; Konzeptlosigkeit für Abhängigkeit in der wirtschaftlichen Zusammenarbeit mit China; finanzielle und organisatorische Zurückhaltung bei militärischer Stärkung der EU. Politische Führungsübernahme gab es nur im Griechenlandkonflikt. Das war physikalisch gelernt und angebracht: Stufe für Stufe.

Regierungszentrum mit dem Ignorieren der im GG festgelegten Regierungshauptstadt Berlin und damit verprassen von Millionen Haushaltsgeldern für die Arbeitsachse Bonn-Berlin.

Fazit: der Beginn des Neuen Jahrhunderts ist politisch negativer, als es je einer zum Ende des vergangenen Jahrhunderts geglaubt hat.

Daraus sind Lehren zu ziehen, um Wiederholungen zu vermeiden. Es ist jetzt wichtig, Ereignisse wahrheitsgemäß darzustellen, **sich an die eigenen Gesetze und Regeln zu halten,** die bestehende Unzufriedenheit des Volkes, die Fehlentscheidungen, die fehlenden Entscheidungen und die Verschwendung von Steuergeldern herauszuarbeiten und der Öffentlichkeit die Konsequenzen aufzuzeigen. Talk-Shows sind dafür nicht geeignet, da dort die Diskussionen emotionell abgleiten und diese weder fachliche Tiefe noch Genauigkeit haben.

Karl lässt nur noch Personen wie Minister und Staatssekretäre mit Stellenbeschreibungen und Fähigkeiten arbeiten, die denen der Grundgesetzmacher entsprechen.

Kanzler

Auf diese Person, die diesen Posten erhält, wirken alle Informationsbeziehungen von außen ein; egal ob vorhersehbar oder überraschend. Aufgrund der Intensität und Schnelllebigkeit erfordert dies eine geistige Beweglichkeit und schnelle Entschlussfähigkeit. Daher ist in der Republik GERMANIEN für diesen Posten eine Begrenzung von acht Jahren festgeschrieben. Das ist für Karl eine Erkenntnis aus der Vergangenheit. Bei einer Kanzlerin ohne Kenntnisse und Professionalität in den Lebensbereichen

- Bürgerliche Lebensverhältnisse von Familie mit eigenen Kindern
- Wirtschaft und Finanzen
- Gemeindewesen und Infrastruktur in Deutschland
- Militär und Streitkräfte (Heer, Marine, Luftwaffe, Sanität, Rüstung)
- Kultur und Traditionen fremder Völker

entstand innenpolitisches Versagen in der Flüchtlingspolitik, Energiepolitik, Innenpolitik, Wirtschaftspolitik und Verteidigung, was auf allen Ebenen über Jahre die Bürger finanziell belastet. Der Schwerpunkt lag in der Außenpolitik. Sarkastisch gesagt: in den Galadiners im Élysée-Palast.

Ministerien

Die Anzahl der Ministerien wird nicht mehr nach „Parteien-proporz" bestimmt. Hier geht es nach Kompetenz von Praxis und Erfahrung.

Alle Ministerien der Republik sind jetzt vom Grundsatz her national, europäisch und geopolitisch ausgerichtet. Die Minister werden durch das Volk nach **Ausschreibung einer parteilo-sen Stellenbeschreibung bestimmt**. Bestimmende Elemente sind erforderliches Fachwissen des Verantwortungsbereiches, unabhängige Führungsfähigkeit und Absolvent der IPFG. Gesetze werden wie bisher erarbeitet: Vorschlag vom Ministerium, Verabschiedung vom Kabinett, Beschluss im Parlament.

Die Gliederung des neuen Schwarzbuches der RG orientiert sich im ersten Jahr an den Themenkreisen, die alle Bundesministerien bearbeiten.

Das Primat der Politik verhinderte bisher durchgreifende Maßnahmen des Militärs. Das Primat bleibt bestehen, jedoch mit weitreichender fachlicher Einbeziehung in Entscheidungen. Der deutsche Sicherheitsvorschriftenwahn, wie z. B. das Einhalten der Feinstaubgrenze für Schwangere im Panzer, verhindert konkurrenzfähige militärische Industrieprodukte in der Produktion. Ein Panzer ist ein Fahrzeug für den Krieg! Was sonst!

Franz Josef Jung, Karl Theodor zu Guttenberg Thomas de Mai-zière, Ursula von der Leyen, Annegret Kramp-Karrenberger, Christine Lambrecht sind Beispiele dafür, dass die Bundeswehr nicht einmal bedingt abwehrbereit ist. Milliardenflops basierend auf den Arbeitsergebnissen der Beschaffer im BMVg Rü mit nahezu 100 % Zivilbediensteten sowie externe Berater (das BMVg hat 5 000 Mitarbeiter). Die Minister/innen wurde nie für den Verstoß gegen die Haushaltsgesetze belangt! Warum nicht?

Spätestens die unter von der Leyen als Staatssekretärin Rüstung (eine von vier) eingesetzte Vertraute Katrin Suder hatte gegen etliche Richtlinien verstoßen. Berater wurden für Millionenhonorare engagiert. Damit wurde das Beschaffungswesen ins Scheinwerferlicht einer Komplettrevision gebracht; jedoch bis heute ohne Verbesserung!

Verkehrsminister sehen nicht mehr ein Bundesland als Mittelpunkt in GERMANIEN. Nein, sie sehen GERMANIEN als Zentrum und Knotenpunkt von Europa. **GERMANIEN hat Grenzen zu neun anderen Staaten** und muss ständig Fernverkehr auch als Durchgangsverkehr Nord-Süd sowie West-Ost bewältigen: auf der Straße, zu Wasser und zur Luft. Dafür ist ein zukunftsorientierter General Stufenplan der Republik erforderlich; unabhängig von jeglicher Bürgerschaftspolitik. Im Detail gehören dazu: Autobahnen … Schifffahrtswege mit Schleusen und Häfen … Bahnstrecken … Flughäfen.

Für Autobahnen gilt bundesweit einheitlich von 06:00–22:00 eine Geschwindigkeit von 130 km/h; Einschränkungen sind nur an Baustellen und Gefahrenstellen möglich. Von 22:00–06:00 gilt 130 km/h als Richtgeschwindigkeit. Der Schilderwald wird zentral begrenzt auf 30, 50, 70, 90 und 130 km/h.

Jedes Ministerium erhält eine Abteilung „Standardanpassungen und Koordination", um Standards aus Zeiten mit anderen Rahmenbedingungen zu aktualisieren.

Länder

Die sogenannte Kulturhoheit der Länder kostet den gesamten Staat sehr viel Geld und schafft ungleiche Verhältnisse. Es ist ein politischer und wirtschaftlicher Flickenteppich wie im Mittelalter zur Zeit der Herzogtümer.

Beispiel: Schwester A hat einen Foxterrier und Schwester B hat die Schwester vom Foxterrier. Schwester A wohnt Am See und Schwester B in der Parallelstraße „Am Ufer" in der Nachbargemeinde. Schwester A zahlt 60 € Hundesteuer und Schwester B 90 € Hundesteuer.

In der Republik GERMANIEN gibt es auf allen politischen Ebenen Vereinheitlichungen gemäß der Demokratie, dem Volk als Ganzes.

Energie ist eine gesamtdeutsche Aufgabe. Da blockiert in der RG auch kein Bayer mehr die Vorgänge, da er sofort alle entstehenden Zusatzkosten bezahlen müsste. Die Trassenwünsche (HGÜ) sollten schon 2022 fertiggestellt sein. Man beachte: Die bayerischen Sonderwünsche verzögern dies bis 2027! Dahinter ergibt sich, dass Windräder im Norden abgeregelt werden, und im Süden konventionelle Kraftwerke hochgefahren werden müssen. Somit wird Ökostrom sozusagen für die Tonne erzeugt, ohne dass Bayern aktuell die Kosten tragen muss. Die Kosten der Bundesnetzagentur von 3,5 Milliarden € zahlen die Privathaushalte mit ihrer Stromrechnung. Karl hat eine Aufteilung in drei Strompreiszonen durchgesetzt, damit die Nordländer nicht mehr für die Südländer mitbezahlen müssen.

Schulbildung gehört ebenfalls zum gesamtdeutschen Problem; ebenso Gesundheit. Erforderliche Änderungen werden durchgesetzt.

Landkreise/Gemeinden

Die Kreise wurden aufgrund der Hartz-IV-Reform in den Finanzzuweisungen des Landes beschnitten. Die Kreise können inzwischen aus den Schlüsselzuweisungen des Landes, der Hauptfinanzquelle, weniger als die Hälfte der notwendigen Mittel schöpfen. Das ist das Ergebnis einer gesetzlich organisierten Notlage, die in den Verwaltungsebenen von oben nach unten durchgeht. Die Gemeinde A muss ihre KITA wegen Schimmelbefall schließen, da für die Sanierung das Geld fehlt. In 1 km Entfernung wird der U-Boot-Bunker aus dem 2. Weltkrieg für 1,2 Millionen € mit Bundesmitteln saniert. Wir müssen an die Zukunft der Kinder denken, ein bundesweiter Slogan; aber den Letzten beißen finanziell die Hunde oder Gruß von der OMADAKRATIE, ohne ein Generalkonzept für das Leben des Volkes!

Neu soll der Artikel 1a in der Verfassung der Republik GER-MANIEN aufgenommen werden, um die finanzielle Verantwortung des Staates von den Gemeinden wegzunehmen. Wortlaut:

„Der einzelne Bürger, als Teil des Staatsvolkes, wird in seinem Werdegang von der Geburt bis zum Berufsanfang auf Landesebene finanziell unterstützt, so dass er von der Kita, bis Schulende – bis Berufsbeginn – weder finanzielle noch zeitliche Einbußen erfährt."

Behörden

Im öffentlichen Dienst arbeiten 5,27 Millionen Bürger; davon 1,76 Mio. Beamte und Richter und 3,51 Mio. Angestellte.

Mit am häufigsten haben die Bürger mit Bauämtern zu tun. Ein Freund von Karl stellt als Unternehmer einen Bauantrag beim Kreis. Nach 2 Monaten wird dieser zur Gemeinde geschickt. Nach 6 Monaten kann er mit der Genehmigungsplanung starten. Die Baugenehmigung reicht er nach 2 weiteren Monaten ein. Ein Jahr später liegt der Planfeststellungsbeschluss vor. Danach erfolgt die Ausschreibung. Baubeginn 2–3 Monate später. Nach 2 Jahren Wartezeit sieht er dem ersten Bautag entgegen. Das war einmal. Es gab auch positive Beispiele, aber mit bürgerfeindlichem Ende. In Jagel wurden von zwei jungen Angestellten Bauanträge in 6–8 Wochen bearbeitet. Die übergeordnete Behörde in Schleswig hat dann Maßnahmen getroffen, die Bearbeitung zurückzuverlegen. Das Ergebnis war wieder eine Routinebearbeitungsdauer von 9 bis 12 Monaten.

Weitere Beispiele: Der Tod des zweijährigen Jungen, der in einem Kühlschrank gefunden wurde, hätte verhindert werden können. Medien dazu: Der Staat wurde schuldig. Hätten beteiligte Stellen die Vorschriften zum Umgang mit Kindern drogenabhängiger Eltern beachtet, würde der Junge heute noch leben. Es habe trotz klarer Vorgaben massiv an der Umsetzung gehapert. Ärzte haben den Zustand des Kindes als sehr erbärmlich beschrieben. Sanktionen gegen die drogenabhängigen Erziehungsberechtigten habe es nie gegeben. Erst war es der Vater, jetzt ist es gem. DNA nur der befreundete Drogensüchtige. Das Kind kommt in den Akten der Eltern nicht einmal vor. Vermutlich haben die zuständigen Sachbearbeiter das Kind nie gesehen. Kevin kam 2-mal mit Knochenbrüchen ins Heim. Das Jugendamt gab ihn gegen den Rat der Heimleitung dem drogensüchtigen und vorbestraften Vater zurück.

Seit über 50 Jahren versagen etliche Behörden bei ihrer Dienstaufsicht:

Sexueller Missbrauch an 13- bis 15-Jährigen in vier Jahren 200 Fälle.

Kinder müssen sich auf den Schutz des Staates verlassen können. Fürsorgeobhut ist kein Verwaltungsakt. **Diese Behörden werden aktualisiert.**

Finanzämter verschonen Millionäre 11/2006. Jede Sonderprüfung habe Mehreinnahmen von 135 000 € durchschnittlich erbracht. In einem Bundesland werden 60 %, im anderen 15 % Einkommensmillionäre geprüft. Aber das ist nichts Neues, das ist seit Kriegsende so. Berlin- Siemensstadt: Prüfung bei Siemens alle 10 Jahre. Siemens war damals noch wie eine Behörde organisiert. Der zweitgrößte Frisör Berlins (28 Angestellte) um die Ecke in Siemensstadt wurde alle 2–3 Jahre geprüft. Wo war für den Staat mehr zu holen?

In Rheinland-Pfalz hatten drei Prüfer vom Finanzamt eine Großindustrie geprüft und waren auf etliche Ungereimtheiten gestoßen. Die drei mussten nacheinander wegen psychischer Probleme ihre Arbeit aufgeben. Der behördliche Arbeitgeber hatte sie in keiner Weise unterstützt. Über die menschenfeindliche Behandlung dieser drei korrekten Prüfer gab es ausführliche Berichte in Capital und anderen Finanzschriften.

Es gibt noch viele Beispiele aus den Schwarzbüchern der Zeit vor GERMANIEN:
Ministerien fördern Einrichtungen ohne Forschungsvorgabe.
Umsatzsteuer: Essen im Restaurant 16 %, außer Haus 7 %. Mogelei?

Eine Autobahnmaut-Fehlentscheidung kostet den Staat 240 Millionen €!

Jährliche Verschwendung von Steuergeldern am Bau; seit Jahrzehnten.

Jugendämter nahmen ihre Kontrollfunktion nicht professionell wahr.

In 16 Jahren wurden 248 120 € Rente der toten Mutter (inzwischen 102 Jahre alt) kassiert; nur mit Hilfe gefälschter Lohnsteuerkarten.

Die Schwarzbücher der Republik und der Länder werden in der RG ausgewertet und die Konsequenzen aus den Vorgängen gezogen. Sie werden nicht mehr für die Ablage produziert.

Die Aufbau-Ablauf-Organisationen der Behörden sind nicht mehr zeitgemäß. Die Hoheiten der Länder wirken sich in Kernbereichen negativ aus. Das System der Kopplung von Posten und Besoldung wird abgeschafft.

Das Fehlen einer kompetenten Ausbildung für Politiker, Juristen und Beamte bezogen auf die Fachpraxis sowie eine fehlende Weiterbildungspflicht mit Kontrolle (siehe betriebswirtschaftlicher Regelkreis: ohne Kontrolle der Ergebnisse kein Fortschritt, sondern Stillstand) führten zu Fehlentscheidungen und hohen finanziellen Verlusten. Das ist jetzt Vergangenheit.

Das dafür erstellte Verwaltungs-Modernisierungsgesetz, angepasst an die unterschiedlichen Behörden, wird in der RG innerhalb von maximal 4 Jahren verwirklicht.

Wer immer noch nicht glaubt, dass es Hunderte Beispiele aus den Behörden gibt, die in die Bürgersicht „Scheiß Staat" gehören, der lese folgendes:

Nach 28 Jahren musste die traditionelle Veranstaltung Maibaumsetzen ausfallen. Für das Maifest mussten die Veranstalter einen Nutzungsvertrag der Maibaumwiese beim Amt für Soziale Dienste stellen und zusätzlich auf Anweisung des Ordnungsamtes einen Antrag auf Erteilung einer vorübergehenden Erlaubnis auf Widerruf nach dem bremischen Gaststättengesetz stellen und weiterhin eine Auskunft aus dem Gewerbezentralregister zur Vorlage bei einer Behörde. Das sei notwendig geworden, weil die Maibaumwiese umgewidmet wurde; von einer Behörde zur anderen. Speise und Getränke sollten – wie immer – zum Selbstkostenpreis innerhalb der Siedlergemeinschaft abgegeben werden.

Hier werden die Begriffe von Leitkultur sowie von Kultur und Tradition der Bürger zur Farce. **Wer will in so einem Staat noch leben, der alles reglementiert?** Das ganze politische Gerede vom Abbau der Bürokratie ist doch eine Luftnummer und keine Änderung.

Lobbyismus

geschieht auf allen Ebenen. In fremden Ländern heißt dies Korruption. In Deutschland spricht man von vernetzt sein, Verbindungen oder Beziehungen haben, die politisch zu oft zur Abhängigkeit führen.

Wenn Gesetzvorbereitungen außerhalb der Öffentlichkeit mit Vertretern von betroffenen Großfirmen bzw. der Industrie stattfinden, sind die Politiker einseitig informiert. Es kommt zu Abhängigkeiten und Ausführungen, die nur wirtschaftlichen Nutzen der Lobbyisten zum Ergebnis haben. Neuestes Beispiel: Bundesverkehrsminister und E-Kraftstoff.

Es handelt sich hier nicht mehr um individuelle Liberalität der Politiker der OMADAKRATIE, sondern um Einflüsse in der DEMOKRATIE.

Zukünftig wird Lobbyismus klar definiert, protokolliert und die Durchsetzung bestehender Regeln fortlaufend kontrolliert. Verstöße werden im Voraus abgewendet.

Die Anzahl der Ministerien wird nicht mehr nach Bürgerschaft-Proporz bestimmt. Hier geht es nur noch nach Fachkompetenz mit Praxis und Erfahrung. Aufgrund der Komplexität der Sachverhalte stehen Koordinierungsfähigkeit und Internationalität im Vordergrund.

Bürger

Die Bürger der RG sind die Gesellschaft. Die Gesellschaft will einen modernen, weltoffenen, verlässlichen politischen Staat mit mittelfristigen und langfristigen Gesamtplanungen und Umsetzungen ohne Zeitverzögerung. Sie brauchen keine parteipolitischen Lösungen bei den Projekten, die die gesamte Gesellschaft betreffen.

Das erfordert Lebenshaltungskosten: Beschäftigung sichern, um Geld zu verdienen; gesund erhalten, um Zufriedenheit zu erlangen; sonst wird der Bürger krank und kostet das Gesundheitssystem der Gesellschaft unnötig Geld. Dazu braucht er geistige Stärke, Fachwissen, gesundheitliche Stärke, Glaubensstärke, Teamfähigkeit und Hilfsbereitschaft, selbstständiges Denken und freie Entscheidungen im persönlichen Bereich. Moralisch geistige Standfestigkeit – frei von jeglicher Verengung des Meinungskorridors – ist auch erforderlich.

Welche Stationen/Situationen durchleben GERMANIENs Staatsbürger?

Biologischer Lebenszyklus: Geburt/Aufwachsen/Erwachsen/Altern/Tod.

Überlebenszyklus in der Gesellschaft:

Bildung, Ausbildung, Beruf, Weiterbildung, Beschäftigung, Gesunderhaltung, Rentenzeit.

Mit welchen Bereichen kommt der Bürger während seines Lebens persönlich und staatlich in GERMANIEN in Verbindung?

Geburt > Namensgebung, Taufe

Bildungsstätten > Vorschule, Grundschule, Regionalschule, Gymnasium, Universitäten, Hochschulen

Weiterbildung > Lehre, Lehrgänge, Seminare, Studium

Verein/Organisation > Mitgliedschaft; aktiver Sport; Ehrenamt; gesetzliche Pflichtaufgabe

Beruf > Einkommen, Bankkonto; Steuern; Versicherungen; Arbeitsrecht

Wirtschaft > Handwerk, Handel, Agrarwesen, Industrie

Eigentum > Verträge

Wohnung > Wohnort, Miete, Umzug, Behörden, BGB

Auto > Führerschein; Gesetze, StVO, Verkehrswege

Freizeit > Reisen, Urlaub, Hobby, Versicherung

Familie > Frau und Kinder, Verwandtschaft

Ehe > Zusammenleben 2000

Rente/Pension > letzter Wohnsitz, Lebensunterhalt

Ableben > Testament, Erbschaft, Beerdigung

Was und wie hat der Staat davon zu unterstützen und zu schützen?

Die Bereiche Arbeitsplatz, Einkommen, Miete, Energie, Verkehrswege, Handel, Bildung, Kriminelle Sicherheit, Umwelt, Verteidigung gehen alle Bürger etwas an. Damit werden sie nahezu täglich konfrontiert. Auf diese Bereiche soll der Bürger auch für sein Leben vorbereitet werden. In Form von Erziehung und Bildung soll er dafür Kraft und Wissen, Geduld und Zusammenhänge vermittelt bekommen. Denn er soll als verantwortungsvoller mündiger Bürger mitentscheiden können.

Die Demokratie als reine Volksherrschaft erfordert mündige Bürger, die alle Rechte und Pflichten der Verfassung wahrnehmen. Dafür sorgt die Regierung der Republik GERMANIEN!

Hier ist deutlich zu erkennen, welche Problembereiche auf einige Migranten zukommen, die die BRD nicht im Griff hat. Parallel-gesellschaften mit religiösem Hintergrund und Großfamilien, die dauerhaft kriminelle Handlungen unterstützen, haben in GER-MANIEN keinen Platz mehr. Sie werden individuell abgebaut; auch mit Entzug der Staatsangehörigkeit bei der **Registrierung der Bevölkerung in der Umstellung von der BRD auf die Republik GERMANIEN**. Nach jahrelangen erfolglosen Diskussionen über das Für und Wider sind sie als eingestufte Bedrohung der übrigen Bürger aktiv aufzulösen. Es ist keine andere friedliche erfolgreiche Maßnahmenart als die Ausbürgerung (früher Abschiebung) bekannt. Das muss einmal ausgesprochen werden! Umerziehung gibt es nur in autokratischen Staaten.

Bildung

In der BRD gibt es kein einheitliches Ausbildungssystem, da für die Bildungspolitik die Bundesländer zuständig sind. Man nennt es Kulturhoheit der Länder. Daher gibt es 16 Bildungsgesetze. Das pädagogische Ergebnis der BRD: über 52 000 Schüler sind jährlich ohne Abschluss!

Aufgrund der fortwährend negativen Pisa-Studien und der Mobilität der Bevölkerung wird in der Republik GERMANIEN das Schulsystem auf das gesamte Volk ausgelegt. Der Bildungsauftrag der Schulen soll die Entwicklung der Heranwachsenden zu mündigen und verantwortungsvollen Persönlichkeiten unterstützen, um sie für die Arbeitswelt aufzubauen.

Wenn mir mein Leben lang alles abgenommen wurde und ich nicht gelernt habe, Handlungsspielräume wahrzunehmen, dann entwickelt sich ein Gefühl der Ohnmacht, wenn ich etwas nicht kann. Tendenz: Junge Leute zerbrechen an Kleinigkeiten. Arbeitgeber stellen mangelnde Belastbarkeit fest. Politischer und juristischer Grund: liberaler Individualismus.

Durch Kenntnisse von Stärken und Schwächen wird der Erziehungsauftrag der Eltern ergänzt.

Im Einzelnen:
Der Elementarbereich bis zum Schuleintritt bleibt bestehen.
Die allgemeinbildenden Schulen sind:

Grundschule Klasse   1–6 als Ganztagsschule
Regionalschule Klasse   7–10 als Ganztagsschule
Gymnasium Klasse   11–13 als Ganztagsschule
Berufsschule oder
Universität

Im Anschluss erfolgen berufliche, private Weiterbildungen jeglicher Art.

Basis Schulbildung

In den allgemeinbildenden Schulen gelten für den gesamten Staat GERMANIEN gleiche Kernfächer: Deutsch, Mathe, Physik, Chemie, Biologie, Wirtschaft, Politische Bildung (jeder Schüler der RG erhält in der 10. Klasse 1 Monat den gleichen Inhalt Politische Bildung), Englisch, Sport. Unterrichtsmaterialien sind IT-basiert.

Die Länder bestimmen die Kulturfächer: Bürgerkunde, Traditionen, Kunst und Musik, Religionen.

Bürgerkunde ist ein ergänzendes Schulfach, um die jungen Menschen auf das selbstständige Leben vorzubereiten. Dazu gehören gesamt gesellschaftliche Themen, die in der BRD unnötigerweise tausendfach die Gerichte beschäftigt haben; Beispiel Mietrecht, Finanzen, Steuern, Versicherungen, Arbeitsrecht, StVO, Behörden, Verträge, Ehrenämter, Altersversorgung, Erbrecht (Testament).

Die Verkehrsausbildung erfolgt in Theorie und Praxis als Nachmittagsveranstaltung der Schulen; auch als Vorbereitung für den Führerschein.

Die Allgemeine Schulausbildung und die Berufsausbildung bilden weiterhin ein duales System.

Die Schulzeit der Allgemeinen Schulzeit wird für alle Länder – unabhängig von der Religion – mit 70 Werktagen wie folgt festgelegt: Ostern 10 Tage, Pfingsten 10 Tage, Sommer 30 Tage, Herbst 10 Tage, Weihnachten/Neujahr 10 Tage; insgesamt 70 Tage Ferien/Urlaub.

Die Berufsausbildung erfolgt in den Stufen Lehrling, Geselle, Meister oder vergleichbare Bezeichnungen. In der Regel ist es die Lehrlingsausbildung im Betrieb mit Besuch der Berufsschule und einem Abschluss als Geselle.

Die weiterführende Ausbildung an Universitäten und Hochschulen bestimmen die Bürger in Eigenverantwortung nach den Richtlinien des jeweiligen Landes; ausgenommen die Universitäten des Verteidigungsdienstes und der von der RG genehmigten überregionalen Privatinstitute.

Elite Unis erhalten bisher reichen Geldsegen aus dem DFG-Fördertopf (Deutsche Forschungsgemeinschaft). Denn wenn Fördermittel auslaufen, versuchen auch Wissenschaftler, weiterhin beschäftigt zu bleiben. Sie suchen dann nach Anschluss-Verwendungen, um vom Land, dem Bund oder der EU Forschungsgelder aus den Fördermitteln zu erhalten. So gibt es auch Aussagen von Wissenschaftlern mit Übertreibungen.

Forschungsprojekte der Republik Germanien werden daher so gewählt, dass sie die gegenwärtigen und zukünftigen Erfordernisse für die gesamte Gesellschaft beinhalten. Individuelle Theorienforschung von geringer Bedeutung für die Gesellschaft werden den privaten Instituten überlassen.

Lesen, Rechnen, Schreiben, Reden bleiben Kernkompetenzen.

Die Diskussion um digitalen Unterricht bedarf der wissenschaftlichen Vorklärung mit folgenden Erkenntnissen: Kinder, die nicht mehr richtig lernen, wie man mit einem Stift schreibt, haben motorische und später kognitive Defizite. Ein fehlerfreies Schreiben ist bei Vorgabe von Korrekturprogrammen nicht mehr Normalität. Schüler müssen Medienkompetenz lernen. Kurze Clips, 100 Zeichen Nachricht und Statuschecks verhindern Konzentration über einen längeren Zeitraum. Die personalisierten individuellen Nutzerprofile schaffen für die Werbung immense Nachfragen. Dabei vereinsamen Jugendliche in virtuellen Tiefen. Sinnstiftende Auszeiten und kreative analoge Alternativen stellen an den Schulen der RG das Gleichgewicht zur IT-Tagesroutine her. Beispiele dafür gibt es schon vereinzelt in einigen Bundesländern der BRD. Digitale Plattformen wie Facebook, TikTok und andere ermöglichen keine Debatte zur demokratischen Meinungsbildung. Sie führen eher zu emotionalen Gruppen, die auch gemeinsam hassen können. Politik dagegen erfordert mehr oder minder Kompromisse. Hier werden in der RG die Schulen Aufklärung durchsetzen.

Die **Bildung** kann man nicht mehr allein den Ländern überlassen. Es handelt sich um **eine gesamtgesellschaftliche Aufgabe**. Die Nichtbeachtung von Ereignissen der Weltpolitik ist ein Defizit der Schulen in der BRD. Sich auf militärische Auseinandersetzungen vorzubereiten, um im Ernstfall sich und das Land zu verteidigen; dieses Denken muss ab sofort in den Schulen eingeleitet werden. Deutschland muss schnellstens wieder wehrfähig werden; dies ist eine angepasste Realität. Da gibt es nichts mehr zu diskutieren. Kriege haben viel mit Taktik zu tun. Öffentliches Gerede nutzt nur dem Feind. Dieses Denken muss in die Köpfe der gesamten Gesellschaft. Videos und Fotos zeigen aktuelle Zustände, die dem Feind immer Informationen für sein aktuelles Lagebild sind. Aus ukrainischen Dörfern wurden Handy-Nachrichten mit Bildern an Familienangehörige geschickt. Das ist für den Feind ein Teil der Aufklärung. Umso weniger der Feind weiß, umso mehr Aufwand muss er betreiben. Sollte die Gesellschaft das nicht begreifen, werden die Sozialen Netze in der RG zu ihrer Sicherheit eingeschränkt. Denn dies ist und bleibt im Krieg eine Frage von Leben oder Tod!

Digitalisierung

Das Internet ist inzwischen sehr vielseitig geworden. Ein Teil davon sind die sogenannten Sozialen Netzwerke, das „Darknet" und andere mehr. So kann ein Thema Gesundheit auch unter Internet abgehandelt werden.

Aussage einer Ärztin: „Immer mehr Patienten und Patientinnen haben gegenüber der Ärzteschaft überzogene Ansprüche. Sie erwarten gegoogelte Wunder, d. h. eine bestimmte Behandlung, auch wenn sie medizinisch nicht angezeigt ist. Sie machen die Übungen nicht und beklagen sich über ausbleibende Besserung. Wenn sie ihren Willen nicht bekommen, werden sie sauer und gehen zum nächsten Arzt. Wir haben fast jeden Tag einen Patienten in der Praxis, der laut wird oder miese Beurteilungen im Internet hinterlässt."

Durch die immer mehr wachsende Kommentierung Einzelner entsteht ein Wirrwarr an Meinungen, insgesamt das Gegenteil von Konzepten. Es fehlen mittelfristige und langfristige Ziele, die wir in allen Bereichen des Lebens und Handelns brauchen. Heutzutage sind es alles komplexe Arbeitsgebiete, die unabhängigen Sachverstand und Fachwissen verlangen.

Bisher werden Bürger ausgelacht, wenn sie lapidar behaupten, dass die Handys das Volk verdummen und krank machen. Jetzt kann man die wahre Sachlage im Buch vom US-Psychologen Jonathan Haidt nachlesen.

Kurzfassung allen Übels: Kinder und Jugendliche haben die Kontrolle verloren. Die Handy-Nutzung führt zu sozialer Verwahrlosung, Schlafmangel, Aufmerksamkeitsdefizite und Sucht mit Folgen von Angstzuständen, Depressionen bis zu Suizid.

Hier steuert der Staat Republik GERMANIEN nach: In jeder Schule gibt es „Handy Hotels".

Da werden die Handys von Schulbeginn bis Schulende eingeschlossen, um die staatliche Fürsorgepflicht in den Schulen gegenüber seinen Bürgern zu erfüllen.

Telefongespräche führen – nach 18:00 Uhr, weil es dann billiger war –; ein Telegramm auf der Post aufgeben, weil es schnell gehen musste; Briefe oder Karten schreiben und zur Post zu bringen, um sich gegenseitig zu informieren; in die Bücherei gehen oder ein Buch kaufen, um sich fachlich zu orientieren; direkt zum Kaufhaus fahren, um sich über den Kaufgegenstand zu informieren. Das war der Rückblick in die Jahre von 1946 bis 1986; alles mit Zeitaufwand, Wegstrecke, Geduld, Vorüberlegung und gegenseitigem Respekt und nicht anonym, sondern mit Kenntnis des Absenders verbunden.

Die aktuelle Kommunikation bedarf keiner Unterstützungshilfen mehr. Es geht alles von einem Gerät zu jeder Tages- und Nachtzeit in alle Richtungen persönlich oder anonym. Rücksichtnahme ist nicht mehr erforderlich; jeder kann und darf alles kommunizieren. Man braucht auch nicht mehr grammatisch richtig schreiben. Das Schreibprogramm, die App korrigiert selbst. Die mit dem größten Aufsehen sind die Bestimmer. Juristisch sind Beleidigungen und Beschimpfungen wegen anderer Meinungen als neue „Kommunikations-Sitte" an der Tagesordnung. Das zu begrenzen, haben Justiz und Politik verschlafen. Verschwörungsgläubige – nicht Theoretiker – finden auf breiter Linie immer mehr Anhänger. Zur Erklärung: für Verschwörungstheoretiker, also eine Theorie, sind wissenschaftlich begründete Aussagen und zugrundeliegende Gesetzlichkeiten erforderlich. Dies ist nicht gegeben. Der Begriff kommt von halbwissenden Journalisten.

Da stellt sich die Frage nach Fluch oder Segen des Internets? Es ist wie mit der „Atombombe" oder mit atomarer Technik. Wenn man sie falsch anwendet, ist sie verletzend bis tödlich. Die Antwort: das Internet ist Fluch und Segen zugleich; es kann sogar tödlich wirken (indirekt durch Animationen).

Beispiele: Nachdem zwei Jugendliche (14 und 15) einen Obdachlosen getötet hatten, verbreiteten sie ein Handyvideo von der Tat. Das ist die neue Sucht nach Fame, nach Likes, nach Followern. Es ist ein Ergebnis für übertriebene Selbstverwirklichung und Selbstentfaltung: ich bestimme, was ich will und egal auf welchem Wege ich meinen Stress, meinen Frust abbaue. Achtung vor dem Alter, Akzeptanz anderer sozialer Lage, Hilfsbereitschaft sind nicht in; sind geistig verödet. Nur ein Wischen auf dem Handy stärkt die Verdummung und die Kriminalität. Vorbei die Zeiten des Jugendschutzes!

Oder sie gehen auf die Seite „kreativismus.org" und kreieren ein Etikett. Dieses Etikett kleben Sie auf ein Produktpäckchen Kohlrouladen und legen es in einem Supermarkt ab. Ein Kunde kauft aus dem Regal Kohlrouladen. Zuhause angekommen sieht er lesbar 250 g Menschenfleisch zu 0,99 € … ein besonderes zartes und schmackhafter Leichenteil. Beurteilung: das Internet ist in der öffentlichen Nutzung in Deutschland auch ein Fluch.

Weiteres Beispiel: App installieren und Add on hinzufügen macht im Ergebnis: Bankkonto leergeräumt.

Karl hatte an der Führungsakademie in Hamburg eine wissenschaftliche Arbeit über das Seerecht zu schreiben. Dafür war Literatur erforderlich, die er nicht vor Ort, sondern in einer Bibliothek in Freiburg fand. Suchen sind durch das Internet so einfach wie nie zuvor geworden und Reisen dafür entfallen. Beurteilung: das Internet ist ein Segen.

Internet mit KI-Programmen ermöglicht Wahrheiten und Echtes für Laien unsichtbar zu verändern. Beurteilung: das Internet ist ein Fluch und KI eine aufkommende globale Gefahr, wenn sie wie eine Atombombe außer Kontrolle gerät.

KI ist ein eigenständiger Akteur, die sich selbstständig weiterentwickeln kann. Jedoch fehlt dabei menschliches Verständnis; somit ist sie nicht ohne Fehler. Die globale Vermehrung der KI wird ohne Regulierungen durch Regierungen in unbeherrschbare Lagen kommen. Schlimmstenfalls erhält sie über autonome Waffensysteme die Kontrolle über Atomwaffen und vorher über Steuerungssysteme von Industrien und Elektrizitätswerken. Die humane Evolution dauerte Milliarden Jahre, die der KI wird nur ¼-Jahrhundert dauern! Die positiven Möglichkeiten der KI lassen vor allem Politiker die negativen Möglichkeiten zu spät erkennen. Plötzlich werden sie da sein! Die KI arbeitet 24 Stunden ohne Pausen und wird die Aktivitäten noch schneller machen und die Menschen noch intensiver überwachen und beeinflussen, weil sie nichts vergisst. Die abfällige Bemerkung vor 10 Jahren wird den Bewerber den Job kosten und manchen Politiker über TV-Shows und Medien zu ständigen Rechtfertigungen zwingen; bis zur Aufgabe. Man erinnere sich an den Politiker Laschet, der zur falschen Zeit an einer richtigen Stelle gelächelt hat: ohne KI, nur mit einem Detailfoto. Der Mensch wird als natürlicher Organismus diese „Jederzeit-Einflussnahmen" auf Dauer nicht überstehen. Die Politiker der BRD sind juristisch zu feige, sich schon jetzt dagegen zu wehren.

Karl wird in der Republik GERMANIEN als **Sofortmaßnahme KI Gesetze schaffen**, die die Anmeldung und Überwachung wie ein Auto TÜV erforderlich macht. Die Verantwortlichen müssen bei Vergehen mit sofortigen Verbotsmaßnahmen rechnen und die **Vorgaben vor Wiederaufnahme** erfüllen. Geldstrafen helfen dafür nicht!

Das neue „**Ministerium für Digitalisierung**" wird in globaler Betrachtung mit den Bereichen Entwicklung, Produktion und Verwaltung beginnen und weiter ausbauen. Eine direkte Zusammenarbeit auf internationalem Gebiet wird von Anbeginn personalmäßig ohne Beamtenstatus (nur die fachlich Besten) aufgebaut. Es ist so weit!

Energie

Zur Energie gehören Atom, Gas, Solar, Strom, Wasser, Wind, Biomasse, Wasserstoff, Forschungsprojekte.

Energie ist ein sekundäres Thema für Bürger; es ist jedoch ein primäres Thema für Industrie und Handel. Für die Zufriedenstellung ersterer erhalten Politiker viele Wählerstimmen. Für die Zufriedenstellung der Wirtschaftsbetriebe nur wenige. Die verantwortlichen Politiker begreifen nicht, dass 1 300 von 3 300 Industriebetrieben 2025 ihre Produktion einschränken oder ins Ausland verlagern wollen. Das ergibt noch weniger Wählerstimmen für die Etablierten!

Energieerzeugung wird zukunftsorientiert gedacht. Jetzige Energien sind nicht das Ende der Fahnenstange. Die Forscher und Techniker von GERMANIEN erhalten durchgehend finanzielle Unterstützung. Sie haben in der Vergangenheit gezeigt, dass sie in Solar und Wind technisch ganz vorne waren, aber durch die Politik der BRD in die Versenkung gedrängt wurden; kostenmäßig nicht mehr konkurrenzfähig waren. Sie zeigen es mit neuartigen Kraftwerken, die sich in der Entwicklung befinden, aktuell wieder, dass sie technisch in vorderster Front stehen.

Deutschland ist ein Staat, der mit seinen Bodenschätzen sehr dürftig ausgestattet ist. Für 84,67 Mio. Einwohner und die Exportwirtschaft reichen keine eigenen Vorkommen. Deshalb werden politisch neue Techniken gefördert, die für bestehende Vorkommen eine hohe Ausbeute versprechen. Der Gasverbrauch liegt bei ca. 85 Mrd. cbm im Jahr. Mit der Methode „Fracking" – einbringen von Benzol und Quecksilber – schätzt man, 2 Billionen cbm Gas fördern zu können. Aus der Sicht der Bürger sind dabei Trinkwasserschutzgebiete, Heilquellen, Mineralquellen, Trinkwasserbrunnen gefährdet. Außerdem entstehen bei den seismischen Vorarbeiten Beben mit Folgeschäden.

Bedenkt man, dass Autowaschen und Oberflächenverunreinigungen, z. B. mit Lösungsmitteln, hohe Strafen nach sich ziehen, liegt der Genehmigung des Einbringens von hochgiftigem Benzol und Quecksilber in die Erde eine abartige Denkweise zugrunde.

Mit gesundem Menschenverstand bewertet, ist diese Methode keine Option. Für die RG kommt diese Technik nicht infrage.

Atomkraftwerke sind die günstigsten Energielieferanten für Strom. Sie wurden technisch auch weiterentwickelt, so dass ihr Gefahrenpotential im Betriebsablauf stark verringert werden konnte. Sie machen unabhängig in der Energieversorgung, haben große Leistungspotentiale und sind preiswert im Produkt. Deutschland könnte auch hier wieder technischer

Vorreiter sein. Nur die Gefahr eines Strahlungsunfalls ist aus militärischer Sicht immer noch tödlich. Nur wenn es zu einem Atomkrieg kommt, ist diese Bewertung ohne Wert. Als weiterentwickelte Technik ist sie akzeptabel. Und ohne Endlager ist das Thema Atomstrom vorerst zu beenden. Die endgültige Festlegung eines Atommüll-Endlagers hat höchste Priorität in der RG. Aufgrund der vielen Gutachten wird nur noch eine Entscheidungsfrist von 2 Jahren gewährt. Dann wird mit der Umsetzung begonnen. **Dabei wird volksherrschaftlich entschieden** und nicht kleinstaatlich. Allgemeinwohl vor Einzelwohl.

Wind- und Wasserenergie sind ebenfalls gesamtstaatlich auszubauen. Dazugehörige Speicherkapazitäten werden über die Forschung intensiv unterstützt. Es wird ein Wettbewerb ausgeschrieben.

Da gibt es Anzeichen, dass es andersartige Energiekraftwerke geben kann. Diese Forschung und Entwicklung erhält höchste staatliche Priorität.

Die Solarenergie ist wie die Wasserstoffenergie eine Ergänzungsenergie, deren Weiterentwicklung ebenfalls unterstützt wird.

Der Strompreis nach dem Merit-Order-Prinzip wird in einer Einsatzreihenfolge an der Strombörse festgelegt, wobei nur der Preis des letzten zählt. Das sind bisher immer die Gaskraftwerke. Karl lässt die Preise mit einfacher Administration mitteln, abgekoppelt vom Gaspreis. Die Aufrechterhaltung der Produktivität der Wirtschaft in Gegenwart und Zukunft hat dabei oberste Priorität.

Bisher beinhaltet der Strompreis für den Bürger 31 % Steuern, Umlagen, Abgaben; 30 % Netzgebühren; 39 % Kauf und Marge mit dem Ergebnis von 25 000 Schlichtungsanträgen für das Jahr 2023. Diese vorhersehbaren Klagen der Bürger werden in der RG durch Verminderung der Gebühren verringert.

Finanzen

Steuermoral hat etwas damit zu tun, dass der Bürger erkennt, dass seine Steuergelder nicht verschwendet oder unfair verteilt werden. Je mehr die Bürger sich mit der Verwendung identifizieren können, umso mehr sind sie bereit, steuerehrlich zu sein.

Nachvollziehen können, wo das Geld bleibt; überzeugt sein, dass die Anlage notwendig ist und hohe Priorität hat, mitbestimmen per Referendum, warum es so ausgegeben wird; das ist politische Transparenz und Demokratie = Volksherrschaft.

Wie sieht es in der praktischen Politik aus? Lobbyverbände werden sofort bei Gesetzesänderungen tätig. Eine Verpflichtung zum mehr Steuern zahlen führt dazu, dass man sich Auswege sucht. Die „ungerechte Behandlung" muss beseitigt werden. Auswege sind dann: Nachlassendes Engagement für das Gemeinwesen; Auslagerung von Produktionsstätten; Verminderung von Investitionen; Abbremsen von Fortschrittsmaßnahmen. Das sind die Einbrüche in der Wirtschaft, immer verbunden mit weniger Steuereinnahmen.

Im Detail werden Lobbyverbände sofort im Bundesministerium für (BMF) und sogar im Bundesfinanzhof vorstellig. Sie nehmen Einfluss auf: Abgeltungssteuer, Erbschaftsteuer, Gewerbesteuer, Grundsteuer, Körperschaftssteuer, Lohnsteuer, Mindeststeuer, Unternehmensteuer, Vermögensteuer. Ein Berliner Zirkel – sogenannte Steuercommunity – dem im Zentrum ca. 15 Verbände und Personen angehören, beeinflusst die deutsche Steuerpolitik. Es geht dabei nur um Geld! Diese Arbeitsweise könnte der Bürger mafios nennen. Das ist jedoch falsch, es geschieht nur auf einem anderen Niveau. Diese 15 sind alle so vernetzt, dass sie eine Interessenmacht darstellen. Direkt gehen da kaum Gelder in eine private Tasche. Aber indirekt geht bei Erfolg der eigene Verdienst in die Höhe. Das ist der egoistische Ansporn dieser Art von Kapitalismus. Sind diese Vertreter vom Volk frei gewählt? Nein!!

Sie vertreten nur ihre eigenen Mitglieder oder ihr persönliches Fachprofil. Zum Beispiel:

Der Deutsche Steuerberater Verband (36 000 Mitglieder) vertritt ca. 65 % Steuerberater und Wirtschaftsprüfer.

Der Bund der Steuerzahler Deutschlands (200 000 Mitglieder) vertritt 60 % Mittelständler und Unternehmen und 10 % Arbeitnehmer.

Der Bundesverband der deutschen Industrie vertritt 100 000 deutsche Firmen.

Einzelpersonen wie Professoren mit Spezialgebiet Steuerrecht und sogar eine Steuer-Gewerkschaft arbeiten mit dem Ziel: die geringsten Belastungen für die, die ich vertrete. Eine glasklare OMADAKRATIE!

Natürlich gibt es keine Steuergerechtigkeit bei so vielen Sichtweisen. Die Beseitigung von Schlupflöchern (Firmenebene) und ein einfaches Kernsteuersystem würde zwar viele Juristen und Steuerberater im weiten Sinne arbeitslos machen. Das wäre aber aus Bürgersicht eine ausgleichende Gerechtigkeit. Die Regierung der RG wird zukunftssichere Regelungen einführen.

Grundsteuer ist in der Republik GERMANIEN für alle Bürger gleich.

Die Hebesätze der Gemeinden führen bisher zu erheblichen Unterschieden. Nunmehr sind die Länder in der Verantwortung und erheben einen Durchschnittssatz. Die Gemeinden werden damit entlastet und erhalten für Gemeindeaufgaben vom jeweiligen Land Zahlungen.

In der Einkommenssteuer (Est) werden die Grundfreibeträge und Eckwerte mit steigender Inflation angeglichen.

Der Bundeshaushalt stellt jährlich einen Kampf dar. Augenblicklich ist die Kreditaufnahme eine ständige Forderung. Gemäß GG-Artikel 115 in Verbindung mit dem Haushaltsgesetz § 2 vom 10.08.2009 ist eine Kreditaufnahme von bis zu 0,35 % im Verhältnis zum nominalen Bruttoinlandsprodukt als Strukturkomponente zulässig.

In der RG wird dieser Satz auf 0,5 % erhöht. Das ist dann ein konkurrenzfähiger Prozentsatz im Fiskalpakt der Länder und in der EU.

Gesundheit

Die Gesundheit der Bevölkerung darf nicht bedroht werden; sie ist sehr vielschichtig, mit unzähligen Auswirkungen. Der GG-Artikel 2, Abs 2: „Jeder hat das Recht auf Leben und körperliche Unversehrtheit" überträgt dem Staat eine Schutzpflicht. Der Staat weiß, dass die Bürger gesund sein müssen, damit sein Beschäftigungs- und Gesundheitssystem funktioniert. Diese Schutzpflicht kommt in der Verfassung mit der neuen Ergänzung des **Artikels 2a** zum Ausdruck: „**Das Gesundheitssystem beinhaltet eine Schutzpflicht der Republik mit dem Ziel der Wehrhaftigkeit seiner Bevölkerung**".

Die Krankenkassen haben durch mangelnde Kontrolle ein Abrechnungssystem für alle Ärzte zugelassen, das unverschämt hohe Kosten akzeptiert.

Beispiel 1: Patient verliert den Hausarzt, weil dieser in Rente ging. Bei der 6. Praxisanfrage wurde er angenommen; als gesunder Privatpatient ohne Medikamentenbedarf. Der neue Hausarzt: kein Dr. med. aber in einer psychischen Gemeinschaftspraxis. Die erste Begegnung nur eine Unterhaltung über 15 Minuten mit dem Hauptthema Berufsvergangenheit. Nächster Termin 3 Monate später zur Blutabnahme.

Das Ergebnis eine Rechnung mit den Diagnosen: Gangstörung; v. a. Demenz. Die GO Nr. 34 Erörterung, mind. 20 min. = 40,22 € und 2 x GO Nr. 857 = 24,34 €, macht zusammen 64,56 €. Es gab absolut keinen Gesprächsinhalt zu diesen Diagnosen und was ist eine orientierende Testuntersuchung? Die Diagnosen sind völlig aus der Luft gegriffen. Ergebnis für den Patienten: Arztwechsel wegen Betruges, den die Krankenkasse nicht erkannt.

Beispiel 2 – Rechnung Zahnarzt: Beratung auch fernmündlich Ä 1; sowie systembezogene Untersuchung Ä 5 jeweils 10,72 € auch für 4 stumme Folgebehandlungen.

In den Krankenkassen ist ein Umdenken erforderlich und ein Kontrollmechanismus fällig. Die Bestätigung durch die DAK für die Jahre 2022 und 2023: „Zunahme von Betrugsfällen". 17,66 Millionen € ungerechtfertigte Ausgaben wie nichterbrachte Leistungen, gefälschte Rezepte, nicht vertragsgemäße Qualifikationen. Höchste Schadenssummen bei Pflege zuhause 4,6 Mio. €, Arznei- und Verbandmittel 4,5 Millionen €.

Bei allen Kassen ergab sich für 2021 eine Schadenshöhe von 132 Mio. €!

Als im ersten Stadium der Coronaepidemie die Ansteckung anderer zum Tode vieler Menschen geführt hat, waren liberale Politiker dagegen, den Schutz staatlich zu bestimmen und haben selbst keinen Schutz getragen. Sie haben durch Ansteckungen eine Mitschuld am Tod vieler Bürger. Beispiel: ein Liberalen-Politiker brüstet sich im Fernsehen nach Corona, dass er trotz Verbot in seiner Stammkneipe war und Bier getrunken hat und sich ohne Maske unterhalten hat. Der wurde nicht bestraft, obwohl er Demokratie nicht verstanden und Handeln nach Gesetz nicht befolgt hat! Merke: Persönliche Freiheit ist immer dann untergeordnet, wenn andere oder Dritte geschädigt werden. Juristisch gibt es leider keinen Nachweis, da Viren unsichtbar und geruchslos sind. Aber Bürger mit Lebenserfahrung wissen, dass die tödlichen Krankenverläufe in Massen die Ursache in Ansteckungen hatten. Beweis: die Sterberate ist 2023 wieder normal, da Corona zurückgegangen ist. Bei bisher 38 846 037 erfassten Covid-19-Infektionen gab es 183 392 Todesfälle an oder mit Corona von 83 155 031 Einwohnern.

Altbewährter medizinischer Schutz wie Pocken- und Masernimpfungen werden von der liberalen Justiz einfach über den Haufen geworfen und in Kauf genommen, dass deshalb viele Menschen sterben müssen. Ansteckungen mit nicht sichtbaren Viren bleiben für immer eine Gefahr für die Gesellschaft; das gesamte Volk. An rechtliche Vorbeugemaßnahmen durch den Staat muss sich die liberale Justiz in der RG gewöhnen. Denn in der Demokratie der RG steht die Gesundheit des Volkes in der Priorität vorn.

Es braucht keiner mehr zu sterben, weil er sich von einem Ungeschützten anstecken lassen muss.

Das neue Gesetz lautet: „Für ansteckende Krankheiten, die zum Tode, zur Arbeitsunfähigkeit oder zur Massenverseuchung führen, werden medizinische Pflichtbehandlungen (Impfungen, Medikamente) im ganzen Staat einheitlich festgelegt. Der Staat schützt damit die körperliche Unversehrtheit auch derjenigen, die sich nicht wehren können."

Das Institut für Sozialmedizin stellt 16,3 Arztbesuche pro Jahr für deutsche Arbeitnehmer fest; ein Nationen-Spitzenplatz. Die Priorität liegt beim Montag. Krankschreibungen per Telefon werden in der RG wieder abgeschafft; zugunsten der Wirtschaft und der Behörden.

Aktueller Vorgang in der Praxis:
Anrufe Patient (überlasteter Telefondienst);
Aufnahme durch eine MTA und nicht durch eine nur Telefonannahme;
Weitergabe an den Arzt;
Rückruf Arzt an den Patienten irgendwann.

Wo ist der Zeitvorteil für den Arzt? Karl hat selbst erlebt, dass Warteschlangen aufgrund einer zu kleinen Praxis entstehen und das durch falsche Organisation MTA Telefondienst machen, statt 450 € Telefon-Jobberinnen einzustellen.

Die natürliche Widerstandsfähigkeit und Gesundheit der Bevölkerung bleiben bei der aktuellen Ernährung auf der Strecke. Denn bei Hochleistungssorten von Pflanzen gehören gesundheitsschädliche Einsätze von Düngern, Pestiziden und andere Agrarchemikalien dazu. Bei Hochleistungsmilchvieh kommen Antibiotika und weitere Agrarchemikalien dazu. Der immer wieder argumentierte Abbau der chemischen Mittel ist nicht durchgängig vorhanden, da UV, Sonnenlicht, Regen, Luftdruck, Feuchtigkeit und Temperatur täglich ungleichmäßig auf Pflanzen und Tiere einwirken. Das weiß jeder Hobby Gärtner.

Medizin und Forschung sind daher ein wichtiger Komplex im Bereich Gesundheit.

Seit 35 Jahren, also seit 1984, haben Kinder/Jugendliche Kreidezähne. Nunmehr sind ca. 30 % der 12-Jährigen von MIH betroffen. Die Molaren-Inzisiven-Hypomineralisation stellt eine entwicklungsbedingte Erkrankung der Zahnhartsubstanz dar.

Es handelt sich somit um eine Volkskrankheit. Woher kommt sie? Sie kommt vom Chemischen Zusatzstoff in der Plastikherstellung von Phenol A [C6H5OH]. Das Ergebnis der sogenannten Rattenstudie hat dazu geführt, dass Phenol A Verarbeitung in der Plastikherstellung in Frankreich verboten wurde. In Deutschland wird die eigene Ursachenforschung nicht unterstützt, weil das Bundesamt für Risikoforschung darin kein Risiko sieht; obwohl 30 % der Kinder wegen der Schmerzen mehrmals jährlich zum Zahnarzt müssen. Ein Bravo den Behörden-Verantwortlichen.

Seit Mitte der 70er-Jahre kann man behaupten, dass die Fülle von Krebskrankheiten durch chemische Zusätze in Lebensmittel und Materialien der Hauswirtschaft verursacht wird. Die Liste mit der Zusammenfassung krebserzeugender Mittel ist der Beweis. Denn diese Mittel gab es vor dem 2. Weltkrieg nicht.

Es gab auch kein Industriebrot, das über ein 50-m-Laufband mit chemischen Zusätzen gestützt werden muss, um die Form zu halten. Frühstück mit Brötchen/Brot, Milch, Wasser, Butter, Käse, Tee, Kaffee, Marmelade, Käse, Wurst, Speck z. B. sind Endprodukte: Getreide (Erzeugung mit Chemikalien Gülle, Insektizide), Milch (Erzeugung mit Chemikalien für Futter und Antibiotika), Tee/Kaffee (Erzeugung mit Chemikalien gegen Insektizide und anderes), Obst (Erzeugung mit Chemikalien, Insektizide), Fleisch (Erzeugung mit Chemikalien in Futtermittel und gegen Krankheiten), Wasser (Nitrate aus der Landwirtschaft), Fisch (Plastikteile, Abwässer).

Alle 5 Gruppen enthalten unterschiedliche nicht abgebaute Chemikalien. Dazu kommen während des Tages noch mehr Lebensmittel und die Nutzung von Plastik, das z. B. beim Heißwasserkocher das Phenol A löst oder die Plastikverpackungen, die auch anderes ausdünsten. Nicht zu vergessen die vielen chemischen Zusatzstoffe für Haltbarkeit, Transportfähigkeit usw. So hat ein Fabrikant im Fernsehinterview zugegeben, dass sein Industriebrot aufgrund des sehr langen Förderbandes einen chemischen Zusatz benötigt, der das Zusammensacken des Brotes verhindert, sowie noch zwei weitere Zusätze, von denen beide Betriebsgeheimnis sind.

Da reicht doch die Schulausbildung in Chemie, Biologie und Physik (Zellgifte, Osmose, Kreisläufe, Interaktionen der Organe), um zu erkennen, dass die Gesamtheit aller chemischen Einwirkungen zusammen zu Zellveränderungen und Veränderungen der Darmflora im menschlichen Körper in verschiedener Intensität führt. Welcher Körper soll dabei gesund bleiben? Umso mehr aufgenommen wird, umso größer die Bedrohung. Mangelernährung, wenig Bewegung und Fettleibigkeit wirken verstärkend. 20 % der Deutschen sind Adipositas. Bauchfett sorgt für Entzündungen; Entzündungen sorgen für Gesundheitskosten. Bewegung ist erforderlich, damit Cholesterin nicht die kleinsten Blutgefäße in den Geweben verstopft und Nährstoff- und Sauerstoffmangel entsteht. Blutgefäße ohne Cholesterin halten uns ein Leben lang gesund und die Krankenkassen würden dann auch über hundert Jahre ohne Beitragserhöhungen arbeiten. Herz-Kreislauf-Erkrankungen sind Todesursache Nr. 1.

Gesundheitskosten werden über die Mitgliedsbeiträge an die Bürger weitergegeben. Doch wenn man – wie das Amt für Risikobewertung – alles einzeln bewertet, ist nichts gesundheitsschädlich, auch wenn die Zahlen der Neuzeiterkrankungen weiter steigt. Es ist das Ergebnis von behördlichem Abteilungsdenken. Ergebnisse aus der Wissenschaft werden nicht ernst genommen.

Und bei einer Epidemie wie Corona kommen wissenschaftliche Kenntnisse/Erkenntnisse aus Gebieten Epidemiologie, Virologie, Aerosologie und andere zusammen.

Da aber diese Wissenschaften nicht aus Wahrheiten, sondern aus nacheinander erhobenen empirischen Evidenzen bestehen, die konträr sein können, verstehen das zu wenige Bürger. TV-Auftritte einzelner unterschiedlicher Wissenschaftler verunsichern die Bürger nur. Der Bürger braucht zum verlässlichen Leben verständliche Tatsachen und einfache planbare Umsetzungsgrundlagen.

Über eines muss man sich im Klaren sein, wenn man Erfahrung in die Bewertungen einbezieht, dann kommt man zu dem Schluss, dass zwischen 10 und 20 % der deutschen Staatsbürger die Gewohnheit haben, alles anders zu machen.

Das bedeutete bei Corona:

- Aus Sicht der Liberalen: das Freiheitsgefühl nicht anzutasten und somit zu Beginn der Pandemie durch Ansteckung (ohne Maske) Tausende Coronatote mitzuverantworten
- Aus Sicht der Mediziner: Masken und Impfpflicht von Anbeginn für alle
- Aus Sicht von Politikern mit Verständnis: sich für gesundheitliche Abhängigkeiten einzusetzen.

Es waren 5,7 Milliarden Masken zum Schutz vorhanden, um Schulkinder zur Schule gehen zu lassen. 1,7 Mrd. wurden verteilt; 1,5 Milliarden wurden vernichtet; 1,7 Mrd. werden noch vernichtet; 0,8 Mrd. sind ohne Nutzungskonzept. Was für eine politische Fehlleistung! Was für ein Fehlbestand an gesundem Menschenverstand! Was für eine Geldverschwendung nach dem MAUT-Desaster mit 243 Mio. €. Unberücksichtigt sind offene Klagen in Höhe von 90 Millionen € mit einem Streitwert von 2,3 Milliarden €.

Es geht noch weiter. Die niedrigen Bürokratiehürden bei den Coronahilfen haben während der Pandemie zum tausendfachen Betrug geführt. Bis Ende 2023 gab es 7 900 Ermittlungsverfahren (in Berlin allein 16 000) mit Schäden in Höhe von 274 Millionen. Noch eine politische Fehlleistung in den Aufsichts- und Kontrollgruppen der Behörden!

Offensichtlich stellt das Gesundheitssystem ein großes Betrugsfeld dar. Die häusliche Krankenpflege entwickelte sich mit über 30 Millionen € Schäden im Abrechnungsbetrag zu einem

Brennpunkt der Fehlverhaltensbekämpfung der Krankenkassen. Die GKV ermittelte von 2020 bis 2021, in einem Jahr, insgesamt 132 Mio. € Schaden in den betroffenen Bereichen, Ambulante Pflegedienste, Ärzte, Apotheken,Versicherte, Therapeuten.

Wenn man nach 2 Jahren die Literatur über den Weg zur Herstellung des Impfstoffes gelesen hat, dann weiß man, dass die Grundlagen incl. Prüf- und Sicherheitsphasen schon vorhanden waren und daher die Produktion so schnell anlaufen konnte. Es waren Jahre der Entwicklung abgearbeitet. Vergleichbar mit einem Fertighaus, wo nur noch die Teile innerhalb von Wochen zusammenzusetzen sind. Auf jeden Fall hilft es allen Bürgern nicht, wenn man in Zukunft wieder jeden Tag in den Medien neue oder andere Erkenntnisse veröffentlicht, was im Ablauf der wissenschaftlichen Forschung liegt.

Sport und Bewegung sind wesentliche Anteile, die zur Gesunderhaltung von der Schule bis zur Rente beitragen. 45 % der Bevölkerung treibt keinen Sport.

Die Bundesjugendspiele werden wieder auf internationale Augenhöhe gebracht, indem der Leistungsfaktor in Sekunden und Meter sowie Sieg und Niederlagen dokumentiert und belohnt werden. Die Gesellschaft will entsprechend der Anzahl von 84 Mio. Einwohnern Olympiasieger, Weltmeister und Europameister erleben. Für Sport als Teil der Gesundheit schafft der Staat die Grundlagen. Das bestehende Vorbereitungskader-System wird in allen Sportarten, ausgenommen Fußball, so geändert, dass erfolgreiche Sportler finanziell so unterstützt werden, dass sie konzentriert trainieren können. Im Fußball wird der Menschenhandel abgeschafft. In der Nationalmannschaft befinden sich nur Spieler mit einem „gemanischen" Pass. Denn sie spielen für GERMANIEN. Die großen Vereine zahlen in einen Fußballtopf GERMANIEN ein, um den Nachwuchs in allen Vereinen zu fördern und Sicherheit in den Stadien zu gewährleisten. Polizei kommt wie im Straßenverkehr bei Notfällen zu Hilfe. Vereine erhalten juristisch die Erlaubnis, dingfest gemachte Störer aus ihren Stadien auch in Gruppen für eine Saison ohne Verfahren auszuschließen. Allgemeinwohl geht vor

Eigennutz. Der Begriff Freiheit des Einzelnen wird juristisch an die Demokratie angepasst.

Der Personalmangel spielt aktuell eine große unüberwindbare Rolle. Anerkennung der Tätigkeit verblasst hinter der Tatsache, dass es in Deutschland für die Pflegeassistenz 27 verschiedene Ausbildungsgänge gibt. Das ist nur ein Fall von vielen.

Infrastruktur

Zur Infrastruktur des Staates gehört vordringlich der Verkehr zu Land, zu Wasser und zur Luft, nämlich Straßen, Brücken, Autobahnen, Schienen, Bahnhöfe, Kanäle, Schleuse, Häfen, Flugplätze, Energieversorgung. Die Bewertung dafür muss auf der Ebene Europa geschehen. Denn GERMANIEN ist umgeben von neun Staaten: den Ländern Dänemark, Polen, Tschechien, Österreich, Schweiz, Frankreich, Luxemburg, Belgien und Niederlande. GERMANIEN ist ein reines Transitland mit den Schwerpunkten der Himmelsrichtungen Nord/Süd und Ost/West. Darauf ist die Wirtschaft ausgerichtet. Verkehrsflüsse, Erreichbarkeiten prägen die Logistikrouten. Somit ist klar geregelt, dass bei Planungen für Erweiterungen, Ergänzungen und Modernisierungen es diesbezügliche Prioritäten gibt. **Wirtschaft und Handel verdienen die regelmäßigen Steuern für den Wohlstand des Staates.** Der Staat zahlt aus den Steuereinnahmen die Gehälter der Staatsdiener und minimiert mit die Lohnsteuerrückzahlungen. Kein Staatsdiener trägt finanziell zu den Einnahmen des Staates etwas bei. Deutschland und GERMANIEN haben nur menschliche Arbeitskraft und keine Bodenschätze, die Geld einbringen. Darauf werden auch die politischen Staatsdiener in der IPFG geschult.

Politiker als Verkehrsminister aus Süddeutschland haben mehr ihre regionalen Landstraßen im Blick gehabt als Wasserstraßen, Schleusen Häfen und ihre Infrastruktur an Nord- und Ostsee als Teil der globalisierten Lieferkette. Das Ergebnis ist ein überdimensionierter Sanierungsstau. Routen und Handelsschwerpunkte verlagern sich. So wurde Duisburg als größter Binnenhafen Europas auch eine Güterverkehrendstation des Trans-Eurasia-Express direkt von Xi'an, China.

Fortan gibt es ein gemeinsames Hafen-Grundkonzept, an dem die Republik beteiligt ist. Für die gesamte Gesellschaft GERMANIEN erforderliche Güter werden in den Seehäfen Emden, Wilhelmshaven, Bremerhaven, Brake, Cuxhaven, Brunsbüttel, Kiel, Wismar, Warnemünde und Rostock umgeschlagen. Dazu gehören für einen Politiker der Gruppe südliche Landratte auch Deiche, Schleusen, Kaimauern und Anschlusskanäle. Die Weiterleitung erfolgt per Bahn mit sehr komplexen Einflüssen. Stichworte: Stillstand durch Unwetter mit Regen, Schnee oder Sturm sowie Erneuerung von Schienen, Weichen, Signalanlagen.

Das erfordert eine Menge laufender Instandsetzungskosten auf der Basis von Jahresplänen. Die werden nicht mehr bei jedem Parteiwechsel in der Regierung umgeschmissen. Sie gelten projektmäßig bis zum Abschluss für die gesamte Republik. Wie inzwischen jeder weiß, benötigt die gesamte Wirtschaft stets Planungssicherheit und die Bevölkerung durchgehende Versorgung.

Hinzu kommt, dass auch Hafeninfrastruktur immer mehr zum Spielball von Spekulanten wird, von einer Einzelperson bis zur Chinesischen Staatsgesellschaft.

Es gilt daher in GERMANIEN das Gesetz, das die für den Staat wichtigsten Produktions- und Logistikstätten unter der Führung inländischer Eigentümer oder des Staates bleiben müssen.

Die Finanzämter haben eine Meldepflicht an Ministerien, sowie finanzielle Probleme auftauchen. Dann wird vorbeugend ein gemeinsamer Lösungsansatz erarbeitet, um einen Verkauf an Ausländer zu verhindern. Besonderes Augenmerk wird auf die Firmen gelegt, die führend in der Welt sind und auf solche, die zukunftsweisend sind.

Die gescheiterte Klage zur Verkehrsmaut im Jahr 2023, die das Volk 243 Millionen gekostet hat, ist analysiert. Karl hat das Beamtengesetz geändert und entlässt zukünftig Minister, die vorsätzlich gehandelt haben, mit Kürzung der Pensionsansprüche. Die Grundlage ist die Aussage unabhängiger Gutachter über die nicht mögliche Durchsetzung der Ansprüche und die Prozesskosten in Millionenhöhe. Vorsätzlich ist eine ministerielle Handlung dann, wenn Minister im Alleingang gegen alle fachlichen Mahnungen etwas durchsetzen. Bei Karl ist es der **neu geschaffene Koordinierungsausschuss**, der rechtzeitig die Gelder streicht. Denn die Maut ist ein Gesamtprojekt des Staates. Egoistisch handelnde Bundesminister aus Bayern wird es nicht mehr geben. Auch das Beispiel: ein maroder Wassergraben der A 27 legt die Bundesautobahn lahm und schneidet die Häfen Bremerhaven und Cuxhaven 8 Tage vom Hinterland ab, das wird es nicht mehr geben. Es wird eine ganzstaatliche Bestandsaufnahme durchgeführt und mit allen Beteiligten eine Prioritätenliste erstellt.

Die Schwarzbücher des Staates und der Länder sollen dünner werden. Das bedeutet, dass Vorgänge mit Geldverschwendung auf allen Ebenen wegfallen müssen. Entsprechende Maßnahmen im Beamtenrecht werden gesetzlich geregelt.

Inland

Bundespolitik Oktober 2006: Die große Koalition hat enttäuscht. Auf den Gebieten Gesundheitsreform, Lohnnebenkosten, Steuern und Bürokratieabbau gibt es keine Fortschritte. Bildung und Innovation sind ebenso im Stillstand. Der Ausbau der Verkehrswege zeigt nur regionale Fortschritte. Warum hielt diese Politik des Aussitzens bis 2022 an?

Im Jahre 2024 muss immer noch der Soli von einigen westlichen Bundesbürgern gezahlt werden, obwohl die Fraktionschefs der östlichen Bundesländer Fehler im Umgang mit den Fördergeldern eingeräumt haben. Welche Maßnahmen wurden ergriffen?

Wichtig ist es, in der Wortwahl bei historischen Begriffen die Bürger davon zu überzeugen, dass Gegenwart und Zukunft überhaupt nichts mit der Vergangenheit zu tun haben und der Wortsinn an sich neutral ist. Sonst müssen wir die Deutsche Sprache abschaffen und Englisch einführen.

Innere Sicherheit

Die Osterweiterung in Europa, die Globalisierung, beide haben Auswirkungen auf die innere Sicherheit unseres Landes. Menschenhandel, Bandenkriminalität insbesondere aber auch Raub, Überfälle und Mord haben erheblich zugenommen.

Die Entwicklung der steigenden Kriminalität ist das Ergebnis der unkontrollierten Massenzuwanderung. Ende 2023 beginnen Politiker, diese Ursache anzusprechen, zu offenbaren. Hinzu kommen die terroristischen Gefahren, wobei bei Terrorverdächtigen eine Rund-um-die-Uhr-Observation erforderlich wäre. Überstunden wegen der Begleitung von Demonstrationen, die nicht bezahlt und abgebaut werden können, haben bei der Polizei zu einer erheblichen Leistungseinschränkung geführt. Würden die Bediensteten ihre Außenstände einfordern, wäre die Polizei über einige Monate handlungsunfähig. **Unser Staat, die BRD, ist auf ganzer Linie pleite.** Die Forderungen von Polizei und betroffener Bürger: „Der Staat muss dafür Sorge tragen, dass diejenigen, die sich nicht an die Regeln halten, mit der ganzen Härte des Gesetzes unverzüglich bestraft werden", ist bisher teilweise eine Farce. Änderungen zur Durchführung sind unter Karl in der Justiz (bisher 17 Justiz-Ministerien!) veranlasst.

In 4 Grenzabschnitten zu CSSR, Polen und Schweiz wurden vom 16.10.2023 bis zum 30.04.2024 folgende Ergebnisse von Personenüberprüfungen gesammelt: 5 048, gegen die ein Haftbefehl vorliegt, 31 205, die in den Fahndungslisten stehen, 3 527 Fälle mit Drogen und Waffen, 36 161 unerlaubte Einreise Migranten, 7 401 Geschleuste, davon 824 Schlepper. Ohne diese konzertierte

Grenzkontrollaktion wären in einem halben Jahr mindestens über 80 000 Personen an einem Teilstück unserer Grenze als Ignoranten oder Gegner unseres Rechtssystems eingereist. Die Aussage: „Diesen Preis müssen wir für ein freies Europa zahlen" wird nicht mehr akzeptiert. Letztlich ist das nur ein niedriges Ergebnis von Stichprobenkontrollen. Die realen Werte liegen wesentlich höher.

Das freie Europa muss bleiben. Aber Gesetzesverstöße werden in der RG jedoch schneller und im Ergebnis härter abgehandelt.

Der Alltag zeigt: Die Straftaten haben in der BRD insgesamt zugenommen; in manchen Gegenden bis zu 43 % Raub, 28 % Körperverletzung und 32 % schwere Körperverletzung. Zurückzuführen ist das auf gesellschaftliche Krisen mit Geld und Arbeitsmangel, wie auch 46 % Kfz-Einbrüche und 27 % Taschendiebstähle zeigen. Die Sicherheit der Bevölkerung nimmt von Jahr zu Jahr ab, Tendenz steigend. Eine Polizeipräsenz in Fußballstadien wird in der RG abgeschafft und damit auch Tausende von Überstunden. Genau wie vor einer Nachtbar Türsteher für die innere Sicherheit sorgen, führen Sicherheitskräfte für die Fußballclubs diese Aufgabe selbst aus. Die Polizei schreitet wie gewohnt nach Vergehen ein. Polizeistreifen zu Fuß finden vermehrt in der Öffentlichkeit statt. Besagte Grenzkontrollen werden unangemeldet und vermehrt durchgeführt.

Man kann erwischt werden und man kann sehr empfindlich hart bestraft werden, ist der Slogan in der Republik GERMANIEN. Das Wissen darum vermindert die Zahl der Täter erheblich. Das ist historisch belegt. Schon ein sportlich aussehender Polizist zu Fuß (nicht im 6. Monat schwanger) sorgt durch Anwesenheit an der Kreuzung für mehr Disziplin im Verkehr. Die Innere Sicherheit steht immer im Zusammenhang mit der Justiz. Hier gibt es einen an die heutige Gesellschaft erheblichen Bedarf an Anpassungen; eine schwierige Aufgabe in der RG wegen der Eigenwilligkeit der Justiz, die keine ganzheitliche Verfahren kennt.

Journalismus

Journalismus ist genauso differenziert zu betrachten wie andere Tätigkeiten auch. Es gibt Auslandskorrespondenten, Fachjournalisten, Tagesjournalisten, freiberufliche Berichterstatter und weitere. Die Presse lügt, bezieht sich nur auf Tagesjournalisten. Das Volk lernt während der Schulausbildung nicht zu differenzieren. Die augenblickliche Mimosenhaftigkeit wird durch eine zunehmende Veröffentlichung von Vorfällen nur geschürt. Journalisten, die ihr Handwerk verstehen, stehen über solchen Ansagen. Karl hat viele Auslandskorrespondenten im Fernsehen kennengelernt. Alle, die von ihnen in Rente gegangen sind, wurden gefragt, wie sie den Journalismus von heute beurteilen. Die einstimmige Meinung: es wird viel zu wenig recherchiert und es werden Katastrophen-Überschriften bevorzugt. Eine Anonymität gibt es in der RG nur noch bedingt. Keiner verbirgt sich mehr hinter dem Informantenschutz. Ehrlichkeit ist in der RG ein Grundrecht. Aussagen wie: Medien haben berichtet, werden korrigiert in: der Journalist XY oder die Zeitung XY, der Sender XY hat berichtet.

In der RG hat jeder Journalist die Auflage, alle politischen Themen, die bei der Bevölkerung zu Verunsicherungen führen, mit der Originalquellenangabe zu versehen. Aussagen und Zitate sind vollständig wiederzugeben und Überschriften müssen das Sachthema wiedergeben. Es handelt sich dabei um Ergänzungen zur Pressefreiheit. **Dadurch werden Halbwissen und Verunsicherung bei der Bevölkerung vermieden.**

Ein Beispiel aus der 6. Kalenderwoche 2024. Aussage: „Die Koalition streitet über Steuerentlastungen." Man muss davon ausgehen, dass diese Tagesjournalisten nie in der Schule und ihrer Ausbildung diskutieren und debattieren gelernt haben. Es ist heutzutage alles gleich Streit. Kein Wunder, das die jetzige Generation nur Hauen und Stechen kennt.

Überschrift: „Israel erklärt 29 Geiseln für tot. Die Angehörigen warten auf die noch nicht frei gegebenen Geiseln." Das ist Tagesjournalismus! Denn die Wahrheit sieht ganz anders aus. Das steht allerdings erst am Ende des Textes: Die „New York Times vermeldet, dass mindestens 30 Geiseln bei oder seit dem Hamasangriff ums Leben gekommen sind." Einige wurden demnach während der Attacke auf israelischem Staatsgebiet getötet. Ihre Leichen seien dann in den Gazastreifen gebracht worden. Ihr Tod sei zu diesem Zeitpunkt nicht bestätigt gewesen, weshalb sie als Geiseln gezählt wurden. Andere erlagen demnach ihren Verletzungen. In der Zählung sind auch 2 israelische Soldaten enthalten, die als Leichen in den Gazastreifen gebracht wurden. Drei weitere Geiseln wurden von den Israelis erschossen.

Positive Ereignisse sind dagegen nur 10 Sätze lang: „Die Fußballroboter von B-Human haben bei der Robo-Cup-Weltmeisterschaft in Eindhoven (NL) 2024 den Titel geholt. Damit ist das Team der Uni Bremen und des Deutschen Forschungszentrums für Künstliche Intelligenz das 11. Mal Weltmeister von insgesamt 15 Teilnahmen sei 1997.

Was für eine Leistung von 300 Mannschaften (Teams) aus 45 Ländern, als Wiederholungsweltmeister Roboter ohne direkte menschliche Steuerung operieren zu lassen! Danach erschien kein Minister, kein Pressefoto und es gab keinen adäquaten Empfang. Was für eine politische Schieflage.

Viel wichtiger ist für diese Art Presse ein Autounfall über ½ Seite mit Foto!

Im Zusammenhang mit dem Journalismus ist auch das Internet zu sehen. Die Social-Media-Kultur überlagert den Journalismus. Alles wird von jedem inkognito bewertet. Jeder antwortet auf jeden oberflächlich, schnell und respektlos unter dem Mantel der freien Meinungsäußerung. Der Bereich gehört nicht mehr zur Kultur. Kultur ist etwas Seriöses mit Profil.

Justiz

Wir haben einen Rechtsstaat (Gerichte, Richter, Anwälte, Gesetze), sagen viele. Karl antwortet: Aber was für einen!

Politik und Bürger haben mehr mit der Justiz zu tun als es in einer Demokratie erforderlich ist. Da in der Justiz weitgehend ein Controlling fehlt, hat Karl Institutionen zur Verbesserung geschaffen. Es sind die:

- **Arbeitsgruppe Justiz Republik GERMANIEN (AJRG)**
- **sofortige Gerichtsverfahren (sGV)**

Die Justiz selbst muss sich verändern. Sie muss Urteile sprechen können, die Handlungen im Ansatz richtet, von der jeder mündige Bürger aus Erfahrung weiß, dass es zu einer Palette von Konflikten kommt. Dahinter steckt die Frage: Was schadet dem Bürger, was schadet der Demokratie, wenn man weiter wartet, bis einer umgebracht wird? Hier wird ein juristischer Kernsatz als Ergänzung in die Verfassung, ehemals Grundgesetz, aufgenommen, der schon die Gefahr durch Auflagen abwendet (eingeschränkte Freiheit) und das Warten auf eine Tat verhindert. Die neu geschaffene **Arbeitsgruppe Justiz Republik GERMANIEN**, die Gesetze dem veränderten Verhalten der gesamten Gesellschaft ohne Verzögerung anpasst, ist nicht dem politischen Justizministerium unterstellt und hat daher keinen Bürgerschaften (Parteien) Wechsel zu befürchten. Die parteilosen Mitglieder werden von den Ländern vorgeschlagen. Die Auswahl fällt das oberste Verfassungsgericht.

Vor 20 Jahren gab es keine Minderjährigen, die eigene Schulkameraden mit dem Messer erstochen haben. Der Datenschutz verhindert, kriminelle Entwicklungen zu dokumentieren. Jugendliche ohne Papiere wissen, dass sie ohne dokumentiertes Alter vorteilhaft bei der Bestrafung davonkommen. Das ist einzig in Europa im Jahre 2024. Ein 14-jähriger Flüchtling aus Nordafrika hat 94 Straftaten verübt; die meisten seit dem 13. Lebensjahr. Weitere Täter folgen mit 42, 15, 11 Straftaten, und damit hört es nicht auf. Strafmündig ist man ab 18 Jahren, das Wahlalter beginnt mit 16 Jahren. Auch hier ist zu erkennen, dass in dieser OMADAKRATIE nichts koordiniert ist.

Das Beispiel der AFD zeigt, dass die Justiz nicht in der Lage ist, eine sichtbare, lesbare, hörbare Bedrohung von der BRD abzuwehren. Das kann sie auch nicht, weil sie nur reagiert, wenn etwas geschehen ist; also abwarten, bis etwas geschehen ist. Der Berliner würde sagen: bis das Kind in den Brunnen gefallen ist. Diese Vorgehensweise ist in der Demokratie der RG nicht mehr gestattet. Die Justiz wird schnellstens die Mitglieder einer Bürgerschaft (ex Partei), die nicht nach der Verfassung (ex GG) handeln, von politischen Ämtern ausschließen.

Wer Geld genug hat, zog bisher durch alle Instanzen vor Gericht. Da spricht dann ein einziger Richter ohne Fachwissen Recht. Das ist sogar unter dem Niveau der alten Germanen mit ihren Ältestenräten. In der BRD kann der Finanzstarke mit einer Gruppe von Anwälten vor Gericht das Urteil mitbestimmen; siehe Diebstahl Grünes Gewölbe in Dresden 2023.

Die Gerichte sind mit den Behörden die einzig „Übriggebliebenen", die keiner regelmäßigen Kontrolle – vergleichbar wie in der Wirtschaft – unterworfen sind. Das Ergebnis zeigt folgender Sachverhalt.

Vorgang: im internen Kreis wurde eine allgemeine abfallende Äußerung einer Einzelperson über Teilnehmer des „Christopher Street Day" ohne jeglichen Widerspruch getätigt. Ein halbes Jahr später erscheint inkognito ein Video mit dieser Äußerung im Internet. Daraufhin gab es eine Anklage wegen Diskriminierung. Es folgten:

Erste Instanz Amtsgericht > Bestrafung
Zweite Instanz Landgericht > Freispruch
Dritte Instanz OLG > Aufhebung und zurück an LG
Zweite Instanz Landgericht > Neues Verfahren von vorne.

Dieses Verfahren war nach 10 Monaten noch nicht eingeleitet. Begründung: Abgabe an eine andere Kammer und erforderliche Zeit zur Einarbeitung.

Eine allgemeine abwertende Äußerung als Teil der Meinungsfreiheit GG-Artikel 5 (1), die ohne Absender ins Internet gestellt wurde, führte zu 4 Gerichtsverhandlungen über 3 Jahre und mehr! Straftaten dagegen bleiben liegen oder verjähren wegen Überlastung der Richter.

Es gibt in der Justiz trotz 17 Ministerien niemand mit Ideen für Gesetzesänderungen, die zur Entlastung führen. Das ist nicht mehr hinnehmbar.

In der RG ist die Justiz so organisiert, dass deren Entscheidungsabläufe nicht zu weiteren finanziellen und wirtschaftlichen Schäden der Geschädigten führen.

Kriminalität ist aktuell in der BRD eine Form der Arbeit.

Eine beträchtliche Anzahl Arbeitsloser und Sozialempfänger bessert sich nachgewiesenermaßen ihr Taschengeld mit dem Erfolg krimineller Handlungen auf. Juristen, die nicht die ganze Bandbreite des Gesetzes angewandt haben (diesen Satz hört man immer wieder nach Verbrechen und Skandalen), offenbaren, dass es sich oft um Wiederholungstäter gehandelt hat. Mit allen Mitteln kommen die Täter zu schnellem Geld. Mehr als Sachbeschädigung erkennen die Juristen jedoch nicht. Oftmals kommt es zu einem Freispruch. Aber der Schaschlik-Anbieter muss eine Geldstrafe zahlen, wenn seine Hölzer länger als 30 cm sind. Er bekommt keinen Freispruch. Das versteht kein Bürger!

Für Sachbeschädigungen, die immer noch zu Tausenden stattfinden, wird in der Republik GERMANIEN das StGB ergänzt durch ein Missbrauchsgesetz:

StGB 305a Kulturelle Eigentumsschädigung: Wer unerlaubt fremdes Eigentum mit Farbanstrichen oder Graffiti verändert, muss innerhalb von 5 Arbeitstagen den alten Zustand wieder herstellen und eine Warnweste tragen oder wiederherstellen lassen. Die Tat wird mit Freiheitsstrafe bis zu 5 Jahren oder mit Geldbuße bestraft. Graffiti-Sprühereien und Gleichbedeutendes sind keine Sachbeschädigungen mehr, sondern **Eigentumsschädigungen**!

Es werden auch flächendeckende Analysen eingeführt, die dann die Verurteilungssätze an die kriminelle Entwicklung anpassen. Die Gesellschaft verändert sich, aber die Justiz der BRD findet den Anschluss mit Anpassungen nicht.

Die vier Männer im Alter zwischen 20 und 28 Jahren stammen aus Ägypten, Algerien, Marokko (einig Nordafrika) und haben im Straßenraub sehr viele Wertgegenstände erbeutet, die die Polizei jetzt in die Homepage stellt. Sie können nicht Deutsch sprechen, haben keine Arbeit und sind schon 2 Jahre in Deutschland. Das fällt unter **liberales Bürgerleben; einzigartig in Europa!**

Die Nachbarn, die durch die Beschädigungen bei der Geldautomat-Explosion betroffen wurden, sind psychisch erkrankt, ebenso wie die Bewohner nach einem Einbruch. Von 1949 bis heute 2023 haben sämtliche Justizministerien keinen Finger krumm gemacht, dafür einen Modus der Bestrafung zu erarbeiten. Noch schlimmer: ein 15-facher Täter bekommt wegen seiner psychischen Probleme ein vermindertes Strafmaß. Dasselbe bei zig Vergewaltigungen: nur 2 Jahre auf Bewährung. Er muss ja wieder in die Gesellschaft integriert werden.

Wer integriert die Opfer, den Rest der Familie, die Betroffenen von nebenan, wieder in die Gesellschaft? Es ist ein Hohn, im 21. Jahrhundert von Juristen zu hören: **dann müssen die noch eine Zivilklage einreichen.**

Ein Deutscher Bürger hat im Normalfall nichts mit der Justiz zu tun. Einer, der mit der Justiz zu tun hatte, machte folgende 3 Erfahrungen.

1. Warum haben Sie mich nicht so verteidigt wie abgesprochen? Der Anwalt antwortete: Ich muss ja noch länger mit der Richterin zusammenarbeiten.
2. Sie vertreten sich selbst, betonte die Richterin. Das schränkt uns ein … Wenn Sie dem Kompromiss nicht zustimmen wollen, dann wird der Fall (Mietrecht) an das Landgericht überwiesen. Das wird dann für Sie sehr teuer.

3. Ich warte jetzt schon 4 Monate auf eine Antwort. Rufen Sie nicht dort an, empfahl ihm der Anwalt; sonst kommt Ihre Akte ganz nach unten.

Wenn ein juristisch Interessierter das Buch „Justiz am Abgrund" von Dr. Patrick Burow von 2018 gelesen hat, dann wundert er sich nicht über diese 3 Erfahrungen.

Erschwerend für die Justiz wirkt ein besonderes Thema: dass es bisher keinen einzigen Ansatz gibt, bundeseinheitlich festzulegen, wie hoch der finanzielle Verlust eines Familienangehörigen mindestens ist. In jedem neuen Gerichtsverfahren sind die Betroffenen der persönlichen Entscheidung eines Richters (m/w/d) ausgesetzt. Die Bestrafung eines Täters erfolgt ohne Berücksichtigung der veränderten Lebensumstände der Hinterbliebenen. In den USA ist diese einseitige Betrachtung seit 45 Jahren kein Thema mehr.

Ein Richter hat keine feste Arbeitszeit. Bekannt geworden ist eine tägliche Arbeitszeit von 08:00 bis 13:00 Uhr an einem Oberlandesgericht (OLG). Er spricht auch seit Ende des letzten Jahrhunderts nicht überwiegend Urteile, sondern zielt auf Vergleiche ab. Jedoch nicht als Ausnahme. Das will die Justiz bisher nicht ändern.

Ein deutscher Richter ist noch im 20. Jahrhundert ein Mensch, der zwischen Totschlag, versuchtem Mord, versuchtem Totschlag, vorsätzlichem Mord, allgemeinem Mord unterscheidet. Das ist für die Hinterbliebenen sehr hilfreich, weil sie sich dann selbst und ihre Familie nach dem Urteil psychisch unterschiedlich verhalten können. Es entstehen nach dem jeweiligen Gerichtsurteil ganz andere Gefühle zu dem Täter. Familienvater umgebracht ist nicht so schlimm. Wichtiger ist die Eingliederung des „Töters!" Was muss man für ein Mensch sein, der im Jahr 2024 nach Christi Geburt juristisch so denkt und urteilt? Vielleicht hilft zum Umdenken der Verlust Nahestehender?

Stellen wir aus Sicht mündiger Bürger beide Parteien gegenüber: der Töter/Täter bekommt kostenlos 3 Mahlzeiten täglich,

Unterkunft, Heizung, Strom, Wasser, Wäsche, medizinische Betreuung, Steuerbefreiung. Die Familie ohne Vater rutscht in die Sozialfürsorge ab, erhält begrenzten Wohnraum, zahlt davon Energiekosten, Lebensmittel, Wäsche, Lohnsteuern, Kranken- und Pflegekasse, Versicherungen, usw. Die Lebensziele haben sich verändert: Kinder können nicht mehr studieren, die Mutter ist nur noch arbeitend am Leben. Dem „Knasti" geht es dagegen problemlos gut! Manche wollen auch gar nicht mehr in dieses Leben zurück.

Es gibt in der Justiz der RG neue **ganzheitliche Verfahren**. In ganz GERMANIEN nehmen entsprechende Gefängnisinsassen am „Ständigen Öffentlichen Sicherheitsschutz" teil. Sie sind aktiver Teil bei der Hilfe Hochwasser- und Gebirgsschutz. Der Hauptteil ihrer Vergütung wird anschließend den Opfern überwiesen.

Weitere Beispiele:

1997 meldete eine Firma mit 1 200 Beschäftigten Insolvenz an. Obwohl die letzten Umsätze eine Höhe von 300 Mio. hatten, gab es Verluste. Ein fiktiver Posten in Höhe von 100 Mio. und zwei Scheinrechnungen in Höhe von 1,5 Mio. waren in 77 Kartons zu finden. 10/2002 wurde Anklage erhoben. Der Angeklagte war im Ausland verschwunden und steht seit 11/2006 vor Gericht. Der Angeklagte hat 82 Anträge eingebracht. Er hat für alles, was gegen ihn sprechen könnte, eine nachvollziehbare harmlose Erklärung. Solche Anträge zu stellen, ist bisher sein gutes Recht. Beschränkt ihn der Richter, ist das eine unzulässige Beeinträchtigung und ein Revisionsgrund. Das Ergebnis wäre mit größter Sicherheit die Aufhebung des Urteils. Diese Art der Antragstellung gehört der Vergangenheit an.

Kriminelle Clans werden immer aktiver. Sie verstehen unsere Kultur nicht und wollen sie auch nicht respektieren. Einige Mitglieder sind in Aktivitäten der Organisierten Kriminalität verwickelt; spektakuläre Beispiele sind das Bode-Museum, das Dresdner Grüne Gewölbe. Doch zu oft kommen die Täter entweder vorzeitig aus der Haft oder müssen sie gar nicht erst antreten, weil es einen Handel mit der Staatsanwaltschaft gegeben hat.

Da sie Geld im Überfluss haben, kaufen sie sich mehrere Spitzenanwälte ein und verhindern Gerichtsurteile oder sorgen für günstigere Vergleiche. Abschreckende Wirkung hat dieses Vorgehen der Justiz auf diese Kriminellen keine. Die Gesellschaft muss aufgrund deren Versagen darum bangen, dass weitere einzigartige Kulturgüter straflos gestohlen werden können. Wer unehrlich ist und Geld für mehrere Spitzenanwälte hat, der besiegt unsere Justiz! Daraus folgt: Der Bürger mit normalem Einkommen hat wenig Chancen, seinen Prozess zu gewinnen. Denn es wird zwischen Anwälten und Spitzenanwälten unterschieden.

Dazu passt die Rede von: „… die haben sich die besten 5 Anwälte genommen." Logischerweise muss es dann auch gute und schlechte Richter geben. Ja, wir haben einen Rechtsstaat, aber was für einen?

Es werden zunehmend Täterabhängigkeiten bekannt. Daher werden in der RG Kontrollmechanismen eingeführt oder verbessert. Die Richtigkeit dieser Änderungen beweist der aktuelle Drogenskandal in Niedersachsen, in den sowohl ein Staatsanwalt als auch eine Generalstaatsanwältin verwickelt sind.

Diese Justiz arbeitet heute kontraproduktiv zu denen, die das Grundgesetz geschaffen haben: Rechtssicherheit; Schutz und Abschreckung vor Straftaten; gleiches Recht für alle; Vertrauen auf einheitliches Strafmaß; Prozesse mit Urteilsabschluss.

Rasche Aburteilungen ohne Tauschgeschäfte **in Verbindung mit aufenthaltsbeendenden Maßnahmen sind** für solche Fälle **in der RG-Standard-Arbeitsweise. Es gibt jetzt die sofortigen Gerichtsverfahren, wo postwendend die Arbeit aufgenommen wird.**

Es gibt in der RG keine Kuscheljustiz mehr.

Bei der Verfolgung von Cum-Ex-Geschäften wurden in der Justiz schwere Versäumnisse festgestellt. In Hamburg sind die Verantwortlichen von drei beteiligten Banken nie vor Gericht gekommen. Im Fall der Landesbank Baden-Württemberg ermittelt die Staatsanwaltschaft seit 11 Jahren ohne Ergebnis! Das alles versteht kein Bürger.

Eine 55-jährige Lehrerin wurde von einem 19-jährigen Schüler ermordet. Das Landgericht hatte den Schüler nur wegen gefährlicher Körperverletzung verurteilt. Was ist schon eine ermordete Lehrerin. Der Schüler hat doch noch sein Leben vor sich. Der Bundesgerichtshof BGH hat das Urteil aufgehoben. Es folgten weitere Prozesse über Monate; zum Leidwesen der Angehörigen der Getöteten.

Ein Bauer fährt mit seinem Trecker in einem verrosteten Gitterkorb Kinder und Erwachsene durch die Gegend, obwohl dies verboten ist. Sicherheitsvorkehrungen dafür hat er missachtet; eindeutig menschliches Versagen mit 2 Toten und einige Verletzte. Das Urteil lautet 15 Monate zur Bewährung mit einer zusätzlichen Aussage des Richters: Keine Strafe auf der Welt kann diese Tat des Angeklagten sühnen. Wenn das so ist, stellt sich die Frage, weshalb dieser Richter überhaupt noch Strafverfahren durchführt. Nicht zu vergessen, dass die Geschädigten noch weitere Verfahren auf sich nehmen müssen für Schmerzensgeld und Schäden. Die psychischen Nachwirkungen, Traumata, die Verluste in der Familie bleiben immer wieder in unserem Rechtssystem auf der Strecke. Was für ein Rechtsstaat? Derartige Richter werden im Rechtssystem der RG für Strafverfahren nicht zugelassen.

Wieviel ist ein Menschenleben wert? Dieses Thema meidet in Deutschland jede Justiz. Das Ergebnis für Hinterbliebene ist menschenverachtend! Wie und wovon sollen diese leben, wenn dagegen der Täter Vollversorgung hat? Karl hat für GERMANIEN festgelegt, dass derartige Prozesse sofort verhandelt werden und ein Menschenleben mit durchschnittlich 3 Millionen € (für Mann und Frau gleich) festgelegt ist. Da gibt es keine einzelnen Richter-Urteile mehr mit ein paar Tausend €!

Der Wert des Menschen ist nicht absolut.

Gemäß FEMA USA wird der Wert eines statistischen Lebens – Stand 2020 – mit 7,5 Mio. US-$ bewertet. In der Schweiz sind es in Schweizer Franken direkt 6,7 Mio., z. B. beim Lawinenunglück.

Solange dem statistischen Menschenleben in Deutschland kein monetärer Wert zugeordnet wird, erfährt er in finanziellen Entscheidungsprozessen weiterhin eine untergeordnete Rolle.

Dies ist der Würde des Menschen zuwider oder am praktischen Beispiel: dies ist der hinterbliebenen Mutter mit zwei Schulkindern nach dem unverschuldeten Unfalltod ihres Mannes Menschen unwürdig und erst recht, wenn für sie noch weitere Zivilprozesse folgen.

Achtung: Auch dieser Abschnitt läuft Gefahr, in den sozialen Medien missbraucht zu werden. Einfach ignorieren, nicht darauf antworten. Es sind alles Tatsachen und Wahrheiten; gemäß dem GG der BRD und der Verfassung der Republik GERMANIEN!

Wirtschaftsminister Habeck wurde von einem Hamburger als Vollidiot und von einem Bayern als Vollpfosten (Vollidiot auf bayrisch) bezeichnet. Nach Strafanzeigen wurde der Hamburger straffrei entlassen und dem Bayern dagegen eine Geldstrafe von 2 100 € auferlegt. Es gibt sehr viele Richterurteile in anderen Bereichen, die vergleichbar sind und zu sehr unterschiedlichen Urteilen führen. Jeder Bürger kann das täglich bei öffentlichen Sitzungen der Arbeitsgerichte miterleben. Nach mehreren Teilnahmen kann er sagen, Richter A ist arbeitnehmerfreundlich und Richter B arbeitgeberfreundlich. Karl hat diese Erfahrungen als Beobachter bei Fällen seiner Frau als Arbeitgeberin bestätigt bekommen.

Die Schwäche unserer Justiz erkannte auch jeder an den vielfältigen Entscheidungen der Richter gegen die Abgasmanipulationen bei VW. Im Prinzip basieren alle Klagen auf den gleichen Rahmenbedingungen. Aber jeder der 13 000 Kläger musste eigentlich selbst klagen. Zur Überraschung wurde dann die erste Sammelklage zugelassen. Sie ist aber noch kein Standard. Das Vermeiden von Sammelklagen ist nicht der Rechtsstaat, den die Bürger brauchen. Einzelklagen sind Arbeitsbeschaffungsmaßnahmen für alle, die in der Justiz Geld verdienen. In allen Berufsgruppen werden Fehler gemacht und Strafen auferlegt. Personen der Justiz können keine Fehler machen; denn jeder Fall liegt ja anders. Deshalb gibt es auch noch Gesetze, die nicht mehr zeitgemäß sind. Auf die Idee als Leiter eines Justizministeriums, die Rechtsgrundlagen an die Gegenwart anzupassen, ist noch keiner gekommen (Dies ist ein Wiederholungssatz).

Ein einzelner Richter auf den unteren Ebenen der Gerichte bis zum Streitwert von 5 000 € hat weder die Lebens- noch die Berufserfahrung, um alle Urteile sachgerecht zu fällen. Die Anordnung, Vergleiche zu erreichen statt Urteile zu sprechen, erlangt in den seltensten Fällen die gerechte Beseitigung der Ursachen und vermindert die Urteilsweiterbildung der Richter. Die Justiz der BRD ist ein Inzuchtbetrieb wie die christliche Kirche. Sie prüfen und kontrollieren sich selbst.

Die Straftaten haben in der BRD im neuen Jahrzehnt zugenommen. In manchen Gegenden bis zu 43 % Raub, 28 % Körperverletzung und 32 % schwere Körperverletzung, 46 % Kfz-Einbrüche und 27 % Taschendiebstähle. Die Polizei ist zur gleichen Zeit mit Cannabis- und Crackdelikten, Verkehrskontrollen, Unfällen, Demo-Begleitungen, Fußball-Stadien-Einsätzen gebunden. Die Akten zu diesen Straftaten türmen sich, bis sie nach Monaten bzw. Jahren angefasst werden und die Erinnerungen der Täter nebulös geworden sind.

Viele Gerichtsverfahren haben gezeigt, dass wir zwar keine Mafia haben (ausgenommen die zugewanderten Clans), aber dafür eine Vernetzungskultur, die so verzweigt ist, dass es am Ende auch nach jahrelangen Verhandlungen keinen juristischen Schuldigen gibt. Befreundete Juristen wiederholten, als Karl Testamentsvollstrecker war: **Du hast zwar Recht, aber ob du Recht bekommst, steht auf einem anderen Blatt Papier.**

Die Herren Lehmann, Meier, Müller, Schulze haben ihre Anfahrt zum Seminar so gelegt, dass sie mit Vorlauf noch genügend Zeit vor der Begrüßung haben. Jetzt stehen sie wegen eines Unfalls mit einem Toten seit 2 ½ Stunden im Stau. Der LKW-Fahrer neben ihnen sagt, das ist sonntags immer so. Die warten auf den Staatsanwalt, der die Toten freigibt. Der ist bestimmt noch beim Frühstück. Der Volksmund sagt dazu … an dieser Aussage ist 50 % Wahrheit.

Feuerwehrleute, Polizei und Hilfskräfte werden zu 50 % in jeglicher Art belästigt. Eine Maßnahme gegen diese Ausweitung **hat Karl in der Justiz sofort umgesetzt**. Die Opfer werden durch sofortige und empfindliche Bestrafung der Täter auch am Wochenende geschützt. Die Polizei sieht keinen Täter das dritte Mal und fühlt sich in ihrer Arbeit bestätigt und nicht bei einem zigfachen Wiederholungstäter durch Richterentscheidungen veräppelt. Aussagen von Zugewanderten – sogar im Fernsehinterview von ARD/ZDF – bestätigten immer wieder, dass es in Deutschland für sie im Gegensatz zu anderen Ländern keine Abschreckung gibt. Die Angst der Bevölkerung vor zunehmenden kriminellen Taten auf der Straße und zuhause nimmt stetig zu.

In der RG wird die Justiz umorganisiert.

Richter und Staatsanwalt kennen sich, 25 % geschätzte Fehlurteile, Richter in der Vorentscheidung, dann Richter in der Hauptverhandlung, wichtige Aussagen nicht im Protokoll, Erpressung durch Täter wird es nicht mehr geben. Der vom Europarat 2009 empfohlene **Richterrat** wird sofort eingeführt, ebenso das fehlende Controlling.

GERMANIEN ist eine transparente Demokratie. **Das Volk steht immer im Mittelpunkt**, wenn es um gesellschaftliche Ereignisse geht, nicht der Einzelne. Das hat seine Auswirkungen auf etliche Bereiche, vor allem unter dem Aspekt der Verhältnismäßigkeit auch in Gerichtsverfahren.

Richter, die Verfahrensfehler, lückenhafte Urteile, unvollständige Tatsachenfeststellungen zu verantworten haben, werden nachgeschult. Warum sollten diese als einzige Berufsgruppe zur Vermeidung weiterer Fehler keine Weiterbildung erhalten?

Die Rechtsprechung erfordert Urteile mit Urteilsbegründung. Vergleiche sind das untergeordnete Ziel, nur wenn es gemeinsam gewollt wird.

Urteile der LG und OLG benötigen eine zweite Richterunterschrift, wenn dadurch das finanzielle Überleben der Angehörigen gefährdet wird und es zu weiteren Verfahren kommen muss. Verfahren, die weitere Verfahren nach sich ziehen müssen, werden als ein ganzheitliches Verfahren abgehandelt.

Zur Unterstützung erfolgt die Schaffung einer **Ältestensektion**, die nur aus ehemaligen Fachleuten (Rentner, Pensionäre) besteht und entsprechend des Klageinhaltes zu zweit oder mehr vom jeweiligen Richter hinzugezogen wird. Sie erhalten – wie bei Schöffen – eine Aufwandsentschädigung. Klagende auf Amtsgerichtsebene, die mit beiderseitigem Einverständnis einen Vergleich akzeptieren wollen, werden gleich an die Ältestensektion übergeben. Das entlastet die Justiz.

Streiks stellen eine ständig wiederkehrende juristische Belastung dar. Streik ist in Deutschland kein Grundrecht. Artikel 9 Abs. 3 schützt keinen Streik, sondern Arbeitskämpfe, die zur Wahrung und Förderung der Arbeits- und Wirtschaftsbedingungen geführt werden. Da braucht es keine juristischen Auslegungen in sich wiederholenden Rechtsstreits mehr! Zur Klärung wird im Artikel 9 der Verfassung eine Ergänzung eingeführt:

„Streiks, die zu gesamtgesellschaftlichen und gesamtwirtschaftlichen finanziellen Verlusten führen, sind nicht erlaubt. Streikführer dürfen keine Vermittlungsgespräche ablehnen."

Damit sind die juristischen Grundlagen für Verhältnismäßigkeit und Schadensbegrenzung wieder hergestellt. Streiks, die über die regionale Ebene eines Bundeslandes hinweggehen, sind zu jeder Zeit juristisch auf Republikebene zu verhandeln: Auch am Sonntag, um unverhältnismäßige Schäden von der Gesellschaft abzuwenden. Die Rechnung: 1 Arbeitstag Richter und Personal gegen Hunderttausende von betroffenen Bürgern in kollektiver finanzieller Bestrafung! Oder juristischer Neoliberalismus bzw. OMADAKRATIE gegen Demokratie (Volksherrschaft).

Zur deutschen Kultur gehört auch humanitäres Verhalten. Spenden für humanitäre Zwecke sind in Deutschland gem. Deutsches Zentralinstitut für soziale Fragen www.dzi.de aufgrund der Mitleidansprache über die Medien auf 2,2 Mrd. pro Jahr gewachsen. Aber nicht alle Institutionen sind seriös, so dass schon mal 35 Mio. von 100 Mio. auf einem Privatkonto eines Vorsitzenden oder einige 100 000 bei einem Angestellten landen können. Beispielsweise ist das internationale Spendenaufkommen für die Tsunami-Katastrophe zu 1/3 nicht erst angekommen. Und vor vielen Jahren wurden sogar beim Deutschen Roten Kreuz Privatnutzungen aufgedeckt. In Zeiten des Internets ist noch mehr Vorsicht geboten.

Wie man erkennen kann, ist die Justiz in gesellschaftliche Ereignisse sehr stark eingebunden. Damit politische Entscheidungen nicht durch die Justiz konterkariert werden können, hat Karl seine Ausbildungsstätte IPFG geschaffen, wo auch die Urteile mit weitreichenden Konsequenzen für die Opfer geprüft werden. Das Justizwesen wird dabei Teil der transparenten Demokratie als Sicherheitsgarant für die Bürger.

Kultur

Kultur beinhaltet überregionale und regionale Traditionen mit Geschichte, Sitten und Gebräuche, Kunst, Musik, Bürgerkunde, Sport und Religionen. Kultur wird nunmehr in den Schulen gelehrt; in Verantwortung der Länder. Kultur wird auch in den Öffentlich-Rechtlichen Sendern vermittelt. ZDF und ARD werden umorganisiert.

Es werden die Bürger Funk Medien BFM gegründet mit einem Schwerpunkt Politische Bildung. Dafür wird jeden Monat einmal an einem Sonntag um 20:15 die Sendung „Bürgerschaften sind gefragt" gesendet. Teilnehmer jeweils ein Politiker von jeder Bürgerschaft, die bei Bundes- und Landtagswahlen mehr als 5 % erwarten kann. Das Thema wird jeweils von den eingereichten Fragen der Bürger bestimmt. Leiter oder Leiterin ist eine unparteiische Person mit Durchsetzungskraft und Führungsfähigkeit. Die Sendung ist keine Unterhaltungssendung, da sie Alltagsthemen aufgreift, die vielen Bürgern auf den Nägeln brennen.

Natur und Umwelt

Im Gegensatz zur Natur, zu der Klima und Arten gehören, ist die Bezugsgröße „Bevölkerungen dieser Erde und ihre Tätigkeiten" für den Schutz der Umwelt maßgeblich.

Gesunde Ökosysteme und größte Artenvielfalt bleiben für das Überleben der Menschheit erforderlich.

Globale Erwärmung, wachsende Weltbevölkerung, Migration der Menschen in Großstädten, überhöhter Konsum, zunehmende Armut, abnehmende Chancengleichheit, Umweltverschmutzung, Überfischung, Rohstoff-Ausbeutung, Krankheitsrisiken, Extremwetter, Vertreibungen durch Kriege und Naturkatastrophen entwickeln sich ungünstig und sind reale Bedrohungen für die Menschheit.

Klimawandel gab es auf der Erde schon immer: kleine Eiszeiten, große Eiszeiten, kleine Trockenheit, große Trockenheit. Was die meisten Bürger nicht erkennen, ist eine aktuelle Ganzheitsbetrachtung, wie es die Klimawissenschaftler als eine Gruppe von Geologen, Ozeanologen, Meteorologen und Kosmologen seit den 90er-Jahren des letzten Jahrhunderts praktizieren.

Die Erde ist ein Teil des Universums, sie wurde nicht von einem Gott erschaffen, sie gibt es nicht seit dem Jahre Null, sondern seit 4,44 Milliarden Jahren. Sie ist ein Teil der Milchstraße, sie rotiert im Einfluss der Magnetfelder der Himmelskörper unseres Sonnensystems, sie ist eine Kartoffel und keine Kugel, sie verändert ihren Neigungswinkel und ihre Pole, sie wechselt ihr Magnetfeld, sie hat Vulkanausbrüche, Erdbeben und Ausgasungen an Land und im Meer.

Jeden Tag sind ca. 50 Vulkane aktiv, die Gase und Asche in die Atmosphäre pusten. Dieses führt alles zum Klimawandel. Aber die jetzige Veränderung wird verstärkt durch menschliche Produkte. Rindvieh, insbesondere Kühe, sind in Europa die größten Methanproduzenten, weit vor Kraftfahrzeugen und Schiffen. Motorfahrzeuge aller Art verschlechtern indirekt oder direkt – auf jeden Fall ganzheitlich betrachtet – die Klimabilanz.

Sonneneinstrahlung, Heizflächen für die Sonne und Treibhausgase machen das Klima aus, das sich temperaturmäßig nicht linear verändert, sondern potenzial. Man kann nicht hochrechnen, dass jetzt in den letzten 50 Jahren der Temperaturdurchschnitt auf der Erdhalbkugel 1° höher liegt und in den nächsten 50 Jahren wieder 1° höher, somit in 100 Jahren um 2°C. Sonneneinstrahlung, abhängig von Wolkendichte, Heizflächen wie Schnee, Land und Wasser und Treibhausgase der Natur wiederum abhängig von Permafrost Flächen, vulkanischen Tätigkeiten über und unter Wasser verändern sich teilweise in gegenseitiger Abhängigkeit. Das Gleichgewicht der Erde ist gestört. Wenn eine Komponente sich ändert, schafft die Natur auf dieser Erde einen Ausgleich; inzwischen immer schneller. Die Zunahme der Kategorie 5 Wirbelstürme stieg seit 1980 um 100 %. Hurrikan Milton erreichte am 07.10.2024 im Golf von Mexiko die Höchststufe 5 mit 270 km/h.

Es stellt sich auch die Frage: wie schnell verschwindet das Packeis an den Polen? Auf jeden Fall geht bei gleichen kosmischen Bedingungen der Schmelzvorgang immer schneller voran. Deshalb fällt in Spitzbergen inzwischen auch mehr Regen als Schnee.

Ab 986 siedelten Nordländer für 500 Jahre auf Grönland, dem grünen Land. 1550 Jahre später wird Grönland, die größte Insel der Welt, im Klimawandel wieder zum grünen Land. Zwischenzeitlich steigt der Meeresspiegel zunehmend; bisher in 30 Jahren um 1,5 cm. Wo kein Eis ist, erwärmt sich der Boden. Kleine Seen erwärmen sich auch, Tundra macht sich breit. Durch den schmelzenden Permafrostboden wird Methan frei, was zur weiteren Erwärmung beiträgt.

Parallel dazu geschieht folgendes: Geschmolzene Gletscher und Eismassen fließen ins Meerwasser. Der Klimamotor beginnt mit dem Absinken von kaltem salzigem Wasser von Grönland Richtung Mittelamerika und der Rückführung von warmem Wasser als Golfstrom Richtung Nordeuropa. Da das Oberflächenwasser immer wärmer wird, sinkt es langsamer ab, die Vermischung wird größer, die Temperaturdifferenz immer geringer; der Ausgleich immer langsamer. Wenn der jetzige Temperaturunterschied nicht mehr vorhanden ist, kommt es zum Kipppunkt der Atlantikströmung. Der Golfstrom versiegt. Langfristig kommt es zum Temperatursturz in Europa. Rückblickend war dann der ganze finanzielle und energetische Aufwand Klimaschutz für die Katz. Die Natur hat dann eindeutig die schlaue Klima-Gleichgültigkeit der Menschheit bestraft. **Daher wird in der RG der Schutz vor der Verschlechterung des Klimas geopolitisch und finanziell unterstützt.**

Wenn jetzt der Yellowstone explodiert, geht so viel Asche in die Atmosphäre, dass es wieder kälter wird auf unserer Erde. Das wäre dann eine erdeigene Selbstreinigung, allerdings auch mit der Gefahr einer schnellen Eiszeit, die noch vor dem o. a. Kipppunkt beginnt.

Da nehmen sich Dauerdiskussionen im Bereich Natur und Mensch wie das Thema Wolf als sehr unbedeutend aus. In der RG leben 240 Einwohner pro km²; das ist sehr dicht besiedelt. Da die Wölfe keine Feinde haben, vermehren sie sich ohne Grenzen. Wenn Wildtiere Hunger leiden, dann jagen sie alles, was den Hunger stillt. Bezüglich der Wölfe sind es keine Pflanzen, sondern ist es Fleisch. Andere Staaten haben Grenzerfahrungen. Der gesunde Menschenverstand sagt, dass in naher Zukunft auch eine Wolf-Populationsgrenze in der RG erreicht wird. **Deshalb wird der Wolf ins Jagdgesetz der RG übernommen.** Alles hat seine natürlichen Grenzen, sagt der mündige Bürger. Die Natur macht es uns in der Tierwelt vor. Warum sehen die Verantwortlichen das nicht? Der mündige Bürger fragt sich immer wieder: warum sind die Politiker so inaktiv, so einfältig?

Religionen

In allen Schulen wird jetzt kein christlicher Religionsunterricht mehr gegeben, sondern **Kulturunterricht gelehrt**. Vorgeschrieben sind Kenntnisse über alle Religionen, die in GERMANIEN von den dort lebenden Bürgern ausgeübt werden. Alle Religionen werden im Unterricht gleichbehandelt. Die christlichen Religionen werden in den Kirchen vertieft. Wie schon aufgezeigt, ist Kultur Angelegenheit der Länder. Glaube dagegen ist Angelegenheit eines jeden einzelnen und in den Schulen kein Thema. Gemäß GG-Artikel 4 behält jeder Bürger das Recht der Religionsfreiheit, also seinen Glauben zu leben. Artikel 4 bleibt in der Verfassung so erhalten.

Religionen (siehe EIS R) sind nicht zu verwechseln mit Glauben. Zur Erörterung der Religion gehört immer die historische Vorgeschichte mit mehreren Sichtweisen. Insbesondere ist die Gegenwart in Verbindung mit den Kriegen zu behandeln. Es wird gerade in der Ukraine und im Rest-Palästina Territorium die Notwendigkeit erkennbar. **Deshalb liegt der Schwerpunkt der religiösen Betrachtungen auf Antworten zur Verhinderung und Wiederholung von völkerrechtswidrigen Taten Andersgläubiger.**

Wenn nach über 80 Jahren in einem christlichen Staat Erinnerung mit Geldzahlungen verbunden ist, kann es keine Versöhnung geben. Tatsache ist 2024: Jeweils ein einziger Mann = Führer lässt sich nicht von der Weltmeinung davon abbringen, Tausende zivile Menschen umbringen zu lassen. Kein Mensch, kein Religionsführer ist nach 83 Jahren in der Lage, diese Männer von ihren Gräueltaten abzuhalten. Alle Welt guckt zu, wie die Kriege weitergehen. Alle Erinnerungs- und Mahnveranstaltungen haben versagt. Es ist an der Zeit, Religion und Krieg im Kontext zu besprechen; historisch gesehen gar nichts Neues. Auch der Film von Rolf Peter Kahl „Die Ermittlung" will zum wiederholten Male nur erinnern und gibt nicht die wichtigeren Antworten auf die Frage, wie eine Teilausrottung eines Volkes zu verhindern ist.

Für Karl ist es heute wichtiger, die Probleme zu lösen, die gesellschaftliche und weltweite Auswirkungen auf unsere Zukunft haben.

Einer besonderen Betrachtung bedarf im Unterricht die jüdische Religion. Das Unrecht der 1940er-Jahre unter Adolf Hitler ist nicht wiedergutzumachen. Die Deutschen Nachfahren – jetzt in 4. Generation – sind jedoch nicht für das verantwortlich zu machen, was vor über 80 Jahren geschehen ist. Eine General-schuld auf Dauer gibt es nicht! Auch wenn es um Völkermord geht, ist für Christen Versöhnung wichtiger als finanzielle Wiedergutmachung. Nach dem Bundesentschädigungsgesetz hat die BRD an Israel bis 2023 dreiundachtzig Mrd. € und 1,8 Mrd. € weitere Leistungen gezahlt. Des Weiteren werden immer noch zusätzlich 58 Mio. jährlich für Holocaust-Überlebende in Israel gem. Holocaust Survivors Rights Authority überwiesen.

Es ist wichtig, aus Fehlern zu lernen; auf allen Seiten. Aus religiöser Sicht können Christen auch vergeben. Geld gehört dabei nicht zur Vergebung. Filme und Dokumentationen in regelmäßiger Wiederholung des Themas Adolf Hitler und die Juden gehören nach über 80 Jahren nicht mehr zur öffentlichen Aufarbeitung des Themas, da sie das Gegenteil bei Radikalen bewirken, wie man jetzt sehen kann; wenn man will! Denn durch die freie Merkel'sche Zuwanderung sind aus Nordafrika viele Judenhasser nach Deutschland, dem Land der freien Meinungsäußerung und schwachen Strafverfolgung gekommen. Die Gespräche in Karls Begegnungen mit Nordafrikanern in Jordanien, Ägypten und Saudi-Arabien waren schon in den 1980er-Jahren voller Hass gegen die Juden nebenan (weil sie den Palästinensern ihr Land weggenommen haben). In der Republik GERMANIEN wird nunmehr das aktuelle Thema Palästina und Israel in den Schulen wesentlich differenzierter behandelt, unter verschiedenen sachbezogenen Sichtweisen.

Beide Religionen basieren inhaltlich auf den Ereignissen: Kriege, Vertreibungen, Überfälle, Ermordungen im Jahre Null.

Der Islam basiert auf dem Koran und der Sunna, überwacht vom jeweiligen religiös-politischen Oberhaupt des Staates. Die Gemeinden werden von den einzelnen Ritualbetern, den Imamen, unterschiedlich instruiert.

Wenn es jetzt Pfarrer oder Imame gäbe, die ihre heiligen Schriften von vor 2000 Jahren ernst nähmen, hätten wir Mord und Totschlag. Es wäre sogar im Sinne der Schriften begründet.

Juden waren bis zur Gründung von Israel auf der ganzen Welt verstreut. Die Inhalte der Lehrschriften Tanach und Talmud wurden von den regionalen Rabbinern weitergegeben. Es gab bis dahin keine ideologische Auseinandersetzung.

Der Islam hatte ebenfalls keine ideologischen Auseinandersetzungen.

Das Christentum ist heute eine Bibel-Religion mit zwei organisierten Glaubensrichtungen und vertikalen Führungsebenen. Dabei wirkt die oberste Führung auf alle unteren und behält die bisher noch unanfechtbaren Abhängigkeiten.

Migranten

Karl ist in Berlin in einer 4-Sektoren-Stadt als zweifacher innerdeutscher Kriegsflüchtling aufgewachsen. Im „Französischen Sektor" konnte man mit Nordafrikanern zusammenkommen. Im Amerikanischen Sektor war Kontakt auf US-Stadtfesten mit allen Volksgruppen der 50 US-Bundesstaaten möglich. Die englischen Truppen hatten große Personalanteile aus dem Commonwealth. Die Russen prägten nur mit Führungspersonal das Stadtbild. Es waren für Karl alle Hautfarben und Religionen Tagesroutine im Stadtbild, egal wie man sie bezeichnete; ob Ami, Neger oder Russki. Das setzte sich an der Freien Universität Berlin fort. Es gab nie abwertende Bemerkungen oder Demos gegen diese Ausländer, wie sie zu der Zeit genannt wurden. Karl hat inzwischen über 100 Länder und ihre Bevölkerung kennengelernt. In allen Ländern war er herzlich willkommen. Zweimal wurde er bedroht. Aber nur weil er Leute fotografiert hatte; ohne ihr Einverständnis. Einmal in Lima auf dem Markt, als ihm eine Marktfrau eine Kartoffel an den Kopf warf. Das andere Mal in Panama-Stadt, als er auf einem Hinterhof eine Szene mit Wäscheleine fotografierte und ihn ein junger Mann verfolgte. Er hatte deren Privatsphäre gestört. Andere Länder haben andere Sitten und Gebräuche, die man respektieren muss. Man muss sie auch kennen! Haben wir in der Bundesrepublik Deutschland noch Sitten und Gebräuche, die andere respektieren müssen?

Probleme von Randgruppen sind in der BRD wichtiger als die allgemeinen Gesellschaftsfragen unserer Kultur mit all ihren Traditionen von Bayern bis nach Ostfriesland, von Niedersachsen bis Sachsen. Auch Migranten können dazu beitragen, unsere historisch gewachsenen Traditionen zu stärken.

Bei der Diskussion um unsere Kultur erhält man den Eindruck, dass wir gar keine haben dürfen. Deutsche Kultur gibt es seit Ende des zweiten Weltkrieges nicht mehr. Unsere Kultur wird durch einflussreiche Medienvertreter bestimmt. Sogar der Begriff Leitkultur wird mit der Vergangenheit verknüpft. Wie sollen da Migranten in Deutschland eine neue Heimat finden oder ein Nationalbewusstsein entwickeln?

Migranten sind Flüchtlinge aus einem anderen Staat. Sie werden zu Einwanderern (mit Erlaubnis) oder Zuwanderern (ohne Erlaubnis).

Die Gesellschaft der Republik GERMANIEN wird gebildet aus registrierten Bürgern, die in der Republik geboren sind oder die vom Staat gewollt zugewandert sind. Unangemeldete Einwanderer durchlaufen ein getrenntes Verfahren, so wie es in jedem anderen Lebensbereich mit Unangemeldeten stattfindet.

Das Asylrecht als Teil der Einwanderungsrechte betrifft Personen nur individuell und ist bedingt durch Bedrohung von Leib und Leben im hinterlassenen Heimatland. Es ist ein individuelles Recht und kein Gruppenrecht! Im Artikel 16a GG heißt es: (1) Politisch Verfolgte genießen Asylrecht. Nicht jeder Einwanderer ist ein Asylant. Nur, zur Zeit der Schaffung des GG, in den 1950er-Jahren, gab es in Afrika keine massenhaften Fluchten und ein Deutschland mit Grenzen. Heute haben wir eine gegenteilige Situation. Insofern wird das Zuwandererrecht in der RG aktualisiert, zum Schutz der eigenen Bevölkerung.

Einwanderer haben in der Republik GERMANIEN Vorrang vor Zuwanderer. Wohnung und Arbeit mit Geldverdienst sind innerhalb eines halben Jahres zu gewährleisten. Sie erhalten in einem zügigen Verfahren die Möglichkeit, im erlernten Beruf Arbeit zu finden. Dabei sind fehlende Nachweise, die bei der Ausübung des Berufes hier weder die Sicherheit noch Gesundheit anderer gefährden, von geringer Bedeutung. Nachschulung ist keine erste Hauptbedingung. Im Arbeitsalltag wird unterschieden. Deutsch in Sprache und Schrift sind im Arbeitsalltag einiger Berufe ohne Publikumsverkehr auch erlernbar. Es ist von den Behörden der schnellste Weg zum Geld verdienen anzubieten. Darauf werden die Arbeitnehmer der Arbeitsämter geschult.

Einwanderer unterliegen dem Flüchtlingsrecht, welches an die innerstaatlichen Verhältnisse angepasst wird. Die derzeitige Sozialleistung wird europäisch angepasst. Die RG ist nicht mehr – wie bisher – der Asylstaat Europas. Selbstverständlich gibt es eine Begrenzung nach Lage von Arbeits-, Integrations- und Wohnangebot, wie es Kanada schon seit 70 Jahren handhabt. Alle helfen bei dieser nationalen Aufgabe mit. Sowohl Zuwanderer als auch Einwanderer sind eine gesamtstaatliche Aufgabe. Somit sind Finanzierung und Vorgaben für die Unterbringung in den Wohnorten Angelegenheit der Republik. Eine finanzielle Delegierung an Länder, Städte oder gar Gemeinden ist ausgeschlossen. Einwanderer- und Flüchtlingsgesetz werden neu erarbeitet. Dabei spielen Grenzen von Kosten und Integrationserfordernisse eine Rolle. Zuwanderung jeglicher Art hat es schon immer gegeben, jedoch keine 3 Millionen in fünf Jahren.

Ab den 50er-Jahren kamen sehr viele Ausländer, um hier zu arbeiten. Italiener wurden Itakker oder Spagettifresser genannt, Jugoslawen wurden Jugos genannt. Beide Gruppen waren jedoch nur Feinde auf dem Fußballfeld. Türken, Griechen und Asiaten (Japaner, Chinesen, Indonesier) kamen still ins Land. Sie alle haben sich selbstständig integriert; ohne Hilfe des Staates. Somit war der Staat von der Selbstständigkeit der Zuwanderer verwöhnt. Es bedurfte keiner Integration. Religion war kein Thema. Das „sich selbst überlassen" hat man bei den Nordafrikanern ab 2000 beibehalten. Integration hat dann nur auf niedrigem Niveau oder gar nicht stattgefunden.

Es kamen Hunderttausende Flüchtlinge aufgrund des Syrischen Bürgerkrieges, des arabischen Frühlings, der Taliban und des IS über Europa unkontrolliert nach Deutschland. Frau Merkels Einladung führte zu über 1,2 Millionen Zuwanderern in einem Jahr ohne jegliche organisatorische und finanzielle Vorbereitung!

Wenn ein Sportclub oder eine Vereinigung für Schüleraustausch ausländische Gäste erwartet, dann bereiten sie sich organisatorisch mit Unterkunft, Verpflegung und Beschäftigung vor. Das ist eine logistische Tätigkeit mit Personalaufwand und vielfachen Abhängigkeiten; das ist Routine der Bürger. Wenn ich als Politiker Fremde in mein Land einlade, dann müssen doch die Gehirnzellen ebenso zu arbeiten beginnen: mit den Fragen: Wie organisiere ich das? Was kostet das? Wer macht das? usw.

Frau Merkel war als Physikerin und ehemalige DDR-Bürgerin, wo die Partei (auch die FDJ) alles organisiert hat, die völlig falsche Migranten-Politikerin. Die Parteikollegen hätten sie aufklären müssen! Somit haben Frau Merkel und ihre Parteikollegen für die umfangreichsten Schulden und Verschwendung von Geldern der Bürger auf Gemeinde- und Länderebene bis heute gesorgt. Das ist gar nicht schön zu reden. Es ist immer noch eine nicht verarbeitete Katastrophe.

Nunmehr ist aufgrund der Massenmigration eine verspätete Integration erforderlich. Dabei spielen die Religionszugehörigkeit und ihre Ausübung eine wichtige Rolle. Bei Italienern, Jugoslawen, Türken, Griechen, Chinesen, Asiaten wurde nie über Religionen gesprochen und Hass war ein Fremdwort. Unterschiede zwischen Kultur und politischem System werden heutzutage jedoch zum Problem.

Seit der Flüchtlingsschwemme aus Nordafrika wird nicht über Syrer oder Israelis gesprochen, sondern von Juden und Muslimen. Die jüdische Religion und den Islam kennt kaum einer; ebenso wenig wie die eigene Religion. Die Medien schüren mit dieser Diskussion Hass. Die ewige Verallgemeinerung: „Es gibt in Deutschland Hass gegen die Juden" können wir nicht mehr hören, sagen zunehmend viele Bürger.

Erwähnt werden muss deshalb an dieser Stelle, dass es in jeder Religionsgemeinschaft, in jedem Staat radikale Gläubige und Politiker gibt, die Religion politisch missbrauchen! Deutschland ist heute dabei ein Land von vielen. Die sogenannte historische Schuld regelmäßig auszusprechen ist wie ein Wespenstich, der wiederholt aufgekratzt wird, damit er nicht heilt. Das ist für die 4. Generation nicht mehr zeitgemäß!

Hier hat auch der Artikel 4 des GG seine Grenzen. Daher ist es oberste Aufgabe für jeden Bürger, rechtzeitig mitzuerkennen, wenn bei den Nachbarn der Artikel 4 der Verfassung missbraucht wird, um gleich staatliche Institutionen einzuschalten. Anschließende Demos und TV-Shows nach den Taten haben nie zur Vermeidung oder Aufklärung beigetragen. Die Abwicklung über die Medien hat nicht verhindert, dass jetzt jeder täglich über 2 Kriege informiert wird. Ein Ende ist nicht abzusehen. Der professionelle Kulturunterricht muss die Religionen auch dem Internet mit den sozialen Netzen entgegnen. Da werden etliche Pädagogen für den Schulunterricht noch für das breite religiöse Spektrum dazulernen müssen. Können alle Lehrer die Frage beantworten, warum es nur über Juden in Deutschland laufend negative journalistische Abhandlungen gibt und keine über Buddhisten, Orthodoxe und andere? Wer weiß denn, dass Koran und Bibel inhaltlich gleich radikal sind? Hier je ein Beispiel von vielen.

*Bibel

5 Moses 32,40-43 (Gott sagt): „Ich erhebe meine Hand und schwöre, so wahr ich lebe: Ich werde mein blitzendes Schwert schärfen und mich an meinen Gegnern und allen, die mich hassen, rächen. Meine Pfeile werde ich im Blut tränken, und mein

Schwert wird sich ins Fleisch der Feinde fressen und ihre Köpfe spalten, berauscht vom Blut der Erschlagenen und Gefangenen. Jauchzet alle, die ihr mein Volk seid, denn ich werde mich an euren Feinden rächen und gnädig sein mit den Meinen."

*Koran

Sure 9 Vers 29: Kämpft gegen diejenigen, die nicht an Gott (Allah) und an den jüngsten Tag glauben, ... bis sie eigenhändig Tribut in voller Unterwerfung entrichten.

Wer in seinem vorherigen Heimatland in Gruppen auf der Straße gelebt hat und schon dort Migrant war, bleibt auch einer in der neuen „Heimat", bis er umgelernt hat. Diese Veränderung geht nur mit intensiver staatlicher Unterstützung, die in der BRD fehlt oder unprofessionell abläuft. Alle Politiker haben aus der Wiedervereinigung nicht gelernt. Es gehörten von einem Tag zum anderen Bürger zu uns, die auch keine Ahnung von unserer Behördendemokratie hatten und alleingelassen wurden. 25 Jahre später passiert dasselbe mit den inzwischen 3 Millionen Flüchtlingen.

In der RG gibt es eine konsequente Integration, bei der Beschäftigung und Verdienst von Anbeginn auch mit staatlichen Aufgaben angeordnet werden. Vor allem gibt es keine arbeitslosen männlichen Jugendliche. Der folgende Fall gehört in der RG der Vergangenheit an.

Vor Monaten war Frau Nanuschenku Grundschullehrerin in Cherson. Jetzt arbeitet sie mit einem Minijob als Putzfrau. Sie war mit zwei Kindern geflüchtet und braucht Geld: mehrere hundert Euro Gebühren für Behörden, Gutachten und Übersetzungen für ihre Anerkennungen sowie für Miete, Essen und Trinken. Ohne formal anerkannte Abschlüsse ist keine Beschäftigung als Erzieherin erlaubt, obwohl sie die deutsche Sprache beherrscht.

Verlangt werden ein praktisches Anerkennungsjahr und einige Weiterbildungsmodule; Dauer über 1 ½ Jahre.

Neue kulturelle Behörden Ideen braucht das Land. Nur sie bereichern direkt oder angepasst den Routinealltag! Frau N. wird ½ Jahr auf Probe eingestellt. Parallel dazu werden aufgrund des Berichtes der Leitung Defizite professionell abgestellt, um die Weiterbeschäftigung zu ermöglichen.

Zu einer Gesamtbetrachtung gehört auch die Aussage, dass Deutschland auch ein Freistaat für 2 Minderheitsgruppen ist. Das ist die „Gruppe der Faulen" und die Gruppe der Kriminellen, die durch unser Rechtssystem noch von der Gruppe ohne Perspektive unterstützt werden. Auch diese hören in der RG der Vergangenheit an.

Soziales

Soziales steht immer im Mittelpunkt von Haushalt und Finanzen. Die Sozialbudgets haben sich vervielfacht. Deutschland ist als Sozialstaat in aller Munde; in aller Welt. Was gehört zu den Sozialausgaben?

Unterkunft/Heizung für Bürgergeldanspruch, Hilfen zur Erziehung samt Heimunterbringung, Hilfen für Asylbewerber und Flüchtlinge, ambulante Hilfen, Unterhaltsvorschüsse, Hilfen zur Pflege, Übergangsgeld usw. Wenn z. B. Bürger zu wenig verdient haben oder als Gemüsehändler nicht eingezahlt haben, muss die spätere zu niedrige Rente vom Staat in der Pflege bezuschusst werden. Weiter gibt es Ausgaben für Schulbegleitung von Behinderten und Frühförderung. Die Lohnerhöhungen des Pflegepersonals schlagen bei der Pflegehilfe zurück, da die Heimbetreiber ihre Entgeltkosten gegenüber den Bewohnern geltend machen. Auch behördlich aufgedeckte Versäumnisse, die zu intensiverer Arbeit führen, verursachen Mehrkosten.

Hinzu kommen die Kosten für unbegleitete minderjährige Ausländer (UmA); aktuell 5 Millionen für ein Bundesland Bremen. Erinnern sie sich noch alle an das Foto von dem toten Kind am afrikanischen Strand am 03.09.2015? Einen Tag später hat Frau Merkel im nationalen und europäischen Alleingang alle herzlich eingeladen. Al-Dschazira berichtete im TV, dass Frau Merkel Deutschland seine Türen und Grenzen geöffnet hat für alle, die Zuflucht und einen sicheren Hafen suchen.

Am 05.09.2015 war in der Tagesschau eine Familie in Syrien zu sehen, wo der Vater sagte: „Danke Frau Merkel, danke. Wir schicken jetzt unseren Sohn nach Deutschland. Wenn es ihm dort gut geht, dann kommen wir alle nach. Danke Frau Merkel, Danke."

Insgesamt bedeutete „alle sind eingeladen" schon im ersten Jahr 1,2 Millionen Zugereiste für Deutschland ohne Integrationspolitik! Auslandskenntnisse von diesen Bürgern waren und sind immer noch bei zu vielen regierenden Politikern unterentwickelt.

Erst im Jahr 2023 stellte man fest, dass Afrikaner für Scheinvaterschaften mit bis zu 24 Frauen und deren Kinder 1,5 Millionen Sozialkosten verursacht haben, da diese Frauen mit Kindern ein Aufenthaltsrecht in Deutschland haben. Die wenigen Sozialschmarotzer, wie sie ein Politiker einmal genannt hat, sind den deutschen Behörden immer einen Schritt voraus. Man erkennt aber keine Strukturveränderungen in den Sozialleistungen der BRD. **In der RG stehen alle Sozialleistungen auf dem Prüfstand** und werden durchgehend digital kontrolliert und koordiniert.

Wohnen

Es gibt Mietverträge für 43,5 Mio. Wohnungen und für 20 Mio. Hauptmieter. Daraus folgten 25 000 Mietklagen in Berlin jährlich vor Gericht. Mieten sind das soziale Thema. Miete zahlt man dem Eigentümer im Voraus, weil er das Mietobjekt Wohnung oder Haus zum Gebrauch überlassen hat. Grundmiete (Nettomiete; Kaltmiete), Nebenkosten und Zuschläge machen eine

Gesamtmiete aus. Zum Gebrauch oder zur Nutzung überlassen heißt gem. §§ 535 ff. BGB ordnungsgemäße Nutzung mit dazugehöriger Abnutzung.

Nun fragt man sich: wie kann ein Ehepaar; Nichtraucher, ohne Tiere, ohne Kinder monatlich 1 200,00 €, also in 5 Jahren 72 000,00 €, abnutzen? Die freie Marktwirtschaft und die Wohnungsmiete stehen völlig im Widerspruch. Sie sind kontraproduktiv. Wenn dazu noch Nebenkosten kommen, wie Grundsteuer und Gebäudeversicherung, womit die Nutzer überhaupt nichts zu tun haben, fragt man sich: sind die Mieter Teilhaber des Mietobjektes? Die Mieter erwerben keine Anteile am Gebäude. Sie bezahlen auch für dieselbe Grundfläche zweimal, obwohl es nicht ihr Besitz ist. Für die Wohnfläche die Miete und für die darunterliegende Grundfläche des Hauses die Grundsteuer, die der Vermieter abwälzt. Mieten sind inzwischen im angeblichen Sozialstaat die unsozialste und unhaltbarste Komponente geworden.

Karl hat zwanzig Familienumzüge hinter sich und wird seine Erfahrungen in ein neues, nicht kapitalistisches Mietrecht umsetzen und die bisherigen juristischen Begriffe eindeutig gesetzlich verabschieden lassen. Übrigens ist er von 25 % der 20 Vermieter betrogen worden und einmal vor Gericht gegangen und das bei einer Eigenbedarfskündigung sogar erfolgreich.

Pro Jahr streiten sich vor Amts- und Landgerichten Mieter und Vermieter über 182 000 Mal mit durchschnittlichen Prozesskosten von 1 500 €! In der Republik GERMANIEN sind Mietklagen über Nebenkosten/Betriebskosten passé. Es gibt nach Einigung aller beteiligten Verbände für die gesamte Republik nur noch ein einziges Mietformular. Inhaltlich wird das Bürgerliche Gesetzbuch zugrunde gelegt und so durchgeführt: BGB § 535 (1) Der Vermieter hat die auf der Mietsache ruhenden Lasten zu tragen.

BGB § 556 Die Grundmiete zahlt der Mieter ausschließlich für die Nutzung der Wohnfläche.

Dazu gibt es in der RG eine Ergänzung im Mietrecht: **Ein Abwälzen von Grundsteuer, Gebäudeversicherung und Reparaturen** – auch nicht durch Materialmängel jeglicher Art – **an Mieter ist nicht gestattet.**

Grundsteuer ist eine öffentliche Last für den Eigentümer des Mietobjektes; es ist sein Grund und Boden mit seinen öffentlichen Anschlüssen. Die Betriebskostenverordnung BetrKV § 2 Nr. 1 wird entsprechend geändert.

Vielfach bestätigte Urteile wie beispielsweise eine Teppicherneuerung nach 10 Jahren werden übernommen. Für den Energieverbrauch gilt nur der Bedarfsausweis als Anlage zum Mietvertrag. Ebenso ist die behördlich bestätigte Berechnung der Mietflächen als Anlage zum Mietvertrag vorgeschrieben. Eine Nebenkostenabrechnung erst am Ende des Jahres ist für die Mieter im digitalen Zeitalter nicht akzeptabel. 4 Wochen nach Eingang der letzten erforderlichen Rechnung ist die Fertigstellung nunmehr vorgeschrieben.

Mietwohnungen werden nacheinander von Großinvestoren übernommen: „dann werden Rohre viermal geflickt anstatt erneuert – in der Hoffnung, dass bis zum richtig großen Wasserschaden das Objekt schon wieder verkauft wurde." Der Staat kann die Wohnungsmärkte nicht allein dem Marktmechanismus überlassen. Ein Land verkaufte öffentlichen Wohnraum für 215 Mio. an einen Investor, der verkaufte 2006 für 462 Mio. diesen an einen neuen Finanzinvestor wieder ins Ausland.

Der Handel mit ehemals kommunalen Beständen und Werkswohnungen der Industrie dreht sich immer schneller. Wohnungen sind Spekulationsobjekte von Investment-Trusts zu Lasten der Bürger geworden. Hohe Mieten erschweren die Suche nach Fachkräften. Wenn ein höherer Angestellte von Emden beruflich nach Stuttgart umziehen muss, erhält er für sein Wohnhaus mit Grundstück 300 000 € und muss für ein gleichwertiges in Stuttgart 900 000 € zahlen. Das ist ein Erlebnis von vielen der Bürger, aber offensichtlich kein Erlebnis von Politikern.

Politiker verkaufen ihre Bürger, weil ihr soziales Denken und Handeln von der wirtschaftlichen und finanziellen Realität so weit weg ist wie der Südpol von Deutschland. Das heißt, dies ist wieder ein Beweis, dass unsere Politiker etliche Fähigkeiten nicht haben, die erforderlich sind, um professionell für die Bürger zu handeln, zu entscheiden. Sie sind unwissend auf zu vielen Gebieten, weil sie einen zu kleinen Gesellschafts- und Wirtschaftshorizont haben; nämlich den eines Beamten, eines Juristen (68 % des Bundesparlamentes und bis zu 80 % der Landesparlamente).

Statt zu untersuchen, wo die Ursachen liegen und diese so zu verändern, dass die nationale/regionale Zielsetzung erhalten bleibt, werden eher Spenden an irgendwelche Opfer weitab von Deutschland vermarktet. Dabei wohnen die Opfer im eigenen Land. Nur sie als Politiker selbst sind davon nicht betroffen. Etliche machen offensichtlich auch Politik zur Selbstdarstellung und keine Sozialpolitik. Das ist die Meinung vieler Bürger.

Der jetzige Artikel 13 GG „Die Wohnung ist unverletzlich" wird in der Verfassung zu Abs. 4.

Artikel 13 neu lautet:
1. Jeder registrierte Bürger hat das Recht auf Wohnen. Das Wohnen erfolgt in Eigennutzung oder zur Miete.
2. Mieter sind durch Immobilienspekulationen geschützt. Der Schutz wird auf der Ebene Republik GERMANIEN durch ein Gesetz geregelt und bei finanziell unzumutbaren Entwicklungen verändert.
3. Es gibt nur einen einheitlichen Mietvertrag für die RG. Die Nebenkosten betreffen nur die direkten Nutzungskosten der Mieter. Wohnen ist kein regionales Recht.

Pflege

ist in Deutschland ein allumfassendes soziales Thema. Kommt ein Familienmitglied in ein Pflegeheim, sind erhebliche Kosten fällig. Wer soll das bezahlen? Die Angehörigen wollen so viel als möglich vom Erbe haben und versuchen alles, um nichts oder so wenig als möglich zu zahlen. Wer zu wenig Rente hat, um die monatlichen Kosten im Pflegeheim zu zahlen, für den zahlt der Staat. Die Pflegeheimzuzahlung, also der Eigenanteil, betrug 2023 im Bundesdurchschnitt 2 411 € bei Pflegegrad 2!

Der Eigenanteil setzt sich zusammen aus Pflege, Unterkunft & Verpflegung, Investitionskosten. Letztere liegen uneinheitlich zwischen 290 € und 780 €. Warum Investitionskosten, die von den Heimbewohnern zu 100 % zu zahlen sind? In jeder anderen Branche sind die Immobilien Teil der Gesamtkalkulation. Ursprünglich sollten nicht die pflegebedürftigen Heimbewohner diese Kosten tragen, sondern die Bundesländer. Die Pflegeversicherung wurde am 01.01.1995 als eigenständiger Zweig der Sozialversicherung eingeführt. Politisch war vereinbart, dass die Bundesländer große Teile der Sozialhilfekosten für die Pflege übernehmen sollten, so auch die Investitionskosten. Daher die gesonderte Berechnung. Die Bundesländer sind nach und nach von dieser Zusage zurückgetreten.

Geld verdienen ist lebensnotwendig, um die persönlichen finanziellen Verpflichtungen für den Lebensunterhalt zu bezahlen.

Jetzt gibt es in Deutschland 7,5 Mio. Menschen, die weniger als 1 000 € erhalten oder verdienen; davon zweieinhalbmal so viel Frauen als Männer. Miete, Energiekosten, Versicherungen, Fahrkosten, Nahrungsmittel, Haushalt, Kleidung sind in Deutschland nicht mit 1 000 € pro Monat zu bezahlen.

Es werden mosaikmäßig viele Maßnahmen ergriffen, um Nöte zu verringern. Es kann auch nicht jede Begleiterscheinung sozialer Verelendung mit polizeilichen Maßnahmen gelöst werden.

Was sind die Ursachen für so wenig Geld? Das wird nun die neue Politik der BIG herausfinden und neue Maßnahmen einleiten und Gesetzesänderungen beschließen; Bürgerschaft unabhängig mit allen zusammen. Denn das Bürgerleben mit erforderlichen Grundkosten ist ein gesamtstaatliches Thema. Dazu gehört auch, dass Sozialempfänger, die nicht arbeiten wollen, in der RG ehrenamtliche Aufgaben in Tafeln, Sportvereinen, Behinderteneinrichtungen übernehmen müssen; ansonsten gibt es kein Geld.

WIRTSCHAFT

Die Wirtschaft von Germanien ist Teil der Weltwirtschaft. Insofern sind alle externen Wirtschaftsbeziehungen weder zu leugnen noch abzulehnen. Ein einzelner Bereich wie die Landwirtschaft verhindert nicht mehr die Zusammenarbeit. So ist Mercosur mit Uruguay, Brasilien, Argentinien und Paraguay mit 720 Mio. Einwohnern und 20 % der Weltwirtschaft ein wichtiger Handelspartner. Qualitätsbedingungen zum Schutz der eigenen Wirtschaft müssen von der Regierung angepasst werden. Sie ist das finanzielle Rückgrat des Staates. Zur Wirtschaft gehört ein komplexer Arbeitsbereich, der in Auseinandersetzungen keine Verallgemeinerungen und Widersprüche verträgt!

Dazu gehören Handel, Handwerk, Agrarwesen, Industrie sowie die Themen Kartelle, Skandale (Schmiergeld, Geldwäsche, Steuerbetrug, Schneeballsystem), Tarifverträge und Streiks.

Die Politik hat dafür zu sorgen, dass Energiekosten, Erfordernisse für Sicherheits- und Klimaschutz wettbewerbsfähige Preise und Kostenabschätzungen für die Zukunftsplanungen der Betriebe ermöglichen.

Deutsche DAX-Firmen schütten Dividenden aus, die zu 53,8 % ins Ausland gehen, weil die Anleger zu 50 % im Ausland, vermehrt USA, wohnen. Sie haben noch ein starkes Vertrauen in die deutsche Wirtschaft, bekommen jedoch zunehmenden Einfluss. Davon hatten verantwortliche Politiker des Deutschen Bundestages null Ahnung.

Kanzlerschaft bedeutet Führung im Frieden für die Wirtschaft im weltweiten Wettbewerb und Führen im Krieg für die Verteidigung.

Welcher Politiker konnte das und kann das jetzt? **Es ist Zeit für die Änderungen!**

Wir sind auf dem Weg zu einer neuen Weltwirtschaftsordnung, weg vom US-Kapitalismus. Sicherheitspolitik und Wirtschaft sind enger verflochten. Neues Denken auf allen Ebenen ist erforderlich. Politischen Einmannentscheidungen stehen Volksentscheidungen gegenüber und die Ergebnisse sind unberechenbar. Die Globalisierung muss bleiben, jedoch ohne Abhängigkeiten von nur einem Land oder Staat.

Alle bisherigen Privilegien, Subventionen und Beihilfen werden in GERMANIEN aus nicht mehr gegebenen Gleichheitsgründen abgeschafft. Qualität und Gesundheit sind dominant. Finanzielle Unterstützung gibt es nur für komplexe Projekte, die für den gesamten Staat – das gesamte Volk – gegenwärtig und zukünftig von Bedeutung sind. Die Festlegung wird nicht in einzelnen Ministerien getroffen. Dafür gibt es in der Regierung eine Gruppe von Abgesandten aus allen Ministerien, die zwei Mal im Jahr eine Aktualisierung vornimmt, den **Koordinierungsstab**. Die Bereitstellung der Gelder ist dabei auch Inhalt der Entscheidungen. Ziel ist es, dass technische Vorreiter und die Forschung ihren Kapitalbedarf decken können.

Die Wirtschaft erarbeitet das Geld, nicht die Behörden!

Sie verdient das Geld, das Ministerien und Behörden ausgeben können und das bisher zu oft in wenig sinnvollen Subventionen landet. Jeder Staat auf dieser Welt ist für seine eigene Gesellschaft und Wirtschaft verantwortlich. GERMANIEN ist nicht der Moralapostel anderer Staaten. Ein Lieferkettensorgfaltspflichtengesetz gibt es nicht mehr. Für Kinder- und Zwangsarbeit in anderen Ländern germanische Firmen als Controller einzusetzen und finanziell zu bestrafen, findet nicht mehr statt. Begründung: Firmen stellen Produkte her mit vielen Einzelteilen, die teilweise global über 157 Vorlieferanten geliefert werden. Des Weiteren kennen Komponentenhersteller die Endkunden ihrer Lieferungen nicht. **Die Aufgabe Moralist der Welt wird nicht von der Wirtschaft übernommen.** Derartige Zielsetzungen wie Kinderarbeit werden im Bereich Geopolitik verhandelt.

Da Karl hauptsächlich Politiker mit Wirtschaftserfahrung zur Verfügung stehen, werden bisherige Auswüchse auch in der Sicherheit verschwinden. Karl selbst kennt als ausgebildeter Groß- und Außenhandelskaufmann viele Bedingungen der Wirtschaft.

Das neue Sicherheitsdenken berücksichtigt als Basis den mündigen Bürger. Bestrafung erfolgt für individuelle Fehler und nicht durch Verbote für die gesamte Gesellschaft. Daraus resultierende Änderungen (2 Beispiele):

Weihnachtskugeln gibt es weiterhin aus Glas, aber nicht mehr aus Plastik. Für die Nutzung einer Leiter zum Eindrehen einer Glühbirne im Altenheim oder in ähnlichen Betrieben bedarf es keines Leiterscheines mehr.

Deutschland ist ein Staat, der mit seinen Bodenschätzen sehr dürftig ausgestattet ist. Für 84,67 Mio. Einwohner und die Exportwirtschaft fehlen diverse Vorkommen. Deshalb werden politisch neue Techniken gefördert, die für bestehende Vorkommen eine hohe Ausbeute versprechen. Der Gasverbrauch liegt bei ca. 85 Mrd. cbm im Jahr. Mit der Methode „Fracking" – Einbringen von Benzol und Quecksilber – schätzt man, 2 Billionen cbm Gas fördern zu können. Aus Sicht der Bürger sind dabei Trinkwasserschutzgebiete, Heilquellen, Mineralquellen, Trinkwasserbrunnen gefährdet. Außerdem entstehen bei den seismischen Vorarbeiten Beben mit Folgeschäden. Bedenkt man, dass Autowaschen und Oberflächenverunreinigungen z. B. mit Lösungsmitteln hohe Strafen nach sich ziehen, liegt der Genehmigung des Einbringens von hochgiftigem Benzol und Quecksilber in die Erde für das „Fracking" eine schizophrene Denkweise der BRD-Politiker zugrunde. Mit gesundem Menschenverstand bewertet, ist dieser Vorgang genauso unglaublich, wie die bis heute ungelöste Zwischen- und Endlagerlösung von Atommüll. Von derartiger Inkonsequenz gibt es Hunderte, weil keiner koordiniert!

Gesunder Menschenverstand, aufgebaut auf Fachausbildung und Erfahrung, hilft mehr als ein rückwärtsgedachtes Gesetz. Politik muss vorausschauend werden. Deutschland verliert zunehmend an Wettbewerbsfähigkeit.

- Verhinderungen durch Gerichtsverfahren mit Individualrecht
- Genehmigungsverfahren zu langsam
- Unternehmenssteuern zu hoch
- Energie Preise überfrachtet mit Abgaben

Beamte und Justiz mit veralteten Denkweisen erschweren den globalen Wettbewerb Deutschlands. Andere Länder arbeiten ziel- und lösungsorientierter.

Nur die Steuern der produzierenden Wirtschaftszweige führen mehrheitlich zu echten Staatseinnahmen. Das Übrige sind Umverteilungen. Im ersteren war Deutschland bisher Exportweltmeister. Im zweiten führten die Ausgaben der bisherigen Regierungen zu **2,5 Billionen € aktuellen Schulden; 70 % des Bruttoinlandsproduktes!**

Nach der Steuerverteilung gab es, Stand 05.06.2024, Steuereinnahmen für

- Bund 356 Mrd.
- Länder 382 Mrd.
- Gemeinden 143 Mrd.
- Europäische Union 35 Mrd.

Daher wird Karl auch auf diesem Gebiet niemals mit dem Finger auf andere Nationen zeigen.

Bundesbürger haben 2005 160 Mrd. Euro gespart. Die Sparquote 10,7 %; 1980 bis 1995 waren es ca. 12–14 %. Sparen ist eine Voraussetzung für das Wachstum der Volkswirtschaft. Denn nur dieses Geld können die Banken und Sparkassen den Unternehmern als Kredite zur Verfügung stellen.

Deutschland ist seit 1986 über 20-mal Exportweltmeister. Dennoch ist es jetzt ein Verlierer, weil die Unternehmer eine negative Einkommensentwicklung eingeleitet haben. Das führte zu hoher Arbeitslosigkeit und verminderter Binnennachfrage/ Massenkaufkraft. Deutschland kann nur zu 20 % vom Export – nach Abzug der Vorprodukt-Importe – leben. Der Inlandsabsatz muss wieder angekurbelt werden. Die 30 größten Firmen kommen auf 65 % des deutschen Exportes.

Die Politik muss der Wirtschaft Zukunftsinvestitionen ermöglichen und Risiken verringern, ohne dass diese sich aus der Globalisierung zurückzieht. Das gilt vor allem für Sanierungsstaus.

Erleichterung bei der Jobverlagerung ins Ausland schafft die Kommunikationstechnologie. Unsere Bildungsprodukte erschweren es, beim Bildungsniveau mit China und Indien mitzuhalten. Von deren technologischem Fortschritt sind wir umzingelt.

Die Bundesländer haben die Haushaltsnotlage zum Regelfall gemacht und verstoßen regelmäßig gegen die Verfassung ohne eine Inregressnahme. Hinter verfassungswidrigen Haushalten steht doch persönlich rechtliches Fehlverhalten. Recht auf Bundeshilfe hat nur, wer alles unternommen hat, um sich selbst zu helfen.

Nur eine wachsende Wirtschaft kann die Finanzprobleme der öffentlichen Haushalte beseitigen. Wirtschaftspolitik muss in Zusammenarbeit mit der Wirtschaft dafür sorgen, dass die Kaufkraft erhalten bleibt, erhöht wird und damit auch die Nachfrage im Inland. Wer ständig in Angst lebt, nicht krank werden zu dürfen, seinen Job zu verlieren oder im Alter arm zu sein, gibt auch kein Geld mehr aus. Konsum ist aber ein zweites Standbein für die Konjunktur.

Die deutsche Wirtschaft profitiert von der Weltwirtschaft, nachdem viele Unternehmen in Aufbau- und Ablauforganisation umstrukturiert haben, natürlich mit dem Verlust von Arbeitsplätzen.

Der expandierende Welthandel benötigt eine immer größere Transportinfrastruktur als Anbindung an die Häfen. Milliardeninvestitionen sind erforderlich, um wettbewerbsfähig zu bleiben. Das Wirtschaftsdreieck China, Indien und Russland ist die neue Konkurrenz. Was sind in diesem Szenario einzelne

Firmen oder eine Gruppe von Mitarbeitern für kleine Bausteine? Eine angepasste Logistik sichert den Standort und das Wachstum. Engpässe beim Verladen und Löschen führen zu höheren Gebühren von Liegezeiten und damit zu höheren Frachtkosten und bei fehlendem Abbau der Engpässe zu mittelfristiger Veränderung und langfristigem Verlust des Standortes. Diese Zusammenhänge der großen Wirtschaftsereignisse sollten alle deutschen Parlamentarier studiert haben.

Der Mittelstand mit fortlaufender Suche nach Innovation und Fortschritt hat mehr als 1 000 deutsche Unternehmen, die ca. 65 % des Weltmarktes mit einem Produkt beliefern. Deren Arbeitnehmer verstehen eine staatliche Arbeitslosenunterstützung ohne Gegenleistung gar nicht.

Konzerne müssen lernen, dass eine angemessene Bezahlung der Arbeitnehmer langfristig auch Sicherheit für das Unternehmen bedeutet.

Verwaltung, Marketing, Fertigung, Vertrieb, Forschung und Entwicklung:

Die Arbeitnehmer müssen lernen, dass ihre Arbeitskraft altersgemäß vom Arbeitgeber unterschiedlich bewertet wird. Das Schaffenshoch ist nicht mehr das Rentenalter.

Die Sanierung der Staatsfinanzen muss über die Ausgabenseite erfolgen. Öffentliche Verschuldung siehe dpa Grafik 3054.

Herbstgutachten 2006 siehe dpa Grafik 3057 mit Wirtschaftswachstum %; Preisanstieg %; Arbeitslose in Mio.; Staatsdefizit in % des Bruttoinlandsproduktes

Der Senfmüller in der Eifel steht als Handwerksbetrieb der Firma Senf AG als Industriebetrieb gegenüber.

Ebenso stehen
der Bäcker Emmerich   der Firma Gutbrot GmbH
der Gemüsebauer   der Kohlanbau GmbH
der Gärtner   der Großgärtnereien
     Dudelheim

| der Landwirt Jürgensen (40) | der Rinderzucht GmbH Viehort 400 Ochsen |
| der Schlei Fischer Petersen | dem Krabbenfischer Konsortium Husum |

Es wird auch mit Tricks gearbeitet. 6 % aller Produkte enthalten weniger Inhalt gem. Bundesverband der Verbraucherzentrale Bundesverband. Bei Gemüse und Fleisch, Verpackungen mit schwankenden Gewichtsangaben hätten 14 % nicht verkauft werden dürfen. Firmen bleiben ohne Sanktionen. Bußgelder bis max. 10.000 € schrecken nicht ab. Staatliche Kontrollen finden nicht statt oder sind zu selten.

Die Landwirtschaft hat sich in der Republik GERMANIEN einem Wandel unterzogen. Es gibt Bauern, Agrarwirte und Industriewirte.

Die Bauern der BRD haben nach der Ansprache von Karl begriffen, dass sie seit der Wiedervereinigung Teil der freien Marktwirtschaft sind und wie alle anderen Betriebe ohne Privilegien im Wettbewerb stehen. Agrarwirte haben das schon lange begriffen und ihre Betriebe umgestellt oder sich ein zweites Standbein geschaffen. Es wird nicht mehr die Hand aufgehalten, sondern für die Zukunft gearbeitet. Warum Hand aufgehalten? Es gab Zeiten, da gab es pro Hektar für brachliegendes Land Geld. Industriewirte mit industrieller Viehhaltung werden in keiner Weise unterstützt.

Zur Dieselsubvention fällt Karl eine Bildzeitung aus den 50er-Jahren ein: Auf der ersten Seite ein Foto mit Mercedes-PKW auf dem Acker; dazu der entsprechende kritische Text. Die Bauern erhielten den Diesel billiger und kauften sich sodann nur Mercedes-PKW, die damals als einzige Dieselmotoren hatten, aber die teuersten PKW waren. Aber der subventionierte Diesel war nur für Landmaschinen gedacht. Mit dieser Bild-Zeitung Nachricht hatten die Bauern kurz nach Kriegsende ihre ersten Feinde in der Gesellschaft gewonnen. Viele Skandale folgten, die bis heute teilweise in Vergessenheit geraten sind.

Politiker arbeiten zu viel mit Studien, deren Ergebnisse mit der Praxis zu selten vereinbar sind.

In der Praxis macht eine Unternehmerin gegenteilige Erfahrungen, sie sagt: Die Arbeitnehmer haben sie in der Hand. Die Studie vom Münchener Ifo-Institut: „Bürgergeld ist finanziell unattraktiver als Arbeit" hat mit der Realität nichts zu tun. Ich betreue in meinem Unternehmen im Schnitt 80 Mitarbeiter; die meisten auf Mindestlohnniveau. Wir suchen immer Personal, und meine persönlichen Erfahrungen zeigen: Es ist sehr schwierig, Menschen davon zu überzeugen, zu arbeiten, statt Bürgergeld zu beziehen. Von zehn Bewerbungen, die ich erhalte, sind im Schnitt acht Bewerber nicht erreichbar. Es wird weder telefonisch noch auf Mails reagiert. Die Aussage „Ich bewerbe mich nur, damit ich dem Arbeitsamt oder Jobcenter meine Bewerbungen vorlegen kann", habe ich schon hundertmal gehört. Wenn dann zwei Personen erreichbar sind, kommt ein einziger, um sich persönlich vorzustellen. Im vergangenen Jahr hatte ich mehrere Leute, die ein bis drei Monate gearbeitet und dann gesagt haben: „Das lohnt sich für mich nicht, da bleibe ich lieber zu Hause. Wenn ich daheimbleibe, kann ich den ganzen Tag machen, was ich möchte. Das Amt bezahlt meine Wohnung und ich verbrauche keinen Sprit, um zur Arbeit zu kommen." Das Thema betrifft nicht nur meine Firma, sondern auch viele Unternehmen, mit deren Chefs ich mich austausche. Unser Bäcker hat wegen Personalmangels nur noch den halben Tag geöffnet. Die Gastronomie unter meinem Büro hat schon seit drei Wochen aus demselben Grund geschlossen und hatte letztes Jahr nur noch donnerstags bis sonntags ab 17 Uhr geöffnet. Diese Aufzählung könnte ich ewig fortführen. Wir bekommen alle kein Personal. Vor allem seit Corona wollen die Leute nicht mehr arbeiten. Wir müssen dankbar sein, wenn überhaupt jemand kommt. „Schlechtes Personal" (Umgangsdeutsch außerhalb der Wissenschaftspolitik) muss ich behalten, sonst kann ich direkt zusperren. Ich habe nie die Wahl, mich für jemand besseres zu entscheiden. Und das geht vielen so. Und man wird beleidigt.

Viele Arbeitnehmer halten sich grundsätzlich nicht an Regeln, Vorgaben oder Arbeitsanweisungen, weil sie genau wissen, dass wir sie brauchen. Massive – teilweise auch gesetzliche – Verstöße werden damit kommentiert, dass die Chefs sich mal zum Teufel scheren können. Die Einstellung zum ordentlichen Arbeiten ist komplett flöten gegangen. Die wissen genau: Wenn sie bei uns nicht mehr arbeiten, sitzen sie eben daheim und ihnen geht's trotzdem nicht schlecht. Wir versuchen alles, um unsere Arbeitnehmer, ob jung, ob alt, zu halten. Sie bekommen kostenlose Getränke nach freier Auswahl, wir vergeben oft Lohnvorschüsse und helfen finanziell, wenn zum Beispiel mal das Auto kaputt geht. Wir zahlen Nacht-, Sonntags- und Feiertagszuschläge. Wir schenken jedem einzelnen was zum Geburtstag und ich schreibe für jeden persönlich eine Karte. Wir zahlen, wenn möglich, ein 13. und 14. Gehalt. Wir machen eine Weihnachtsfeier und jeder bekommt noch ein Weihnachtsgeschenk. Wenn manche nicht mehr zur Arbeit kommen oder Mist bauen, geht das zulasten der Arbeitnehmer, die ordentlich arbeiten und immer da sind. Die guten Leute springen ein und erarbeiten massive Überstunden. Klar, wenn ich könnte, würde ich allen 20 Euro die Stunde bezahlen. Das ist leider nicht drin – und ein anderes Thema. Zusammenfassend ergibt sich:

Die Realität ist eine völlig andere und es macht in Deutschland keinen Spaß mehr, Arbeitgeber zu sein!

Für Arbeitgeber ist das zurzeit ideologische Politik, von der sie als Arbeitgeber nicht ernst genommen werden.

Karl weiß aus seiner Arbeitszeit mit sehr vielen Menschen, wie unterschiedlich diese sind: Es gibt fleißige, faule, kreative, behäbige, einfallslose, wissbegierige, Jasager, Neinsager, Optimisten, Pessimisten, belehrbare, unbelehrbare, gleichgültige, neugierige, aktive, passive, schnelle, langsame, strebsame, engagierte, ehrgeizige usw. Karl hat sie alle kennengelernt. Zu seiner Zeit gab es aber auf der Arbeitsstelle immer eine Person, die „den Schwachen" geholfen hat, das Arbeitsniveau zu halten.

Das Mitarbeiten für Faule gab es nicht und alle waren zufrieden, hatten Spaß an der Arbeit. Damals hat sich keiner einen Anwalt genommen. Heute haben Vorgesetzte Angst, die falschen Worte zu sagen, um nicht vor dem Arbeitsgericht zu landen. In Realität sieht das dann so aus: 2 Arbeitnehmerinnen sollen am Wochenende arbeiten, weil andere ausgefallen sind. Beide kommen nicht zur Arbeit. Am Montag sagt eine Angestellte ihrer Chefin, dass die beiden (nicht die fleißigsten) sich über sie zuhause auf einer Couch mit einem Glas Wein in der Hand lustig machen und sie beleidigen. Für jeden sichtbar im Internet. Die Chefin hat beide formgerecht (sehr viel Erfahrung auf diesem Gebiet) gekündigt. Ergebnis in Kurzfassung: Die beiden mussten wieder eingestellt werden. Entscheidung der Kuscheljustiz.

Die Prozentangaben von Journalisten und Sozialwissenschaftlern verniedlichen die Tatsachen der Arbeitsverweigerer. Es sind nur 1,2 % Erwerbstätige, heißt es. Aber 1,2 % von 45,81 Mio. sind 550 000 Bezieher x 1 000 € ergibt 550 Millionen €.

Karl und seine Frau hatten als Vorgesetzte zusammen Hunderte von Arbeitnehmern in mehreren Bundesländern und im Ausland. Sie können die o. a. Aussagen nur bestätigen. Deshalb gibt es diese Art von Bürgergeld in der RG nicht mehr.

Ohne Arbeit zu sein, widerspricht auch allen Aussagen von Medizinern über Gesundheit und Zufriedenheit von Menschen.

Die andere Seite der Medaille sind junge Leute mit Unternehmergeist. Gründungsaktivitäten wurden durch das RKW-Kompetenzzentrum untersucht. 25 % der Befragten haben fehlendes Zutrauen in die eigene Kompetenz. 20 % bezweifeln, das nötige Wissen zu haben. Nun soll nicht jeder Unternehmer werden. Gestartet wird nunmehr in der Republik GERMANIEN mit einer Großveranstaltung im Jahr – unter der Schirmherrschaft von Wirtschafts- und Finanzministerium –, die Interessierten für zwei Wochen die Möglichkeit gibt, sich zu testen, sich fachlich und steuerlich zu informieren, sich Startkapital zu ermöglichen, ein Gründungsstipendium zu beantragen oder **Mitglied im Gründerfonds** zu werden. Vor allem wird die

Steuervorauszahlung erst ab dem 3. Jahr Pflicht. Hier wird alles für GERMANIEN getan, um seine wirtschaftliche Zukunft zu sichern.

Des Weiteren gibt es jedes Jahr im Herbst eine **Zukunftsmesse KDKD** unter der Schirmherrschaft der Industrie-Verbände und Handelskammern. Zugang und Darstellung hat jeder, der Mitglied bei Jugend forscht war oder ist, sowie Schulprojekte. Inspiriert wurde Karl 1989 in der „Husum Wind Energietage" an einem Stand eines Studenten. Er hatte auf einem Tapeziertisch seinen funktionsfähigen Wasserstoffantrieb aufgebaut. Auf die Frage, weshalb sich keiner dafür interessiert, antwortete er: „Die Autoindustrie hat Angst vor dieser neuen Technik und ignoriert das. Sie wollten mir das auch abkaufen, um es in der Schublade verschwinden zu lassen. Ich bin machtlos, da ich kein Geld für Patentanmeldungen habe." Karl hatte auch kein Geld dafür. Sonst hätte er das Projekt mit unterstützt und Deutschland hätte 2024 schon 34 Jahre Erfahrung in der Wasserstofftechnik und das unwirtschaftliche, teure E-Auto-Jahrzehnt hätte es gar nicht gegeben. In der RG werden solche kreativen Menschen unabhängig von jeglichem Lobbyismus unterstützt.

Arbeitsmarkt

Der Arbeitsmarkt wird unter anderem von der Bundesagentur für Arbeit Branchenübergreifend gesteuert. Dafür sind 113 000 Mitarbeiter tätig, davon 2 000 im IT-Bereich. Haben die alle das erforderliche Branchenwissen? Aus der Erfahrung in der eigenen Verwandtschaft: zu viele nicht.

Der Arbeitsmarkt ist zu gleichen Teilen eine Aufgabe der Wirtschaft und der Politik. Beide müssen daran arbeiten, Aus- und Weiterbildung zielgerecht einzusetzen.

Arbeit ist keine Strafe, genauso wenig wie Gesundheit. In beiden Fällen sind deutsche Juristen Bremser, die die wissenschaftlich belegten Forderungen: arbeiten zu gehen, sich sportlich zu betätigen, statt es sich in persönlicher Freiheit bequem zu machen, konterkarieren. Zufriedenheit erfährt keiner beim Nichtstun. Dazu benötigt man eine Beschäftigung, um Geld zu verdienen. Die Ursachenforschung für Einbruch und Diebstahl durch Jugendliche wird in diesem Zusammenhang völlig ignoriert und bei Vergehen mit Strafmilderung oder durch Teilrückgabe eines Diebesgutes belohnt; Kuscheljustiz.

Geldverdiener brauchen keine kriminelle Nebenbeschäftigung.

Der Arbeitsmarkt verzeichnete mit Stand 01.01.2024 47,5 Mio. Erwerbsfähige; 46 Mio. Erwerbstätige; 2,8 Mio. Erwerbslose. Arbeitslosengeld II sollte eher um 30 Prozent gesenkt werden, um gleichzeitig die Zuverdienstmöglichkeiten zu verbessern. Ständig erhöhter gesetzlicher Mindestlohn verstößt gegen eine freie Marktwirtschaft. Wie man sieht, wird durch Kostenweitergabe alles teurer und letztlich zahlt wieder der Staat die Differenzen im Sozialbereich. Diese Art Kostenschraube muss verändert werden, damit in der Wirtschaft Ruhe einkommt.

Die Presse meldet vom Statistischen Bundesamt und zitiert Politiker: 2005 sind 145 000 Deutsche abgewandert, seit 1950 die höchste Abwanderung. Mehr als die Hälfte sind jünger als 35 Jahre. Darunter viele qualifizierte und hochmotivierte Köpfe.

„Eine Wirtschaft, die qualifizierten Menschen keine Jobs anbieten kann, sie mit unbezahlten Praktika beschäftigt und keinerlei Konzept hat, hat keinerlei Berechtigung, sich über die Folgen der eigenen Politik zu beklagen."

In derselben Presse in der gleichen Ausgabe: In der Industrie für Elektronik, IT, Elektrotechnik und Windenergie fehlen pro Jahr ca. 9 000 bis 10 000 Ingenieure in Deutschland. Die junge Windenergie-Branche leidet darunter, dass der Arbeitsmarkt und die Ausbildungsstruktur kaum qualifizierte Fachkräfte für sie hervorbringe.

Von ca. 7 800 Arbeitslosen sind nur 2 880 als Erntehelfer erschienen. Davon haben nur ca. 1 300 bis zum Ende durchgehalten. Bewertung: Osteuropäer sind so belastbar wie die Großeltern der jetzigen Generation.

In S-H sind 17 000 junge Leute unter 25 ohne Arbeit und vermutlich bis zum Lebensende aus Staatsmitteln alimentiert. 8 000 haben keinen Schulabschluss. Zu viele haben Motivationsprobleme und lehnen Angebote ab. Jeder 2. Bürgergeldempfänger hat keinen deutschen Pass.

Ab sofort gibt es Job- oder Bildungsangebot und finanzielle Unterstützung nur noch bei Annahme der Arbeitsangebote. Wenn eine Mutter mit 2 Kindern 2 169 € Sozialleistungen erhält, lohnt sich kein 520 € Minijob für 2 353 € Entgelt. Denn Vorkehrungen zur Rente sind unterentwickelt.

Im Dezember 2023 gab es über 5 Mio. Bürgergeldempfänger.

Von den 5 Mio. sind nicht alle krank und auch nicht arbeitsunfähig.

Karl erinnert sich an die 1950er-Jahre im Radio morgens um 07:00 Uhr: „Arbeitssuchende mit den Nummern 10 500 bis 10 600 melden sich bitte bis 8 Uhr im Bezirk Reinickendorf im Bezirksamt." Diese Leute bekamen dann nach ihrer Arbeit das Arbeitslosengeld.

Der Staat hat sich heute von der Arbeitspflicht entfernt. Ärzte und Wissenschaftler wissen, dass ein Mensch mit Beschäftigung gesünder und zufriedener ist als einer ohne Arbeit. Ausnahmen sind Männer aus fremden Volksgruppen rund um das Mittelmeer, wo sie gelernt haben, dass die Frauen arbeiten und die Männer diskutieren. Das sind in GERMANIEN Arbeitsverweigerer, denn sie müssen sich als Bewohner unseren staatlichen Vorgaben auch für Arbeit anpassen. Erst die Arbeit, dann das Vergnügen.

In der Gesellschaft haben die Ehrenamtlichen so zugenommen, dass es für jeden Politiker peinlich sein muss. Sie übernehmen freiwillig Aufgaben, die eigentlich als bezahlte Arbeit abgegolten werden müsste.

Änderungen dazu finden in der Republik GERMANIEN statt.

Das Fachkräfteeinwanderergesetz von 2020 für Osteuropäer mit berufspraktischer Erfahrung ohne Anerkennungsverfahren wird nicht mehr nach Staatsangehörigkeit, sondern auf die Person und ihre Fachkenntnisse angewendet. Deutsch wird nur noch selektiv verlangt, da z. B. bei IT die Umgangssprache Englisch ist und in einfachen Berufen Deutsch am Arbeitsplatz erlernt werden kann. Auch eine gelernte Kindergärtnerin bedarf nur einer Kurzeinweisung und keines Anerkennungsverfahrens.

Gewerkschaften sind ein Teil der Arbeitswelt. Sie bestimmen mit Tarifverträgen. Im Durchschnitt laufen diese 12 bis 18 Monate. Hier schreitet Karl ein. Wie jeder Gebildete weiß, braucht die Wirtschaft Planungssicherheit. Die ist nicht bei Tarifverträgen von 12 Monaten gegeben. Nach längeren Gesprächen mit den großen Gewerkschaften ist es Karl gelungen, die **Mindestlaufzeit von Tarifverträgen auf 2 Jahre** festzulegen. Darüber ist ein juristisches Dokument erstellt worden.

Alle Bürger erhalten Beschäftigung. Die Flexibilität der Arbeitsämter in der Anerkennungsbewertung wird erhöht und in Großstädten werden als Vorbereitung Bürger-Beschäftigungsstätten eingeführt. Neue vielseitige Arbeitsstellen ergeben sich auch beim Zivilschutz mit geistigen und körperlichen Tätigkeiten für das Volk. **Die Aussage ohne Arbeit gehört der Vergangenheit an.** Denn wer ohne Arbeit ist, lebt auf Kosten des Staates, erst mit Sozialleistungen, dann ohne Rente wiederum mit Sozialleistungen.

Wie allgemein zu Recht geurteilt wird, gibt es zu viele EU-Richtlinien. Das Ergebnis ist, dass die Nationen in der Umsetzung nicht hinterherkommen. Zum Beispiel gibt es die EU-Richtlinie, dass die Arbeitgeber verpflichtet sind, die Arbeitszeit ihrer Beschäftigten zu erfassen. Das funktioniert in der Wirtschaft, aber nicht beim Staat: Lehrer und Arbeitnehmer der Behörden.
   Die Republik GERMANIEN setzt alles daran, unsinnige EU-Richtlinien, die die mündigen Bürger und damit den mündigen Staat begrenzen, abzuschaffen.

Agrarwesen

Die Bezeichnung Landwirtschaft als Teil der Wirtschaft ist veraltet.

Es könnte auch allumfassend heißen: Boden- und Wasserwirtschaft oder Subventionswirtschaft. Eine andere Unterteilung ist Kleinbauern, Großbauern, Agrarholdings. Gesetzliche Überschriften sind Landwirtschaft sowie Land- und Forstwirtschaft. Bei der Bauerndemonstration im Januar 2024 war nur die Rede von Landwirtschaft und Bauern. In den Ministerien der RG ist der Begriff durch Agrarwesen ersetzt worden.

Was gehört bisher alles dazu? Der Subventionscheck verrät es uns.

Es existieren 20 Betriebsarten:

Ackerbau, Getreidebau, Gartenbau, Gemüsebau, Zierpflanzenbau, Baumschulen, Dauerkulturen, Obstbau, Weinbau, Milchviehhaltung, Schaf- und Ziegenhaltung, Pferdehaltung, Schweinehaltung, Geflügelhaltung, Sonstige Tierhaltung, Sonstige landwirtschaftliche Dienstleistungen, Jagd, Forstwirtschaft, Fischerei und Fischzucht.

Wo ist denn unser Nachbar mit Straußen und Kamelen aufgeführt? Kamelzüchter mit der Produktion von sehr teurer Kamelmilch – im Gegenteil zur Kuhmilch – fallen unter sonstige Tierhaltung; ebenso die Strauße.

Wie man als gebildeter mündiger Bürger erkennen kann, ist Landwirtschaft ein veralteter Ausdruck, der nichts besagt, da er die Komplexität und Verschiedenheit nicht mehr wiedergibt. Das **Agrarwesen** unterscheidet nunmehr zwischen Bauern, Agrarwirten und Industriewirten.

Das Einkommen der Bauern ist in der BRD von der Förderpraxis abhängig. Von der EU 6,5 Mrd., vom Bundes Haushalt 3,7 Mrd., also über 10 Milliarden €! Der größte Anteil der Zuschüsse wird zu den Landwirtschaftlichen Sozialversicherungen geleistet. **Kein Berufszweig erhält seit Jahrzehnten ununterbrochen so viel Fördermittel wie die Bauern. Dieses Ungleichgewicht wird abgeschafft.**

Das Hauptthema sind daher die Subventionen. Das ist ebenfalls begrifflich nicht richtig. Es gibt nicht nur Subventionen. Es gibt staatliche Zuschüsse für die

Anschaffung von moderner Technik mit geringem Verbrauch von Ressourcen
Schaffung von Übernachtungsmöglichkeiten für Touristen.

Förderfähige Maßnahmen für
den Kauf von neuen Maschinen und Geräten wie Mähdrescher, Traktoren (Fendt 1 000 + Kosten 100 000 € bis 200 000 €), Mais-häcksler, Fütterungssysteme, Automatisches Melken, Entmis-tungssysteme, Stall- und Weidemanagement, Software für die Produktion.
Moderne Technologie
Düngung, Aussaat, Pflanzenschutz, Saat, Mulchsaat, Nachsaat, Bodenbearbeitung, Bodenschutz, Bodenschonung, Hacken, Striegeln, Spurführung, Ernte, Pflege und Bewirtschaftung von Hängen, Waldbewirtschaftung.
Neubau und Modernisierung von
Ställen, Gewächshäusern, Lagerräumen/-hallen.
Maßnahmen zum Schutz gegen verschiedene Witterungen
Hagelnetze, Frostschutz
Schaffung und Vermarktung von weiteren Einnahmequellen
Hofcafé, Häckerwirtschaft, Urlaub auf dem Bauernhof, Gäste-zimmer, Ferienanlagen mit mehreren Wohnungen in Häusern oder Bungalows, Campingplätze, Partyservice, Pensionspferde-haltung, Biomasse zur Energiegewinnung.

Weitere Allgemeine Aufwendungen
Leistungen von Ingenieuren und Architekten, Patente und Li-zenzen, Forschung und Entwicklung neuer Verfahren und Tech-nologien, Durchführbarkeitsstudien.

Wer gibt die Gelder für die Landwirtschaft?

Es gibt Direktzahlungen und Fördermittel für Investitionen, da wundert sich der Bürger. Das sind neben dem Bundesministerium für Landwirtschaft und Ernährung (BMEL), die Bundesanstalt für Landwirtschaft und Ernährung, (BLE); Europäischer Garantiefonds für die Landwirtschaft (EGFL); Europäischer Meeres- und Fischereifonds (EMFF); Agrarinvestitionsförderungsprogramm (AFP-Förderung), Förderung der integrierten ländlichen Entwicklung (ILE); Europäischer Landwirtschaftsfonds für die Entwicklung des ländlichen Raumes (ELER).

Wie hoch sind Förder-Gelder/Prämien/Subventionen?
Jahresbetrag von 15 875,00 € bis 30 000,00 € im Monat. Letztere Subvention für 1 % der Deutschen Agrarwirte.

Basisprämie 173 € pro Hektar. Das sind bei 25 ha 6 776,25 € und bei 1 000 ha 271 050 €, egal was und wie angebaut wird. Des Weiteren gibt es für die ersten 40 Hektar 69 €/ha; für 41–60 ha 41 €/ha; für Jung Agrarwirte 116 €/ha bis 120 ha.

Flächenprämien von der EU sind durchschnittlich in Deutschland 280 € hoch; also bei 25 ha = 7 000 €.

Zur Stützung von kleinen und mittleren Betrieben werden von 1 bis 40 ha 70 €/ha und von 41 bis 60 ha 40 €/ha gewährt.

Im Schnitt fließen 78 % der 6,5 Milliarden EU-Agrarsubventionen bundesweit als Direktzahlungen an die Landwirtschaftsbetriebe. Deutschland zahlte 2021 11,6 Milliarden. Subventionen sind laufende Zahlungen ohne Gegenleistung. Es gibt 262 776 Landwirtschaftliche Betriebe. Alle Angaben sind von Nov/Dez 2022.

Die Frage: Wieviel verdient ein Landwirt, ist unrealistisch, da sie wegen der unterschiedlichen Förderungen und Subventionen sowie Größe und Betriebsart nicht verallgemeinert werden kann. Außerdem sind Ferienhäuser, Ferienwohnungen, Pachten, Energieeinnahmen usw. zu berücksichtigen. Des Weiteren gibt es noch gekoppelte Prämien.

Wie umfangreich ist für die Bauern der Papierkram? Umso zahlreicher die Subventionen, um so umfangreicher die Dokumentationen und Kontrollen. Das kennt die übrige Wirtschaft schon lange – ohne für 50 % ihres Einkommens Subventionen zu erhalten –, z. B. im Bereich der Sicherheit.

Karl hat nicht diese Bauerndemo im Januar 2024 unterstützt, weil er wusste, dass diese keine einheitliche sachliche Zielsetzung hatte. Jeder Bauer, jeder Landwirt, jeder Industriewirt ist finanziell anders strukturiert. Somit ist auch die Tatsache, dass im Wirtschaftsjahr 2020/2021 je landwirtschaftlichen Betrieb durchschnittlich 2 892 € Agrardieselvergütung ausgezahlt wurden, für den Einzelbetrieb keine exakte Aussage. Die Dieselvergütung gibt es für die „Landwirtschaft" seit dem 22.12.1967; ehemals gem. dem Landwirtschafts-Gasölverwendungsgesetz. Das sind 55 Jahre Zahlungen ohne Gegenleistung! Was für ein Bauernjubiläum und das haben sie nicht gefeiert!!

Man beachte: Die Bauern tragen kaum zum BIP bei! Denn wenn man deren überwiesene Steuern gegen Subventionen/Prämien/Fördergelder aufrechnet, ist das nahezu ein Nullsummenspiel.

Ja, **das gesamte Steuer- und Subventionssystem ist ein Spiel, was zu verändern ist**. Schon deshalb ist auch hier eine friedliche Revolution erforderlich, aber in geschlossenen Räumen. Sinnvoller als die primitive Steuerung mit Subventionen sind angepasste Steuern bezogen auf die für die Gesellschaft notwendigen Produkte. Diesel gehört keinesfalls dazu.

2019 wurde die Zukunftskommission Landwirtschaft einberufen. Der Abschlussbericht liegt seit 2021 in der Schublade, weil es der CDU und dem Bauernverband nicht passt. Diese Politiker haben nach der Wiedervereinigung versäumt, den Bauern mitzuteilen, dass sie jetzt Teil der „Freien Marktwirtschaft" sind – ohne Subventionen wie jede andere Branche –, mit den Regeln Angebot und Nachfrage. Karl lässt die Inhalte aktualisieren und dann umsetzen. Die Flächenprämien werden abgeschafft und durch einkommenswirksame Prämien für gesamtgesellschaftliche Leistungen ersetzt. Mais-Monokulturen für Energieerzeugung werden verboten. Schon die alten Germanen hatten eine bewährte Dreifelderwirtschaft, die den Boden nicht auslaugte, die Insekten nicht ausrottete und gesunde essbare Nahrung produzierte. Die Kühe werden reduziert, denn sie produzieren zu viel Methan, was für das Klima negativer ist als CO_2.

Der Bauernverband erhält den Auftrag, seine Mitarbeiter aus der Sektion Lobbyismus zu verringern und stattdessen auf dem Gebiet Forschung und Entwicklung die jetzige Gülleverarbeitung zu beenden. Da fährt ein Bauer mit einem 150 000 €-Traktor und Gülleanhänger über Gemeindestraßen auf seine Felder, um die Gülle nun auch bei Regenwetter (die vorhandenen Behälter sind für diese Regenmengen nicht ausgelegt) auszubringen; im Jahr 2024 wie im Mittelalter mit einer Woche Gestank im Wohngebiet!

Was für eine Primitivleistung!

Deutsche Ingenieure haben dagegen mitgewirkt, eine Sonde auf einem Asteroiden landen zu lassen, Proben zu entnehmen und zurückzufliegen. Was für eine Meisterleistung!

8 000 landwirtschaftliche Betriebe haben für das Wirtschaftsjahr 2022/2023 ein durchschnittliches Unternehmensergebnis von je 115 400 €. Das reicht von Schleswig-Holstein mit 136 000 € bis nach Baden-Württemberg mit 50 000 €. Schon daran ist erkennbar, dass das ewige Gejammere des Bauernverbandes – Den Bauern geht es schlecht – immer eine totale Verallgemeinerung ist. Die Eigentümer aus der Landwirtschaft ist die Berufsgruppe mit den meisten Millionären in Deutschland!

Subventionen für Diesel, Brachland, Biogas, Ställe und weitere sind nicht mehr zeitgemäß und gesamtwirtschaftlich ungerecht. Die Begründungen für Diesel- und Kfz-Steuernachlässe sind alle überholt. High-Tec-Traktoren und Lohnunternehmer-Erntemaschinen auf verstreuten Äckern belasten Straßen und öffentliche Gemeindewege wie alle anderen auch und nicht weniger als jeder PKW. Die direkte Zufahrt vom Hof zum Acker ist aufgrund von Verpachtungen inzwischen ein Märchen. Unfälle mit Traktoren (tote und verletzte PKW- Fahrer) finden auf der Landstraße statt, nicht auf dem Feld.

Die Trecker-Demonstrationen der Agrarwirte Ende 2023 Anfang 2024 hatten das vordergründige Problem mit den Dieselkürzungen und haben die aktuelle Regierung beschimpft. Es interessierte die Bauern nicht, dass sie selbst den Weg dazu bereitet haben. Denn seit 2005 haben fünf CDU-Landwirtschaftsminister wichtige Entscheidungen verschleppt und Entwicklungen ignoriert und ihr Bauernverband hat auch nichts unternommen gegen Horst Seehofer, Ilse Aigner, Hans-Peter Friedrich, Christian Schmidt, Julia Klöckner. Als Frechheit gegenüber der Bevölkerung haben sich diese mit den Bauern auch noch solidarisiert. Die Borchert-Kommission hat Umbaupläne, die funktionieren. Das neue Agrarwesen der RG wird diese als Grundlage berücksichtigen. Die 255 000 Bauernhöfe werden organisatorisch zukunftsreif gemacht. Wie andere Branchen (ohne Subventionen) es auch erlebt haben, fallen etliche Bauernhöfe weg. Agrarholdings sind Unternehmensgruppen mit Eigentümern aus anderen Bereichen der Wirtschaft mit über 1 000 ha. Diese erhalten Millionen an Subventionen; inzwischen Gelder für 15 % der gesamten Nutzfläche. Das wird schnellstens abgeschafft. Nicht zu vergessen dabei die Frage: „Was ist freie Marktwirtschaft in der Landwirtschaft?"

Vergessene Skandale sind: Pestizide, Hormone, Gammelfleisch, Futtermittel, Edelkäse, Flügelpest, Schlachthöfe, Düngemittel und einige mehr.

Handwerk

2004 hatte Rot-Grün die Zahl der meisterpflichtigen Handwerksberufe von 94 auf 41 verringert. Die zulassungsfreien Berufe der Handwerksordnung sind 10-2019 wieder um 12 auf 53 erhöht worden.

Qualität bedarf professioneller Ausbildung und fachlicher Kompetenz. Ohne Meisterpflicht wird sie verwässert. Naturtalente gibt es in der Gesellschaft, die es ohne können. Aber das sind Ausnahmen, die man darauf auch prüfen und zulassen kann. Ganz unkonventionell; also nicht nach deutscher Art. Handwerksmeister sind das Ergebnis von fachlich aktueller und zielgerichteter Ausbildung.

Anfang der 1980er-Jahre unterstanden Karl 11 Portepee Unteroffiziere der Bundesmarine im Austauschprogramm mit der US Navy. Für die musste er in Washington D.C. eine Beurteilung schreiben. Weil sie alle ein Handwerk gelernt hatten – Lehrling, Geselle, Meister –, waren sie besser als ihre US Navy Kollegen und 10 von 11 der Zerstörer/Schlachtschiff-Kommandanten wollten sie aufgrund ihres fachlichen Könnens behalten. Denn sie waren gegenüber der „training on the job" Bildung fachlich hoch überlegen. Das ist noch heute so. Deutsche Politiker erkennen das offensichtlich bis heute nicht. Ergänzend dazu die Erfahrung in Washington D.C. Der mitgebrachte Golf musste zur US-Abnahme. Bemängelt wurden die Bremsscheiben: zu dünn; abgenutzt. Widerspruch nutzte nichts. Der 22-Jährige sagte: „look into the book". Das book beinhaltete aber den Export Golf Rabbit mit eisernen dicken Bremsscheiben. Es gewann das book und nicht die logische Erklärung. Das ist „training on the job mit book". Das sind die USA, wie sie tatsächlich sind.

41 Berufe hat man immer noch ihre fachliche Identität genommen. Das schließt doch nicht aus, dass man, vergleichbar mit dem 2. Bildungsweg, auch talentierte Handwerker zum Meister machen kann. Der Meisterbrief gilt in der RG wieder für alle Handwerksbereiche. Er ist ein Gütesiegel der Nation. Die Kammern wie Handelskammer, Handwerkskammer, Landwirtschaftskammer, Arbeitnehmerkammer usw. werden in der RG auf Effektivität überprüft, da die Mitgliedsbeiträge in keinem Verhältnis zur Leistung für den einzelnen Betrieb stehen.

Unter Karl gibt es keine staatlichen Personen mehr, die einfallslos entscheiden und führen dürfen. Sie genießen alle aktuelle Aus- und Weiterbildung, um kreative, vorausschauende Gesetze zu machen. Voraussichtlich dauert dieser Vorgang mehrere Jahre. Geduld ist gefragt.

Kartelle

Wie wir aufgrund der vielen Agrar- und Lebensmittelskandale gesehen haben, reichen die Gesetze und Ausführungsbestimmungen allein nicht aus. Die Personen, die mit der Vermarktung von Ware beschäftigt sind, haben alle nur ein Ziel, so viel als möglich Gewinn zu erzielen. Zunehmend mit der Einstellung, was schert mich die damit verbundene Gefährdung der Menschen. Da gibt es den Spruch: Für Geld verkaufen sie ihr Vaterland.

Die bisher bekannten Skandale: Wein- und Olivenölpanscherei, Blaukäse, Dioxin, Futtermittel, geklebter Schinken, Bio-Eier, Pferdefleisch, LKW Kartell Daimler, Libor Kartell Deutsche Bank, Badezimmer Kartell Grohe/Villeroy, Wurst Kartell, Bier Kartell, Zementkartell und viele mehr. Des Weiteren verbotene Kartellpreise, die zu 25 % Mehrbelastung bei den Ausgaben der Bürger geführt haben: Mineralöl, Brauereiprodukte, Arzneimittel, Zucker/Schokolade 3,56 Mio. €, Kartoffeln usw. Das Neueste vom Bundeskartellamt am 02.07.2024 ist eine 16 Mio. Strafe für AVM Fritz-Box Hersteller wegen einer vertikalen Preisbindung. Kartellabsprachen hören dennoch nicht auf. Strafen in Millionenhöhe schrecken nicht ab.

Erforderliche Kontrollen finden jetzt nur noch mit Republikpersonal unangemeldet statt. Die Vergangenheit hat gezeigt, dass zu viel zwischenmenschliche Beziehungen die Skandale ermöglichten. Angesiedelt ist die Behörde beim **Zentralkartellamt**. Nachfolgende Tatsache entfällt fortan:

Tatsächlich hat das insolvente Unternehmen die Geschäftsführung für beide Betreibergesellschaften gestellt, jedoch nur auf der Basis eines Dienstleistungsvertrages. Der Name des Dienstleisters wurde als Firmennamen benutzt: falsche Fassade. Keine Behörde hat das gemerkt.

Demonstrationen und Streiks

Die Menschen streben nach Sicherheit. Veränderungen erzeugen Unsicherheit. Rückversicherung für die Bewertung, ob etwas ok ist oder nicht, erfolgt im persönlichen Bereich; nicht in der Politik.

Wenn man aufaddiert, was mit politischem Versagen verbunden ist, dann weiß man, dass das Vertrauen in den Staat (Politik, Behörden) aktuell sehr gering sein muss. Überall, wo Mängel aufgetaucht waren, fehlten Aufsicht, Kontrolle, zügige Durchsetzung. Die Politik ist kein Glaubensbekenntnis mehr. In der Zeit von Merkel wurde nach jeder Wahl gesagt: wir müssen mehr die Bürger miteinbeziehen, auf die Bürger hören. Was ist in den letzten 20 Jahren diesbezüglich erfolgt?

Denn zu allem Übel kommt hinzu, dass wenige Verantwortliche zwar zur Rechenschaft (also vor Gericht) gezogen, aber nicht oder unverständlich gering verurteilt wurden. Die Rechtsprechung überzeugt schon lange nicht mehr! Staatsverdruss ist die Folge.

Da bleibt nur eine Demonstration der Bürger als Beschwerdemittel. Rechtsstreit kann sich die überwiegende Mehrheit nicht leisten. So finden sich auf der Straße nicht nur die

- fachlich/sachlich Demonstrierenden wieder, sondern auch andere Gruppen:
- Verschwörungsgläubige, nicht Verschwörungstheoretiker. Denn dafür ist eine Theorie (wissenschaftlich begründete Aussagen zur Erklärung z. B. der Coronaimpfung und der ihnen zugrunde liegenden Gesetzlichkeiten) erforderlich. Die gibt es bei Verschwörungen nicht.
- Linke und rechte Randalemacher
- Sonstige Hilflose

Die Vermischung können die fachlich sachlichen ernsthaften Demonstranten nicht vermeiden. Da sprechen die Liberalskis für Demonstranten und Kriminelle. Obwohl für ihre Straftaten polizeibekannt, werden diese erst verurteilt, wenn sie Personen- oder Sachschaden angerichtet haben. Auch wenn es schon das 19. Mal ist.

Streiks: Zum Streik der Bauern vom Bauernverband im Januar 2024 stellt sich die Frage: Wofür wurde gestreikt? Vordergründig brachte die gestrichene Dieselsubvention das Fass zum Überlaufen. Karl stellt jedoch zur Bewertung die Zusammenhänge in den Vordergrund.

5 000 Traktoren sind über Hunderte von km zum Brandenburger Tor in Berlin gefahren worden und wieder zurück. Das sind durchschnittlich Fahrzeuge von 14 to Gewicht Emissionsstufe 5 mit Diesel Partikel Filter und 154 KW Diesel + AdBlue mit 260 g/KWh Emission; Diesel à 0,46 €. Das war an einem Tag das 10 000-fache und in einer Woche in ganz Deutschland das 50 000-fache an CO_2-Umweltverschmutzung?

Bei den Bauern stehen zuhause in der BRD 10,8 Mio. Rinder. Die rülpsen am Tag 100 bis 200 Liter Methan; in einer Woche ca. 1 000 Liter Methan. Methan hat einen 25-fachen Treibhauseffekt von CO_2. Das ergibt 25 000 Liter CO_2. Hier wird massenhaft gegen Umweltbestimmungen verstoßen. Wer demonstriert jetzt zu Fuß gegen diese Umweltbelastungen? Die Politik schweigt und bleibt inkonsequent. Sie kennt die Zusammenhänge nicht

Zum Streik der Lokführer:
Die Art des Chefs der Gewerkschaft Deutscher Lokomotivführer GDL Chef Weselsky ist, wie ein Wirtschaftswissenschaftler im Januar 2024 sagte, die Rache eines ehemaligen DDR-Mannes. Eine Schlichtung wird dickköpfig ausgesessen. Es wird weiter länger und unbefristet gestreikt; bis zu seinem Rentenbeginn. Dazu die Aussage: „Die Bahn wird damit ein unzuverlässiges Verkehrsmittel."

Diese Aussage ist doch eindeutig ein Beweis dafür, der Deutschen Bahn zu schaden und Verhandlungen gar nicht ernst zu nehmen.

Hier standen 40 000 Mitglieder (Lokführer nur 10 000) gegen Millionen Arbeitnehmer der Bevölkerung mit Millionenverlusten bei Fahrten zur Arbeit, zur Schule und zur Aus- und Weiterbildung, Dienstreisen, Urlaubsreisen, Umzugsreisen, Fahrten im Bereich der Gesundheit, die die Bürger selbst tragen müssen.

Der Streikverlauf der IG Metall gegen VW zeigt am 21.12.2024, wie es geht, und beweist für Karl, dass eine Weselsky-Sturheit von der Bevölkerung und der Wirtschaft nie mehr zu dulden ist.

Resümee von beiden Streiks: Statt ein eindeutiges Streikgesetz zu schaffen, überlassen Politiker noch im Jahre 2024 mit ihrer Gleichgültigkeit die Entscheidungen der Justiz, und dies mit ungerechten Urteilen!

Das ist bei Karl vorbei. Alles hat seine Grenzen, zumindest in der Verhältnismäßigkeit, im Schadensumfang sowie in den Auswirkungen auf die Wirtschaft.

Für Karl ist der Streik ein rechtmäßiger Arbeitskampf mit dem eindeutigen Ziel der Verhandlungen und des Abschlusses eines Tarifvertrages. Dabei spielt die gesellschaftliche Bedeutung eine vorrangige Rolle. Es haben sich zwei Parteien von ihren Eckforderungen anzunähern. Angekündigte Warnstreiks sind erst nach einer ernsthaften Verhandlung mit Kompromissbereitschaft möglich. Eine Schlichtungskommission hat danach innerhalb 4 Wochen eine Einigung zu erreichen. Ihr letztes Angebot ist anzunehmen, um finanziellen und wirtschaftlichen Schaden von unbeteiligten Bürgern und von der Wirtschaft abzuwehren. Danach ist das Recht auf Streik für diesen Fall verwirkt. Dabei entsteht der streikenden Gruppe kein € Verlust! Streiks dürfen nur noch mit Ankündigung und Vorlauf erfolgen, damit abhängige Bürger und die Wirtschaft umplanen können. Übrigens haben im Gegensatz zur Eisenbahnergewerkschaft andere Gewerkschaften gezeigt, dass es viel schneller, diplomatischer und rücksichtsvoller geht. Machtstreben wird untersagt.

Dieses veränderte Recht auf Arbeitskampf wird als Gesetz und Ergänzung zum GG-Artikel 9 in die Verfassung Artikel 9 eingebracht und löst alle vorhergehenden unterschiedlichen/ Rechtsprechungen diverser Ebenen der Justiz ab.

Streiks sind Teil des Arbeitskampfes, wenn Beschäftigte um Verbesserung der Arbeitsbedingungen kämpfen. Ein Streikrecht gibt es in der BRD nicht als Grundrecht. Der Artikel 9 (3) GG im Wortlaut: „Das Recht, zur Wahrung und Förderung der Arbeits- und Wirtschaftsbedingungen Vereinigungen zu bilden, ist für jedermann und alle Berufe gewährleistet." Somit wird bisher das Streikrecht interpretiert und ausgelegt. In GERMANIEN sind Auslegungen nur noch Angelegenheit der Geistlichen, die dafür ausgebildet sind. Alle anderen politischen und juristischen Verantwortlichen arbeiten nach klar definierter Gesetzeslage. Wo diese nicht vorhanden ist, sind die 17 Justizministerien beauftragt, zeitgemäße Ergänzungen zu schaffen. Damit werden Unverhältnismäßigkeit und finanzielle Schäden Dritter ausgeschlossen. Unverhältnismäßigkeit ist auch gegeben, wenn hohe Boni und oder Dividenden gezahlt werden und die Tarifverhandlung dies nicht berücksichtigt.

Je mehr Druck von außen ausgeübt wird, desto fester schließen sich die Demonstranten-Gruppen. Wenn sie gemeinsam marschieren, spielt die einzelne Absicht keine Rolle, solange der Marsch friedlich bleibt. Es kommt zu einer „verschworenen Gemeinschaft" auf der Straße.

Wenn einer sagen und auch durchsetzen würde, mit wem die Reise geht und wie sie endet, wären nur noch die Randalemacher auf der Straße. Die lässt man aber mitlaufen und ignoriert sie journalistisch einfach. TV-Bilder und Kommentare der Tagesjournalisten in Echtzeit geben diesen, was sie brauchen, nämlich Aufmerksamkeit. Die sollen sie aber nicht haben. Das kann die Polizei mit denen in Ruhe allein ausmachen, dazu ist sie durchaus in der Lage.

Zahlungsmittel

Die Wirtschaft wird von Karl überzeugt, dass die 99-Cent-Angebote der Vergangenheit angehören. Die 1 und 2 Centstücke sollen dann auch in der EU abgeschafft werden. Das Kleingeld kostet der EZB unnötige Milliarden €. Die Herstellung eines

1-Cent-Stückes beträgt 1,65 Cent; das ist eine Maschinerie der totalen Geldverschwendung.

Zu einer stabilen Wirtschaft gehört auch ein stabiles Zahlungsmittel Euro.

Auf die bislang freien Kryptowährungen werden Sicherheitsbedingungen zum Schutz der Bürger festgelegt und nachgebessert. Es handelt sich um neue Erfahrungen, die schnellstens zu realisieren sind. Sie sind zukünftiges Zahlungsmittel.

GEOPOLITIK

Die globale Ordnung unter dem primären Einfluss der USA ist Vergangenheit und eine neue gibt es noch nicht. Deswegen befinden wir uns aktuell in einer Dekade der Unsicherheit, in der alle Nationalstaaten versuchen, sich in eine gute Ausgangsposition zu bringen. Es wird für die USA, die EU und ihre Verbündeten darauf ankommen, dass wir fragilere Demokratien stabilisieren und dass wir deren Mängel erkennen und beseitigen. Es muss uns doch erschrecken, wie viele Staaten in Afrika, Asien oder Lateinamerika sich gegenüber dem russischen Angriffskrieg in der Ukraine „neutral" verhalten und eher in unseren Sanktionen gegen Russland die Ursache für ihre wirtschaftlichen Probleme durch aufsteigende Energie- und Nahrungsmittelpreise sehen. Wir dürfen dem globalen Süden und Osten nicht den Rücken zukehren. Außenpolitik ist eine sehr komplexe Politik. Sie zu bewerten ist eine Sache der Blickwinkel. Wo stehen wir international als kleines Germany?

Bevölkerungen (gerundet) am 15.11.2022:

KONTINENTE
Welt   8 000 000 000 Mrd.

BRICS
CHINA   1 426 000 000 Mrd.
INDIEN   1 418 000 000 Mrd.
BRASILIEN   215 000 000 Mio.
RUSSLAND   144 000 000 Mio.
SÜDAFRIKA   60 000 000 Mio.

WESTEN
EU (27)   448 000 000 Mio.
USA   338 000 000 Mio.

JAPAN	124 000 000 Mio.
DEUTSCHLAND	**_85 000 000 Mio._**
GROSSBRITANNIEN	67 000 000 Mio.
CANADA	39 000 000 Mio.
AUSTRALIEN	26 000 000 Mio.

WEITERE über 100 Mio.

INDONESIEN	275 000 000 Mio.
PAKISTAN	236 000 000 Mio.
ÄTHIOPIEN	123 000 000 Mio.
ÄGYPTEN	111 000 000 Mio.

Die Kolonialzeit war nach dem 2. Weltkrieg zu Ende. Im Kalten Krieg etablierte sich der Ost-West-Konflikt. Die USA waren mit mehreren Kriegen erfolglos beschäftigt. Angeblich ging es immer um Demokratie, die es gar nicht gibt. Auf der gesamten Welt gibt es regionale Grenzkonflikte.

Ab dem Millennium begann China seine Belt-and-Road-Initiative und erkaufte sich einige chinafreundliche Länder.
Seit 2020 schließen sich Länder zusammen, um sich vom Westen abzukoppeln. Welche der Sichtweisen muss für Karl die Basis in der Außenpolitik sein?

Ein Staat kann nur überleben, wenn er für seine Bevölkerung Arbeit hat und die Wirtschaft den Arbeitenden so viel Verdienst ermöglicht, dass diese ihre erforderlichen Lebenskosten bezahlen können und in der Mehrheit zufrieden sind.

Bekehrt werden will heutzutage kein Staatsmann mehr. Jede Nation strebt die größtmögliche Unabhängigkeit an, unter welcher Führungsart auch immer. Dabei haben Einzelpersonen (Autokraten) den großen Vorteil von schneller Umsetzung ihrer Projekte.

Von den Führungsinteressen ist das, andere zu bekehren, nicht mehr angebracht. Deutschland ohne nennenswerte Bodenschätze hat eine große Abhängigkeit von anderen. Deutschland kann auch keinem Staat militärisch drohen, weil es sich selbst nicht verteidigen kann. Daher muss der Schwerpunkt auf Zusammenarbeit und Frieden liegen. Im Folgenden sind Kommunikation, Zusammenarbeit, Gleichberechtigung in Verfahren, Achtung der Kultur, angepasste Angebote statt Ausbeutung und zukunftsorientierte Entwicklungen wesentliche Handlungsweisen und Haltungen.

Das bedeutet, dass Außenpolitik eine dominante Wirtschaft beinhaltet, die alle anderen Sicht- und Handlungsweisen hintenanstellt. Veränderungswünsche bedürfen eines diplomatischen Geschickes und Taktik. Die inneren Angelegenheiten der Staaten können auch nur von innen her verändert werden. Diese Einflussnahme muss im Stillen und nicht auf der Medienebene vollzogen werden. Sie erfordert Wissen des Landes und der Sprache.

Im Nahen und Mittleren Osten haben Wirtschaft und Gesellschaft eine Entwicklung genommen, die konträr zu den Einnahmen aus der Erdölproduktion der Region als Ganzes stehen.

Algerien, Iran, Irak, Libyen haben ihr Geld durch militärische Aktionen und erfolglose Industrialisierung verspielt. Die Golfstaaten und Saudi-Arabien haben Gesellschaften geschaffen, die durch eine Oberschicht mit unvergleichlichem Reichtum und eine Unterschicht mit unglaublicher Armut geprägt sind. Palästina wird seit Jahren durch die Europäische Union finanziell unterstützt. Das reichste Land, Saudi-Arabien, stellt keine direkten Gelder für Palästina und die anderen armen Staaten zur Verfügung. Das Herrschaftshaus setzt auf Islamprediger und Koranschulen. Diese wahhabitische Variante des Islam unterwandert die westeuropäischen Staaten. Es ist eine politische Strategie auf religiösen Füßen.

Wie immer in der Weltgeschichte sind dies radikalere Denker und Akteure als die allgemein Gläubigen. Arme suchen immer ein Ziel und finden Halt in der Hoffnung. Die Hoffnung geben ihnen die religiösen und oder politischen Führer. Deren Sprache will sie aufrütteln und mitreißen. Das kann nur geschehen, wenn man ein Feindbild lehrt und die entsprechenden Forderungen radikal eintreiben will. Die Machenschaften des Feindes lässt man sich nicht gefallen, da muss etwas dagegen getan werden. Die Mittel dafür stellen die religiösen/politischen Führer und legen die Art des Einsatzes fest.

Wo findet man die Basis mit den Nährstoffen Armut, unbeschäftigt sein, Unzufriedenheit, Unterdrückung, Ohnmacht der Einzelnen, etwas in ihrem Leben zu ändern und Hass auf den Nachbarn wie im Nahen und Mittleren Osten. Es ist ein Pulverfass. Wie es enden kann, sagen uns die Geschichtsbücher aus vorigen Jahrhunderten. Das letzte Beispiel ist der Irak nach dem US-Krieg mit Chaos.

Jede tragende Staatsform, vor allem die Demokratie, muss wachsen, sie kann nicht verordnet werden. In Mitteleuropa haben sich die Führer, weitgehend von der katholischen Kirche geistig geleitet, über Jahrhunderte gegenseitig die Köpfe eingeschlagen, bis sich das Fundament für eine Demokratie gebildet hatte.

Wer kann die Massen für sich gewinnen? Nur religiöse und politische Führer und deren Anhänger. Aber immer nur eine Minderheit der gesamten Gesellschaft, die mit glaubhaften Versprechungen die Wünsche und Hoffnungen der Unterdrückten und Unzufriedenen deren Gunst gewinnen. Diese neuen temporären Anhänger gehen auf die Straße und protestieren innerhalb einer Gruppen- und Massendynamik für alles, was ihnen zu helfen verspricht. Dafür lassen sie sich verführen, ob Christ oder Moslem, ob Linker oder Rechter, ob Radikaler oder Unentschlossener spielt keine Rolle. Die Hoffnung und Sehnsucht nach einer persönlichen Veränderung mit Hilfe der anderen ist ihr Ziel.

Minderheiten schießen auf dem Wege dahin übers Ziel hinaus mit Vandalismus, Mord und Totschlag. Aber als Teil gehören sie zu einem Ganzen und das Ganze wird – weil es einfacher ist – von zu vielen Medienvertretern und Politikern beschuldigt. Zu vielen Verantwortlichen muss man das logische Denken und das Lernen aus der Geschichte absprechen.

Deshalb haben sich Politiker, die diese Gefahr oder die werdende Gefahr bekämpfen wollen, zu fragen: wo liegen die Ursachen, welche Ziele hat die Mehrheit dieser Gesellschaft. Welche

Hoffnungen haben sie, welche Ängste stehen dagegen? Mit welchen können wir sie auf einen friedlichen Weg lenken, der von vornherein wissend lange, ja zu lange dauert. Behördendemokratien sind von ihrer Struktur, von der Ablauforganisation und vom Entscheidungsablauf gar nicht geeignet, sie als helfende Elemente einzusetzen. Denn leidendes Volk, das auf die Straße geht, ist schon an der Schmerzgrenze und da fehlt Geduld, Jahre zu warten, bis sich etwas verändert.

Wir wissen selbst aus unserer Lebenserfahrung, dass 2–3 von 33 Schülern einen ganzen Klassenverband kaputt machen können. Man muss in diesem Beispiel den informellen Führer und seinen starken zweiten Mann umlenken, dann ist der dritte isoliert und die übrigen Sympathisanten als Mitläufer – aus welchen Gründen auch immer – lösen sich geistig auf.

Dieses Prinzip kann man auch auf höhere Ebenen übertragen.

Das einfachste Mittel ist, für Arbeit (dauerhafte Tätigkeit in Lohn und Brot) oder Beschäftigungen zu sorgen (zeitlich begrenzte häufige Tätigkeiten), um die Gesellschaft von der „Wirklichkeit-Werdung" ihrer Hoffnungen zu überzeugen. Durch Taten und erkennbar zufriedenstellende Veränderungen entzieht man diesen Gruppen die Mitglieder durch Arbeit und Beschäftigung, durch Zugang zu mehr persönlicher finanzieller Unabhängigkeit. Dazu sind aber heutzutage Politiker nicht mehr in der Lage. Die Welt hat sich verändert; der einzelne Staat ist mit seiner Wirtschaft nicht mehr isoliert zu betrachten. Denn die Verantwortung für Arbeit haben die Unternehmer für einen begrenzten Bereich, die Wirtschaftspolitik für den gesamten Bereich.

Radikale Stimmen, Parolen, bringen nur vorübergehend Genugtuung. Doch wenn der unzufriedene Zustand zu lange erhalten bleibt, wird alles möglich im Kampf um eine Veränderung.

Die arabischen Staaten sind nicht in staatlichem Teamwork geschult. Jeder ist für sich verantwortlich. Nur die Religion Islam verbindet sie. Das ist ein dünnes schwaches Band, um wirtschaftliche Veränderungen zu erreichen. Es kann aber zu einem sehr starken Band werden, wenn sich alle bedroht fühlen.

Der Vorteil ist, dass sie unterschiedliche Zielsetzungen haben. Daher kann man mit ihnen handeln, und zwar so, dass keiner sein Gesicht verliert. Stufenweise Kompromisse schließen und dabei dafür sorgen, dass die militanten Teile immer mehr an Macht verlieren. Mitten in der Demokratie – in Irland – dauerte dies schon über dreißig Jahre. Wie soll es da im Mittleren und Vorderen Osten schneller gehen. Der Islamismus ist dabei kein Hindernis für den politischen Dialog.

Es ist alles eine Sache der Sichtweise, Betroffenheit, Bewertung und des Wissens. Gegen etwas stimmen hat in der politischen Sichtweise zu selten etwas mit sachlicher Logik zu tun. Besser mehr mit dem Willen etwas gegen etwas anderes, was mit Verlust und Mitteln der Bedrohung verbunden ist, durchzusetzen. Und das geschieht weltweit.

Doch diese Sichtweise wird im Nahen und Mittleren Osten durch die Ziele der drei Staaten China, Iran und Russland überlagert. Die Bevölkerungen spielen dabei keine Rolle. Diese drei autoritär regierten Staaten streben eine neue multipolare Weltordnung an. Dabei ist es Ziel, die Hegemonie der USA zu verdrängen.

Chinas Staatspräsident Xi Jinping braucht den Iran als alternative Route, weil der Landweg über Russland und die Ukraine als Teil der „Neuen Seidenstraße" versperrt ist. Beim Kooperationsabkommen zwischen Peking und Teheran werden über 25 Jahre 400 Milliarden US-Dollar in die Infrastruktur und das Mobilfunknetz investiert. Um dem Dollar zu schaden, laufen alle Handelsabkommen in Renminbi. Im Iran leben 87 Millionen Menschen, ein enormes wirtschaftliches Potential. Im Gegenzug erhält China iranisches Öl zu günstigen Preisen.

Teheran hat Einfluss auf Milizen im Irak, Libanon, Jemen, Syrien und Hamas in Gaza. Gemeinsam mit Russland nutzt China diesen Einfluss.

Russland hat gerade für 1,9 Milliarden $ im Iran neueste Modelle von Drohnen bestellt, um sie gegen die Ukraine einzusetzen.

Die Präsidenten Xi und Putin kontrollieren damit natürlich auch den Iran, denn in den Besitz einer Atombombe soll der Iran auch aus deren Sicht nicht kommen.

Mithilfe von Xi und Putin können sich die Mullahs unter Ali Chamenie aus ihrer internationalen Isolation befreien. Sie sitzen als Mitglied der Shanghaier Organisation für Zusammenarbeit (SOZ) und sie werden demnächst Mitglied der BRICS-Staaten.

Xi bevorzugt den friedlichen wirtschaftlichen Austausch mit den westlichen Staaten. Putin und Ayatollah treten gegenüber dem Westen radikal auf. Es gibt neue Blöcke gegen die westliche Welt, die noch unter dem Einfluss der USA steht.

Da wird Deutschland geopolitisch zu einer kleinen Nummer. Nehmen wir einmal den Exportweltmeister in der Betrachtung weg, dann sind wir politisch ein Nichts.

Karl legt den Schwerpunkt in seiner Außenpolitik darauf, die Defizite von Energie und Rohstoffen durch Abkommen zu verringern, um das Standbein Export zu retten.

Nur Flüchtlinge aus der ganzen Welt zu retten, rettet das eigene Land vor der neuen Weltordnung keinesfalls. Alles hat auf dieser Welt seine Grenzen. Ein neues Konzept für die Globalpolitik muss her, um das Überleben des eigenen Staates Republik GERMANIEN zu sichern.

United Nations „UN"

Jede Nation hat ihr Territorium geografisch festgelegt, die Landesgrenzen. Außerdem gibt es die nationalen Hoheitsgewässer mit 3, 6, 12 Seemeilen und Wirtschaftszonen bis zu 200 sm.

Wer bestimmt im Meer die Grenzen eines Landes?

Bei den UN gibt es eine Festlandsockelkommission. Dazu gehören 20 internationale Wissenschaftler, die politisch und ökonomisch neutral sein sollen, obwohl einige zu den Antragsstaaten gehören. Sie haben keine Kontrollinstanz, die ihre Empfehlungen überprüft. Deshalb sind ihre Empfehlungen defacto Entscheidungen. Die Empfehlungen werden nach Auswertung von internationalen Messdaten des Meeresgrundes gegeben.

Zusätzlich gibt es im Seerecht eine Arbeitsgruppe für „das Meer als gemeinsames Erbe der Menschheit". Hier wird das Ziel verfolgt, das Meer/die See von allen nutzen zu lassen; ohne Berücksichtigung territorialer Ansprüche. Besonders interessant ist der Eifer in der Arktis durch die Sowjetunion und in der Antarktis durch China. Mit denen Anschluss zu halten, kostet Geld, was mit Forschungsergebnissen kompensiert werden kann. In der Forschung bleibt die RG in vorderster Reihe.

EUROPÄISCHE UNION

Die EU macht Außenpolitik für 28 Mitgliedstaaten und die 28 Mitgliedstaaten machen auch ihre eigene Außenpolitik. Es gibt in den 28 Staaten ein Wirtschaftsgefälle, ein Justizgefälle, ein Menschenrechtsgefälle, ein Verteidigungsgefälle usw. Die Subventionspolitik ist ein Hin- und Hergeschiebe von nationalen Geldern und führt zu ungleicher Verschwendung.

EU-Inspektoren fanden bei Bauern in Slowenien, dass 50 % der Kühe, 25 % der Ziegen und 25 % der Schafe gar nicht existierten. Schaden der EU ca. 1 Mrd. Euro.

Die EU-Kommission muss schneller und effizienter arbeiten, um die Kernaufgaben Wohlstand, Sicherheit und Souveränität zu erhalten. 10 Kommissare und weitere beigeordnete Junior-Kommissare würden die Arbeitsfähigkeit verbessern.

Mit den neu gewählten national denkenden Politikern wie in den Niederlanden, Schweden usw. sind Einzelverträge mit anderen Staaten oder Staatengruppe zielführender und wirtschaftlicher. Die EU ist für GERMANIEN ein finanzieller Verlust. Handel kann man besser ohne Bevormundung durch die EU betreiben. Dann heißt es nicht China und EU für Deutschland wichtige Handelspartner, sondern GERMANIEN und China wichtige Handelspartner.

Nicht zu vergessen, dass die Republik GERMANIEN **Schulden der BRD** von Bund, Länder, Gemeinden und Extrahaushalten **in Höhe von 2,417 Billionen € (2 417 Milliarden)** übernehmen muss!

Diese sind in der Zwischenzeit weiter gestiegen. Die EU, alle 28 Mitgliedsstaaten, hat 13,3 Billionen € Schulden. Und zu allem Überfluss erlässt die BRD-Regierung 52 Staaten 15,8 Milliarden €; allen voran Irak 4,7 Mio. €; Nigeria 2,4 Mio. €. Welche Bürger dieser BRD „Demokratie" wissen davon? Wer weiß auch, dass es noch laufende Schuldner gibt mit 12,2 Milliarden €; allen voran

Ägypten mit 1,5 Milliarden € und Indien mit 1,1 Milliarden €? Letztere sind Schulden aus finanzieller Zusammenarbeit mit den Staaten und offene Posten aus Liefer- und Kreditverträgen deutscher Exporteure und Banken. Die wissenden politischen Ebenen dazu sind die Ressorts für Wirtschaft, wirtschaftliche Entwicklung und Außen.

Wenn die Forderung Zweidrittelzustimmung in der EU erfolgreich ist, fordert Karl Schwerpunkte in Sanktionen gegen Mitgliedstaaten, die gegen einzelne Rechtsvorschriften verstoßen, sowie ein schnell arbeitendes technisches Kontrollsystem der Subventionen.

Europa braucht schnellstens eine europäische Armee! Dazu wird gleich ein EU-Kommissar und ein eigenständiger Verteidigungsausschuss benötigt. 14 verschiedene Panzer und anderes vielfältiges Militärgerät sind nicht mehr finanzierbar. Hier muss rechtzeitig die Industrie eingeschaltet werden, die teilweise in Konkurrenz zueinandersteht. Der Ukrainekrieg zeigt erneut, worauf es in der Grundausstattung ankommt: gleiche Kommunikationsmittel, genügend Munition zur Verteidigung, Präzisionswaffen, die die Abschusszentren des Gegners zerstören, massenhafte Munition für die Luftabwehr und eine Priorität auf Dauerproduktion von einfachen Drohnen sowie Neuentwicklungen in der Munitionstechnik.

Diese **selbstständige Verteidigungsunion der europäischen Sicherheits- und Verteidigungspolitik** ohne USA bedeutet mehr Effizienz und Sicherheit für ganz Europa. Dabei muss GERMANIEN die Führung übernehmen. Denn GERMANIEN hat 84,67 Millionen Einwohner von insgesamt 450 Millionen der EU zu verteidigen. GERMANIEN als reine Demokratie muss besser gerüstet sein als eine drohende Diktatur.

Die Verteidigungsfähigkeit darf nicht mehr dem Wandel politischer Wahlergebnisse unterliegen.

Daher wird eine konkrete Verteidigungsfähigkeit ergänzend in das erweiterte GG – jetzt Verfassung – geschrieben; auch zur Absicherung zukünftiger Generationen. Ansonsten muss sich die Bevölkerung mit weißen Laken und Wodka bevorraten und kyrillische Buchstaben lernen. Politischer Mut heißt zu fragen: was passiert im Detail, wenn wir nicht verteidigungsfähig werden?

Die Sicherheitspolitik der EU war bisher ein reiner Flickenteppich. Es gab neben der NATO-Mitgliedschaft Verträge der Zusammenarbeit einzelner Staaten als Ergänzung. Forderungen nach einer EU-Verteidigung wurden wegen des bestehenden NATO-Bündnisses politisch kaum verfolgt. Aufgrund der Drohungen von PUTIN und der wahrscheinlichen finanziellen Abkehr der USA kommt Bewegung in die EU-Verteidigung. Karl forciert diese Veränderung, da es sich um eine sehr ernste (nachlesbare) russische Bedrohung handelt und der Angreifer immer im Vorteil ist. Basierend auf jahrelanger Zusammenarbeit mit den Niederlanden wird das neue Konstrukt aufgebaut. Es muss jedenfalls unabhängig von der jeweils führenden Partei in den Mitgliedsstaaten dauerhaft funktionieren und bereit sein.

Der Zusammenschluss setzt Mittel frei, führt zu einheitlicher und austauschbarer Materialnutzung, lässt Personalaustausch ohne besondere Einweisungen zu. Berücksichtigt werden die aktuellen Kriegserfahrungen im Ukrainekrieg. Es läuft alles parallel. Absprachen mit den Produktionsfirmen in den einzelnen Ländern, Bereitstellen von Infrastruktur zum Verlegen. Festlegen von wenigen Gerätetypen mit hohen Verfügungszahlen zu Land und in der Luft. Zentrale Unterstützung für neue einfache effektive Waffensysteme zur Abwehr in massenhafter Einmalnutzung.

Mit der 100 %-Zustimmungsklausel werden zurzeit wichtige Entscheidungen blockiert, die auch den Steuerzahler in GERMANIEN viel Geld kosten. Der ungarische Präsident Orban nutzt dieses mit Erpressungen aus, um größtmöglicher finanzieller Nutznießer zu sein.

Nach Artikel 7 EU-Vertrag wird Ungarn bei weiterer Blockade so lange das Stimmrecht entzogen, bis die 100 %-Klausel abgeschafft ist. Karl stellt der EU dazu ein Ultimatum: in einem halben Jahr die 100 %-Zustimmung auf 2/3 festzu-schreiben, ansonsten stellt GERMANIEN seine Zahlungen an die EU ein. GERMANIEN kann dadurch nichts verlieren. Diese Einigung und Geschlossenheit müssen diplomatisch erzwungen werden.

Es ist Tatsache, dass Abmachungen nur funktionieren, wenn sich alle an die Regeln halten. Da sich in der Welt Individual-politiker breitmachen, funktioniert dieses 100 %-System nicht mehr. Länder, die politisch nicht alle Richtlinien der EU beachten, sind zurzeit Türkei und Ungarn.

Türkei

In Deutschland leben 2023 mehr als 3 Millionen türkeistämmi-ge Bürger. Davon sind 1,5 Mio. wahlberechtigt. Präsident Recep Tayyip Erdogan von der AKP erhielt 67 % der 750 000 Wähler-stimmen. Prekär ist, dass „Türken", die in einer freien Deutschen liberalen Demokratie leben, einem Autokraten, der politische Gegner jeglicher Berufsgruppe ins Gefängnis schickt, ihre Stim-me geben. In Deutschland ist keiner von denen betroffen. War-um tun 67 % dieser Wähler es dennoch?

Dieser Präsident teilt nicht mehr die demokratischen Werte des Westens. Er ist zu einem regierenden Autokraten eines Präsi-dialsystems geworden. Medien gleichschalten, Oppositionelle in Gefängnisse verbannen, die Gewaltenteilung beschneiden sind seine Maßnahmen. Unterschiedliche Auffassungen und Maß-nahmen zum Terrorismus erschweren die Zusammenarbeit. In der NATO ist er ein Blockierer und politisch ein Protegé aller Muslime. Das bringt EU und NATO in Bedrängnis und in den Erpressungsmodus. Es ist vordringliche Aufgabe, letzteren so klein als möglich zu halten. Denn Erdogan hat auch schon einen Aufnahmeantrag im BRICS-Konsortium gestellt und an deren Sitzung in Kasan im Oktober 2024 teilgenommen.

Ungarn

Ungarn, seit 2004 ein Mitgliedstaat mit 24 Amtssprachen, muss gesondert angesprochen werden. Ministerpräsident Viktor Orban möchte ein Europa der Nationen mit ausgeprägt christlichen und kulturell konservativen Traditionen. Seine zusätzliche Russlandaffinität führt dazu, dass von ihm allein europäische Entscheidungen blockiert werden, die auch den Ukrainekrieg betreffen. Er geht sogar so weit, dass er Einreise-Sonderregelungen für Gastarbeiter aus Russland und Belarus geschaffen hat. Damit können Russen in großer Zahl mit minimaler Überwachung in den grenzkontrollfreien Schengen-Raum einreisen. Die Ausnutzung von Spionagetätigkeiten und Sicherheitsbedrohungen sind damit vorprogrammiert und die EU lässt sich auch diese Aktivität gefallen.

Orban benutzt als Autokrat seine Politik ebenfalls für finanzielle Erpressungen. Karl bewirkt mit Hilfe französischer Unterstützung und weiterer Staaten, dass Ungarn schnellstens bis auf weiteres sein Stimmrecht verliert und auf Antrag das weltweit verbreitete 2/3 Mehrheitsrecht durchgesetzt wird. Somit kann Orban mit seinem Amtskollegen Erdogan die EU nicht mehr erpressen. Bis zur Anpassung an alle EU-Rechte bleiben weiterhin Gelder gesperrt.

Auch die Verteidigung benötigt ebenso wie die Justiz Erneuerungen. Hier sind es der

- **Verteidigungsdienst der Republik GERMANIEN „VDRG"**
- **Verteidigungsplan der Republik GERMANIEN „VPRG".**

Das Primat der Politik bestimmt in der BRD Einsatz und Unterstützung der Verteidigung. Die neoliberale Politik hat dazu geführt, dass die Jugend von sich aus nicht in genügender Anzahl verteidigungsbereit ist. Die letzte Umfrage hat ergeben: 50 % für Zivile Dienste; 12 % unentschieden; 8 % eher militärisch und 30 % militärisch. Karl führt eine europäisierte Wende ein. Fehlender Verteidigungswille und Verteidigungsunfähigkeit erfordern neue Maßnahmen.

Artikel 12a des GG ermächtigt den Gesetzgeber, eine Wehrpflicht wieder einzuführen. Da Frieden, Freiheit und Wohlstand nicht mehr durch die USA sichergestellt werden, hat die Republik selbst dafür zu sorgen. Auf der Basis der Gleichberechtigung werden sofort alle Jugendlichen ab 18 Jahren (m/w/d) vorgeladen, um bei ihnen Status und Fähigkeiten zu ermitteln. Sie gehören dann dem neuen

Verteidigungsdienst der Republik GERMANIEN „VDRG"

vormals Bundeswehr, an. Danach befinden sie sich im Reservestatus.

Die Aktivierung erfolgt – je nach Bedrohung – durch das Parlament. Der sogenannte Parlamentsvorbehalt soll Einsätze der Bundeswehr im Ausland durch alleinigen Befehl des Bundesministers der Verteidigung verhindern.

Die Verteidigung ist eine gesamtstaatliche Aufgabe und beinhaltet viele Arbeitsbereiche, auch ohne Waffeneinsatz. Wer sich, seine Familie und seine Mitmenschen absolut nicht verteidigen will, darf das Land freiwillig auf eigene Kosten verlassen. Vorher werden diese Personen dazu aufgerufen, etwas dafür zu tun, dass es nicht zum Verteidigungsfall kommt. GERMANIEN ist eine Demokratie, also ein Staat des gesamten Volkes. Alle miteinander, alle füreinander, wie es bei einer Fußballweltmeisterschaft möglich ist. Aber es fehlt den Bürgern das Nationalbewusstsein, für ihr Land zu kämpfen. Durch ständige Schuldvorwürfe existiert nur noch ein örtliches Heimatgefühl. So muss die Regierung im Ernstfall bisher damit rechnen, dass 25 % und mehr junge Leute sich schnellstmöglich ins Ausland absetzen. Eine aktuelle Umfrage dazu ist mehr als überfällig. Denn diesbezügliche Vorgänge in der Ukraine zeigen uns die Realität im Voraus. 200 000 Männer leben in Deutschland und 21 000 sind geflüchtet. Sie stehen alle ihrer Landesverteidigung nicht zur Verfügung.

Die Freiheitsrechte werden erst bei der Gefangennahme durch den Gegner eingeschränkt oder gehen durch den Tod im Verteidigungskampf verloren. Die Regierung GERMANIEN lässt nicht zu, dass durch das Verweigern von Bürgern das Volk oder die ganze Republik gefährdet wird. Gesamtschicksal steht über Einzelschicksal. Der Verteidigungsdienst hat keine elitäre Ausbildung. Die Verteidiger sind ein Teil dieser Gesellschaft.

Der Verteidigungseinsatz für das Volk ist eine Pflichtaufgabe für jeden Bürger, unabhängig von Geschlecht und Religion. Grundlage ist der Auftrag: Krieg zu verhindern.

Es ist historisch belegt, dass ignorierte Bedrohungen aus finanziellen Gründen dilettantisch sind und ein Krieg in der Endabrechnung immer teurer und tödlicher wird.

Die Stärke des Gegners erwächst aus unserer Schwäche. Es ist, wie so oft in der Geschichte, ein Wettlauf mit der Zeit. Wo der Profi schon Feuer sieht, sieht der Ungläubige noch Rauch!

Die darauf aufbauende gesetzliche Pflichtaufgabe für alle – ohne Ausnahme – dauert 1 Jahr und wird im Verteidigungsdienst, beim THW, beim Zivilschutz, bei der Freiwilligen Feuerwehr und im Sanitätsdienst absolviert. Die Zielsetzung: GERMANIEN jederzeit verteidigen können. Kirchliche Einrichtungen und ihre Aufgaben haben mit Verteidigung nichts zu tun und haben keine Pflichtaufgaben zur Verfügung.

Die Bevölkerung wird über die zahlreichen Aufgaben der Verteidigung – auch ohne Waffe – im VDRG aufgeklärt. Insbesondere werden Lehrer diesbezüglich geschult. Die Bundeswehr muss als Teil der NATO ein bestimmtes Kontingent stellen. Sie darf nicht Spielball politischer Wahlergebnisse werden und wird detailliert in der Verfassung GERMANIEN mit bis zu 460 000 Männern und Frauen für den Verteidigungsfall zukunftsfähig aufgebaut. Der Schwerpunkt liegt nicht bei hohen Dienstgraden der Führung, sondern bei unteren und mittleren Dienstgraden der praktischen Arbeitsebenen.

Die Bw wird vom Bundesminister der Verteidigung geführt. Er hat im Frieden die Befehls- und Kommandogewalt. Nach 5 Vorgängern/Vorgängerinnen [Karl Theodor zu Guttenberg, Thomas de Maizière, Ursula von der Leyen, Annegret-Kramp Karrenbauer, Christine Lambrecht] die die Bundeswehr als militärische Laien zur Kriegsuntauglichkeit geführt haben, ist 2024 ein fähiger Minister im Amt. Man muss schon jetzt damit rechnen, dass nach der nächsten Wahl wieder ein(e) unfähige(r) Politiker(in) von derselben Partei Minister wird! Da **müssen alle Parteien** für eine gesicherte Zukunft aller Bürger **die neue politische Lösung unterstützen**. Die lautet: Wahlergebnisse der Republikwahl müssen nicht aus parteipolitischen Gründen zum Wechsel von jedem Minister werden! Der jetzige Verteidigungsminister Boris Pistorius muss noch mindestens 4 Jahre im Amt bleiben, nicht weil er zur SPD gehört, nein, weil er fachlich gute Arbeit für die Republik leistet! Wenn die Parteien das nicht hinbekommen, muss die BIG **schnellstens** das Ruder übernehmen.

Die stille 4. Revolution hat keine Zeit zu warten!

Im Verteidigungsfall geht die Befehls- und Kommandogewalt vom Bundesminister der Verteidigung an den Bundeskanzler über. Er hat dann die politische und militärische Entscheidungsgewalt. Dafür ist eine vorhergehende politische Ausbildung in Krisen- und Bedrohungslagen erforderlich. An diese Situation müssen wir jetzt denken. Die Zeiten von Frieden sind für die nächsten Jahrzehnte vorbei. Nicht auszudenken, dass ein wankelmütiger Kanzler Oberbefehlshaber der Bundeswehr wird, wo unvorhersehbar sofort Entscheidungen erforderlich werden! Das beweisen alle Kriege nach 1945. Wer das ignoriert, ist ein Volksverräter!

Der parteipolitische Automatismus, auch ohne Fachwissen zum Oberbefehlshaber zu werden, ist auf keinen Fall mehr tragbar.

Der Verteidigungsdienst arbeitet nicht mehr nach dem Operationsplan Deutschland, sondern nach dem **Verteidigungsplan der Republik GERMANIEN (VPRG)**. Der VDRG ist zuständig für Landes- und Bündnisverteidigung. Es gibt dazu wieder alle 2 Jahre ein aktualisiertes Weißbuch.

Gemäß dem Zwei – plus – Vier – Vertrag Artikel 3 Abs. 2 von Moskau vom 12.09.1990 wird die Truppenstärke auf 370 000 Mann reduziert und beschränkt. Der Zwei plus Vier Vertrag ersetzt damit kraft seines auf mehr als Frieden ausgerichteten jeden Friedensvertrag mit Kriegsgegnern, den es nie gab! Er zählt zum Weltdokumentenerbe und steht im Programm „Memory oft he World" der UNESCO. Die Aktualisierung der RG auf 460 000 Verteidiger ist eine Anpassung an die aktuelle Lage.

Zum VDRG gehören Heer, Marine, Luftwaffe, Sanität, Logistik und Unterstützung, Beschaffung, Einsatzkommando, Nationaler Zivilschutz und Cyberabwehr.

Jeder Bürger – unabhängig vom Geschlecht – der Republik GERMANIEN wird im Alter von 18 bis 20 Jahren sofort gemustert und erhält eine Identifikation, die sogenannte **VP Nr.** Die Verteidigungspflicht beruht auf der Vorbereitung zur Verteidigung des gesamten Volkes und Territoriums. Die aggressiven Angriffswaffen und Angreifer respektieren das Völkerrecht nicht mehr; siehe Zerstörungen von Schulen und Krankenhäusern durch Israelis und Russen! Eine Einberufung von Frauen erst im Verteidigungsfall ist daher Schwachsinn. Der Artikel 12 (4) wird dahingehend geändert, dass es heißt: **„In rechtzeitiger Vorbereitung zum Verteidigungsfall werden Frauen ...** (Text weiter wie bisher) **verpflichtet." Dazu gehört in der Gleichberechtigung auch die Musterung für Frauen.**

Die Verteidigungspflicht wird zur persönlichen Betroffenheit, um sich und seine Angehörigen im Ernstfall zu verteidigen.

Musterungen finden in den einzelnen Bundesländern zentral in einem VP-Krankenhaus von VP-Ärzten statt. Damit ist gewährleistet, dass der Gesundheitszustand und die Fähigkeiten unter möglichst gleicher Bewertung neutral stattfinden. Damit soll nicht das geschehen, was Karl als Kommandant erlebt hat.

Eines Tages war 1/3 der Besatzung wegen Erkältung krank geschrieben, so dass das Schnellboot nicht mehr einsatzfähig war. Dies geschah einen Tag vor dem angekündigten 3-wöchigen Manöver. Mit Hilfe des Kommandeurs konnte Karl dem Oberstabsarzt, der mit Hilfe der Bundeswehr nur seinen Facharzt machte, erklären, wie unterschiedlich die Belastungen der Soldaten an Bord sind. Der Funker beispielsweise sitzt nur in seiner Funkbude allein und hat keine Außenmanöverstation. Nach einer Stunde Informationsaustausch ist der Oberstabsarzt dem Vorschlag gefolgt, Einschränkungen zu bescheinigen. Der Kommandant fuhr sein Schnellboot einsatzbereit ins Manöver.

Nach Erfahrungen mit über 20 Wohnortwechseln und Zivilärzten weiß Karl, wie unterschiedlich die Auffassungen zu Krankschreibungen sind. Ganz besonders deutlich sieht man die unterschiedlichen Auffassungen zu denselben Sachverhalten in beauftragten Gutachten der Justiz. Die Menschen haben nicht alle die gleichen Bewertungsschwerpunkte. Das hat mit guten oder schlechten Fähigkeiten nichts zu tun.

Dienst müssen alle Jugendlichen ein Jahr lang machen, das ist Staatsbürgerpflicht. Dafür stehen auch Zivilschutz, THW, Freiwillige Feuerwehr und Sanitätsdienst zur Verfügung. Das soziale Jahr gibt es nicht mehr, da es im Ernstfall in keiner Weise hilft, die Republik GERMANIEN zu verteidigen. Sozialdienste jeglicher Art sind ausgeschlossen, da es sich hier um die Verteidigung der Republik handelt. Der VDRG hat einen eigenen Sanitätsdienst ein Berufsbild von über 50 wie die Bundeswehr auch.

Die aktuellen Streitigkeiten 2024 um notwendige Beschaffungen und Kosten sind Kinderkram und zeigen, dass zu viele Politiker den Ernst der Bedrohung noch gar nicht begriffen haben. Die Geschichtsbücher zeigen, dass viele Angreifer unverhofft zugeschlagen haben. Die Vorbereitungen brauchen finanziellen Vorlauf in zwei Blöcken: Materialbeschaffung in der Industrie sowie Kosten für Betrieb, Instandsetzung, Ausbildung und Übungen. Wir sind im Juli 2024 nicht verteidigungsfähig, weder personell noch materiell. Es gibt Heereseinheiten, die ohne Panzer dastehen, weil diese an die Ukraine abgegeben wurden. Sind jetzt die öffentlichen Diskutierer um die Unterstützung der Ukraine mit Waffen aufgewacht? Putin ist ab 2029 militärisch bereit zum Kampf gegen die NATO. Aus der jüngsten Geschichte der BRD wissen wir, dass wir gegen die Sowjetunion gar keine Verteidigungschance hatten. Deutschland wäre in zwei Tagen zu Pfingsten oder in den großen Ferien überrollt worden. Nur die atomare Abschreckung durch die USA mit der NATO hat uns Frieden beschert.

Diese Abschreckung fehlt augenblicklich politisch total.

Wenn wir die Vorlaufzeit der Energieversorgung zugrunde legen, sind wir erst 2035 verteidigungsfähig. Die NATO ohne die USA, also die EU, ist auch nicht vor 2035 verteidigungsfähig, wenn sie es überhaupt allein schafft. Deshalb der oben ausgesprochene Begriff Kinderkram! Politiker, lest die Geschichtsbücher und realisiert Putins und Netanjahus Ziele!

Landesverteidigung

Die neue Bedrohung durch Putins nachlesbare Zielvorstellungen eines Großrussland zurück bis an die Grenzen von Deutschland hat in Deutschland Aktivitäten der Verteidigung und im Zivilschutz ausgelöst.

Hitler hat auch in „Mein Kampf" niedergeschrieben, was er vorhatte!

Karl organisiert um. Der Oberbegriff heißt jetzt **Nationaler Zivilschutz GERMANIEN (NZG)**. Das ist erforderlich, weil alle bisherigen Ereignisse gezeigt haben, dass sich der Föderalismus dafür so gar nicht eignet. Der Schutz der Zivilbevölkerung wird aktuell missachtet. Nunmehr wird alles auf nationaler Ebene geplant und koordiniert; für die Republik GERMANIEN. Regionale Verantwortlichkeiten bei der Abwehr bleiben bestehen. Es geht um Schnelligkeit, Flexibilität, Kostenminimierung, Durchgängigkeit für Logistik, Transport, Kommunikation gemäß sich verändernder Bedrohungslagen. Einbezogen sind Bürgerschutz, Polizei, THW, Energie, Logistik, Industrie, Telekommunikation, für Land- und Schifffahrtswege, Häfen, Schleusen, Brücken, Flughäfen. Auch Cyberabwehr ist ein bedeutender Teil davon. Es nutzt nichts, wenn Kraftwerke oder Behörden über das Internet lahmgelegt werden. Da können Gemeinden oder Bundesländer allein nicht mehr gegensteuern. Das geht nur noch im Verbund der Republik!

Der Verteidigungsplan der Republik GERMANIEN für den Verteidigungsdienst befasst sich in einem Artikel ebenfalls mit dem Nationalen Zivilschutz für besondere Technische Unterstützung in Amtshilfe.

Auslandseinsätze

Die Bundesmarine operiert im Libanon-Einsatz mit Einschränkungen. Dies ist das beste Beispiel, um zu beweisen, dass die Abgeordneten nicht genug Grundwissen für die einzelnen Fachbereiche mitbringen. Denn deutsche Schiffe können im Rahmen der UNIFIL-Mission vor der libanesischen Küste nur in die 6-Meile-Nzone eindringen, wenn sie ein anderes Schiff verfolgen oder ein „anerkannter" Verdacht des Waffenschmuggels für die Hisbollah bestehe. Der Bundestag hatte dem Einsatz am 20.09.2024 zugestimmt. Die Mandatsgespräche wurden aber erst am 12.10.2024 abgeschlossen. Sie wären gescheitert, wenn Deutschland von der Forderung der uneingeschränkten Überwachung nicht abgegangen wäre. Das Überfliegen und Überschießen von deutschen Marineeinheiten in drei Fällen war gemäß Aussagen von Israel ein Versehen. Bei einem solchen Versehen wurde schon mal ein US-Aufklärungsschiff versenkt. Die Israelis machen unter Netanjahu, was sie wollen. Sie verstoßen nicht nur ständig gegen das Völkerrecht, nein, auch eindeutig gegen die UN-Anweisung des Verbotes von Aufklärungsüberflügen. Das sind keine Behauptungen. Das sind nachweisbare Aussagen, weil das deutsche Aufklärungsschiff Alster im Mittelmeer alles aufzeichnen und nachweisen kann: sogar auf Antrag für Journalisten mit Bestätigung vom BMVg.

Die Bundeswehr ist ein Teil der Gesellschaft und weist keine elitäre Ausbildung auf. Wo christliches Wissen und Verständnis aus der Gesellschaft heraus fehlen, wird es auch nicht beim Militär nachgeschult. Das ist in der BRD nicht vorgesehen. 3 % der Soldaten sind Kämpfernaturen, 5 % sind Abenteurer für Geld, 26 % fühlen sich als Führer und Erzieher, der Rest sind Helfer; das ist das Ergebnis einer Untersuchung des Sozialwissenschaftlichen Instituts der Bundeswehr. In der Republik GERMANIEN bleiben die Verteidiger Teil der Gesellschaft, aber nationaler geschult.

NATO-Einsätze

Für die Besetzung des gesamten Staates Afghanistan gab es kein militärpolitisches Konzept. Der Artikel 6 des NATO-Vertrages (Verteidigungsbereiche) wurde umgangen. Es gab nur politische Regionalaktionen, die durch militärische Anwesenheit (Besetzung) untermauert wurden.

Aus Sicht der Bürger sind unsere Politiker militärisch dumm. Deutsche Truppen (Heer, Luftwaffe, Marine) wurden 1993 nach Somalia geschickt. Zielsetzung war Humanitäre Hilfe. Sie blieben bis 1999. Die Aktion hat die Bundesbürger 22,222 Milliarden gekostet. Was hat die militärische Besetzung für Somalia gebracht? Nichts. Es sieht dort ökonomisch, gesellschaftlich und politisch genauso aus wie vorher. Einzelheiten kennt Karl aus seiner damaligen Tätigkeit im Führungszentrum der Bundeswehr Bereich Einsatzführung Grundgebiet 6.

Die Politiker begannen eine neue Sicherheits- und Außenpolitik mit Mitbestimmung in der Weltpolitik und dem Ziel: Sitz im Sicherheitsrat der UN bekommen.

Warum ließen wir als Bürger zu, dass nach dem Desaster in Somalia ein Deutscher Truppenaufenthalt in Afghanistan wieder Geld verschwendet? Weil der Bürger nach der Wahl in unserer Art von Volksherrschaft, der OMADAKRATIE nicht mehr gefragt wird; keine Stimme hat. Die Medien legten immer ihren Schwerpunkt auf Chaos und Krawall mit stündlicher Berichterstattung trotz der Gefahr, dabei selbst das zeitliche zu segnen. Wozu sind dort 59 Bundeswehrsoldaten gestorben und haben weitere psychische Dauerkrankheiten mitgebracht? Das stand in keinem Parteiprogramm.

Wiederholung der Aussage: **Der Bürger hat nach der Wahl keinen Einfluss auf Entscheidungen, die das ganze Volk angehen!**

2024 durchlebt die NATO zwei Wendepunkte. Finnland und Schweden sind Mitglied, aber mit den veränderten USA kommt Gefahr aus Russland für die NATO auf. Für die Alternative zur NATO müssen die Europäer jetzt die Grundlagen schaffen. Es muss eine **Europäische Verteidigungsgemeinschaft „EVG"** aufgebaut werden. Diese EVG muss vorhandene Elemente der NATO nutzen. Wenn das richtige Konstrukt fertig ist, dann ist die neue NATO eine Vereinigung aus EVG + Anteil USA. Sämtliche Auseinandersetzungen mit eventuellen Republikanern kann man sich dadurch schenken. Es muss jedoch schnellstens gehandelt werden. Unbestritten erhält Europa seine Freiheit bisher auf Kosten der Amerikaner in ungleicher finanzieller Beteiligung. Freiheit kostet Geld und wird nicht ersetzt durch Feiern im Ballermann.

Freiheit behalten ist eine der ernstesten Angelegenheiten auf dieser Welt, weil sie mit Verlust von Privilegien daher geht!

GROSSMÄCHTE

Es gibt einige Großmächte auf dieser Welt, die mit und ohne Demokratie gerade die Welt verändern.

Die Zeitenwende, die Kanzler Olaf Scholz ausgerufen hat, ist mehr als die zusätzlichen 100 Milliarden Euro für die Bundeswehr. Es geht um eine veränderte Haltung, die sich aber erst allmählich bahnbricht.

Die Deutschen wollten in den vergangenen Jahrzehnten ein wenig wie die Schweiz sein: wirtschaftlich erfolgreich, aber politisch neutral. Das geht mit acht Millionen Einwohnern am Rande der EU, aber nicht mit 84,7 Millionen Menschen im Zentrum Europas. Deutschland hat eine besondere Stellung in Europa, ob uns das passt oder nicht. Wir sind die größte Volkswirtschaft und die größte Bevölkerung. Auf uns kommt es im Wesentlichen an. Deshalb müssen wir uns als Mittelpunkt von Europa der Welt zuwenden und dürfen nicht länger glauben, dass es ausreicht, wenn wir wirtschaftlich und sozial erfolgreich sind. Wir sind politisch hohl.

Wir waren erst ein Volk von Hobbyvirologen und sind jetzt aufgrund der beiden Kriege ein Volk von Hobbymilitärexperten. TV- und Tagesjournalisten machen es möglich.

USA

Die USA sind auf keiner Ebene eine Demokratie. Sie sind intern ein Polizeistaat und sie sind ein rassistischer Zweiparteienstaat mit Abgeordneten, die ihren Spendern, Sponsoren und Berufsgruppenführern gegenüber verpflichtet sind: eine Pseudodemokratie.

16 Milliarden US-$ hat der letzte Wahlkampf gekostet; bezahlt mit Spenden auf der Basis von Versprechen einer einzelnen

Person; z. B. durch 277 Millionen des Herrn Musk. Versprechen, die aufgrund der Erneuerung mit bis zu 5000 Regierungsposten verbunden sind. Danach endet die Volksherrschaft. Amerikaner leben mit dem Slogan „vom Tellerwäscher zum Millionär"; alles ein Business. Das Abbild dieses kapitalistischen Denkens und Handelns ist der ehemalige und jetzige Präsident Donald Trump mit seiner Politik wie ein Finanzgeschäft. Juni 2024: Vorwahlversprechen an die Millionäre die „Federal Income Tax" auf 20 % zu senken. Für 1 Million an Spenden können sie sicher sein, wenn er, Trump, gewählt wird. Im Hintergrund wird daran gearbeitet, die Basis für das Projekt 2025 (900 Seiten) zu schaffen, mit dem Ziel der Auflösung bestehender Institutionen. Wer das noch Demokratie nennt, weiß nicht, was Demokratie bedeutet!

Von Volksherrschaft keine Spur, sondern Missbrauch des Artikels 2 der US-Verfassung durch sogenannte Executive Orders – 184 Dekrete des Präsidenten – vorbei am Wähler, vorbei am Kongress, vorbei an der eigenen Partei! Und das Volk kann nichts dagegen tun. Die Parlamentarier brauchen eine Menge Geld, um gewählt zu werden und um wiedergewählt zu werden. Das Geld sammeln sie durch Spenden ein und den Spendern bleiben sie gegenüber verpflichtet: das nennt man „gekaufter Lobbyismus". Die Ordnung wird durch die Polizei bestimmt. Aufgrund der Weite der US-Bundesstaaten gibt es eine sehr unterschiedliche Polizeiarbeit zwischen Stadt und Land. Der Sheriff ist auf dem Lande eine sehr bestimmende Person.

Nach dem Zweiten Weltkrieg haben die USA die meisten und größten Kriege ausgelöst. Keinen einzigen dieser Kriege haben sie gewonnen und nur Chaos hinterlassen. Sie sind bis heute nicht in der Lage, vor und während eines Krieges eine arbeitsfähige Opposition aufzubauen. Sie können nur massenhaft Material und Personal so schnell wie kein anderer Staat in der Welt verlegen und einsetzen. Das unter dem Begriff Demokratisierung.

Der IRAK-Krieg der USA erfolgte ohne Mandat, basierend auf Lügen. Kanzlerin Merkel fraternisierte mit Bush. Glücklicherweise hatte ihr Vorgänger Schröder die Mitwirkung abgelehnt.

Mit welchen moralischen Fingern dürfen die USA und deutsche Politiker auf andere politische Systeme zeigen?

Die Verhältnisse in den USA sind politisch beängstigend mit gravierenden Auswirkungen auf GERMANIEN und Europa. Karl mit 5 Jahren USA-Erfahrung weiß, dass die US-Politiker keine Kultur haben, die der in Europa gleichkommt. Der Schlagabtausch in TV-Debatten im Vorfeld der Vorwahlen reicht von Beschimpfungen über Pöbeleien bis zu Beleidigungen. Das ist aus unserer Sicht völlig kulturlos!

Der nächste Präsident ist wieder Trump, der seine Demokratie lächerlich macht. John Kelly, Ex-Stabschef, sagt von Donald Trump, dass selbiger starke Männer und Diktatoren liebt, die tun können, was sie wollen. Er selbst ist kein starker Mann; also nur ein gefährlicher Möchtegern Diktator. In einer Sitzung mit Wirtschaftsbossen antwortete Donald Trump auf die Frage, weshalb er die Unternehmenssteuer von 21 auf 20 % reduzieren will: „… weil es eine runde Zahl ist." Einige CEOs stellten danach in Interviews heraus, dass ein Prozent weniger Steuereinnahmen für die Regierung etliche Projekte zum Wanken bringt und Trump offensichtlich dumm ist. Diese und andere Aussagen von Willkür bringen die Unterstützung von Wirtschaftsführern ins Wanken. Sie haben ihn gewählt.

Die USA sind akut militärisch engagiert in Taiwan gegen China; in der Ukraine gegen Russland und in Guyana Essequibo gegen Venezuela sowie in Israel gegen die Hamas und somit gegen den IRAN.

Auch diese damit verbundenen Kosten spielen dem US Präsident in die Hände. Er hat einen autoritären Impuls, der nach einer persönlichen Schutzgruppe verlangt. Seine inoffizielle paramilitärische Leibgarde sind die Proud Boys und befreundete radikale Gruppen. 2024 wird für die USA, Europa und die NATO ein Schicksalsjahr. Europa muss sich militärisch jetzt selbstständig machen; jetzt sofort.

Das beweist auch die Äußerung von Trump gegenüber einem Journalisten im Februar 2024: „Nun Sir, wenn wir nicht zahlen und von Russland angegriffen werden, werden Sie uns dann beschützen?" Donald Trumps Antwort: „… in diesem Fall werde er das Land nicht schützen und Russland sogar ermutigen, zu tun, was immer sie wollen."

Die USA werden innerstaatlich immer mehr das Land der unbegrenzten Möglichkeiten, aber im negativen Sinne. In den USA gibt es noch in 27 Bundesstaaten die Todesstrafe. Über 4 000 Menschen sind in 26 Bundesstaaten der USA bis Ende Juni 2017 hingerichtet worden. Die Exekutionen mit der Giftspritze scheitern immer wieder, weil die Standesvertretungen von Ärzten und Pflegepersonal ihren Mitgliedern das Mitwirken an Hinrichtungen untersagen. Zudem blockieren viele Pharmaunternehmen Medikament und Equipment. Ungeschultes Personal arbeitet u. a. mit Erstickung durch Stickstoff, eine Todesart wie eine Folterung. Todesstrafe und Waffen sind für Republikaner politische Tabuthemen. Da regen sich unsere Tagespresse und Politiker darüber auf, dass im Iran die Todesstrafe verhängt wird. Wie verrückt ist das?

Wie sehr Politiker, die regieren wollen, von Wählergruppen abhängen, zeigt sich gerade bei den Vorwahlen in Amerika. Präsident Joe Biden sprach auf einer Wahlveranstaltung in Charleston South Carolina am 06. Januar 2024 vor den Gläubigen der Emanuel African Methodist Episcopal Church. Die Vorsitzenden haben ihm klargemacht, dass sie mit der US-Entscheidung im Israelkrieg weitere Tötungen ziviler Palästinenser hinzunehmen und einen Waffenstillstand nicht durchsetzen zu wollen, nicht zufrieden sind. Die Palästinenser sind wie sie als Schwarze ein unterdrücktes Volk. Die muslimische Mehrheitsgemeinde in der Stadt Hamtrack in Michigan wählt auch keinen Präsidenten, der sich nur für Israel einsetzt.

Das bedeutet politisch, das bei der Präsidentenwahl eine entscheidende Anzahl von Stimmen den Demokraten verloren gehen werden. Jede Rede, jedes Handeln spricht unterschiedliche Bevölkerungsgruppen in den USA an. Es ist ein Vielvölkerstaat. Die Wähler gehen nach dem „single user" Prinzip, d. h., wie wird der Kandidat, die Kandidatin mein spezielles Problem lösen? Eine gesamte Sichtweise ist ihnen fremd.

Der Kampf gegen die USA-Demokratie hat weltweit begonnen. Neben den BRICS-Staaten wollen viele Staaten nicht mehr den Einfluss des amerikanischen Wirtschafts- und Lebensstils. Er ist für sie kulturell inhaltlos und zu kapitalistisch. Die Schizophrenie daran ist, dass die Führer dieser BRICS-Staaten selbst für sich den kapitalistischen Lebensstil bevorzugen. Das ist jedoch nicht neu in der Geschichte dieser Welt.

Der neue alte Präsident Donald Trump stellt für die übriggebliebenen westlichen Demokratien eine Gefahr dar. Seine Reden enthalten autoritäre und autokratische Sprechweisen. Diese Form von verbaler Gewalt der Willkür kann unvorhersehbar wieder in tatsächliche Gewalt umschlagen. Der Sturm auf das Kapitol am 06.01.2021 erfolgte nach einer solchen Rede. Seine Aussagen auf der jährlichen Konferenz reaktionär konservativer Republikaner, der CAPC 2023, über Migranten bestätigt die Rückkehr zum extremen Nationalismus; „Ich bin euer Krieger. Ich bin eure Gerechtigkeit. Und für diejenigen, denen Unrecht getan wurde, bin ich die Vergeltung. Ich bin eure Rache." Das ist kein Wahlgetöse. Das sind belegte Aussagen eines kranken am 14.06.1946 geborenen 78-jährigen alten Mannes. Das bestätigt Anfang März Prof. John Gartner mit seinem Befund: Nach der Definition der „Dementia Care Society" ist die Verwechslung von Personen und Generationen ein Zeichen für Demenz. Wortfindungsstörungen sieht man gewöhnlich bei Patienten mit moderaten bis ernsteren Stufen von Alzheimer. Donald Trump wollte sagen „three years later", daraus wurde aber „three years, lady, lady lady". Das sehr bedenkliche daran ist, dass die Zuhörer dies als einen Witz à la Comedian aufgenommen und gelacht haben.

Donald Trump hat als US-Präsident wieder den totalen Zugriff auf die Atomwaffen. Das stört eine Mehrheit der US-Wähler jedoch nicht. Europa muss sich daher vorausschauend vor Fehlverhalten aus den USA schützen; sowohl durch militärische als auch politische Selbstständigkeit.

Die USA haben nicht mehr viele Verbündete. China dagegen hat etliche in der Shanghai Corporation Organisation; der SCO mit Sitz in Peking. Mitglieder sind: China, Russland, Indien, Pakistan, Iran, Kirgistan, Tadschikistan, Usbekistan. Neuestes Mitglied ist Belarus. Sie machen zusammen 40 % der Weltbevölkerung aus! Die Türkei hat Probleme mit EU und NATO und möchte gern dort Vollmitglied werden. China verhindert das noch wegen eines starken mangelnden strategischen Vertrauens nach Westen.

Welche Bedeutung bekommt die BRD in der Welt der neuen Blöcke?

CHINA

China und Iran kooperieren als eine Widerstandsökonomie gegen die USA mit 25 Jahren Erfahrung in Handelsabkommen. China ist mit seiner Seidenstraßen-Strategie schneller und schlauer im Aufbau als die westlichen Demokratien es begreifen und gegenhalten können.

China ist das beste Beispiel dafür, wie schnell aus einer angehenden demokratischen Entwicklung ein Überwachungsstaat werden kann. Für die GERMANIEN-Demokratie stellt sich bei China nicht die Frage nach einem Feind. Global ist China ein Handelspartner. Die Beziehungen liegen nicht auf moralischer, sondern wirtschaftlich diplomatischer Basis. Miteinander reden und nicht beleidigen. Wir sind nicht der Moralapostel der Welt. Wir hatten auch etliche Skandale im eigenen Land, die moralisch verwerflich waren. Dennoch muss Europa klar erkennen, das durch wirtschaftliche China Hilfe schon Abhängigkeiten entstanden sind wie z. B. in Albanien durch eine Verschuldung im Autobahnbau. China nutzt Ungarn als trojanisches Pferd für Interventionen jeglicher Art in Europa. Orban mit der Vetopower in der EU ist für Xi Jiping sehr attraktiv. Fehlende Investitionen sind der Schlüssel. Die militärische Aufrüstung Chinas für die gewünschte Eingliederung von Taiwan ist kein Polit-Poker, sondern eine ernste angesagte vorhersehbare Tatsache, die wiederum Auswirkungen auf die westlichen „Demokratien" haben wird.

KRIEGE

Die Summe der politischen Krisen und Kampfhandlungen von 2024 wie Iran, Jemen, Libanon, Nordkorea, Taiwan, Syrien, Rest-Palästina und Ukraine zeigt die Wiederholung der Entwicklung zu einem nächsten Weltkrieg. Politiker müssen wissen, dass wir im Kalten Krieg vor einem Atomkrieg standen, der nur durch Handlungen einzelner Personen unter den Führungsebenen vermieden wurde. Kriege sind Strategie und Taktik, die nicht öffentlich zu diskutieren sind, weil sie dem Feind helfen. Im Falkland-Krieg hat ein Anruf eines Zivilisten aus einer Telefonzelle den Engländern zum Sieg verholfen. In der RG wird kein Politiker mehr in der Öffentlichkeit über militärische Unterstützungen reden oder diskutieren. Des Weiteren ist die Erfahrung zu beachten: Zurückhaltung stärkt den Gegner.

Russland und Ukraine

Russland, geführt von Wladimir Wladimirowitsch Putin, geboren am 07.10.1952 in Sankt Petersburg, hat nach dem Zusammenbruch seine Größe verloren, ist aber immer noch das größte Land der Erde. Die Ausgabe von Firmenanteilen an die Bevölkerung durch den Vorgänger Jelzin hat den Millionärs-Kapitalismus eingeleitet. Da nicht jeder Bürger seine angebotenen Anteile kaufen konnte, haben die heutigen Millionäre diese aufgekauft und schnellen Reichtum erlangt. Die Gruppe der Oligarchen war geboren. Wie in jeder Gesellschaft gibt es Leute, die der Vergangenheit nachtrauern; so auch Putin. Dieser hat am 12.07.2022 ein Manifest verfasst: *„Über die historische Einheit von Russen und Ukrainer."* Sein Ziel: **Krieg bis zur Kapitulation der Ukraine.** Seine Vorteile: Mehr Soldaten, mehr Ausrüstung, mehr Munition und

Drohungen mit dem Einsatz taktischer Atombomben. Auch Putins Ziel in der Ukraine ist sehr ernst zu nehmen, da es in seinem Manifest nachlesbar ist. Da er von einer intensiven Ausbildung und Führung im KGB geprägt ist, hat er absolut kein humanitäres Bewusstsein. Alle Mittel sind ihm recht, um das vorgegebene Ziel zu erreichen. Putin ist ein geschulter Machtmanager, imperialer Träumer und postmoderner Cyberkrieger. Die totale Vernichtung ist das Ziel, ist die Stärke, die es dann zu feiern gilt.

Für einen Misserfolg gibt es schon Spekulationen über den Aufenthaltsort von Putin: ein Bunker im Ural oder im Altai Gebirge. Seine 87 Mio. teure Luxus Yacht „Graceful" hat er vorzeitig aus dem Dock im Hamburger Hafen nach Russland holen lassen.

Er ist ein Präsident mit dem ewigen Ziel der totalitären Herrschaft. Die russisch-orthodoxe Kirche weiß er aufgrund seines ehemaligen Berufskollegen vom KGB, Kyrill I., auf seiner Seite. Andersdenkende werden mundtot gemacht. Aktuelles Beispiel ist Boris Nadeschin, ein Konkurrent für die kommende Präsidentenwahl. Er musste 100 000 Unterschriften aus 40 russischen Regionen sammeln. Eingereicht hatte er 104 734. Davon wurden 60 000 geprüft und 9 147 für ungültig erklärt. Somit durfte er aufgrund willkürlicher Behauptungen bei der Präsidentenwahl nicht kandidieren. Putin von der Regierungspartei hatte 300 000 Unterschriften vorzulegen. Gesammelt wurden 300 000; also zugelassen. Das ist die friedliche Art, Wladimir Putins Gegner zu isolieren. Offensichtlich erkennt er, dass trotz der staatlichen Kommunikation zu viele Bürger eine andere Meinung haben. Ein Großteil der Bevölkerung ist abhängig von staatlichen Jobs. Daraus entwickelt sich ein Apparat mit Sicherheitskräften und Bürokraten, deren Einkommen und sozialer Status von Wladimir Putins Wohlwollen abhängig ist. Mittelstand und Unternehmertum sind in der wachsenden Kriegswirtschaft die Profiteure. Der Ukrainekrieg hat einen politisch-militärischen Vorlauf und ist auch ein persönlicher Schlagabtausch. Der Präsident der Ukraine Wolodymyr Selenskyj hatte als Comedian im Fernsehen Wladimir Putin und seine Freundin sowie sein Umfeld mehrmals durch den Kakao gezogen. Da ist Rache ein menschliches Bedürfnis.

Zum militärischen Vorlauf nur eine kurze Ausführung zur Krim. Im Mai 1944 wurden 200 000 Krimtartaren in die östlichen Regionen der Sowjetunion deportiert. Sie war bis 1954 170 Jahre lang Teil Russlands. Nikita Chruschtschow hat am 19.02.1954 für die wirtschaftliche Entwicklung (u. a. Projekt Wasserkanäle vom Dnjepr) die zerstörte Krim an dıᴇ Ukraine übergeben. Vorher abgestimmt haben nicht die zuständigen Obersten Sowjets in Kiew und Moskau, sondern nur deren Präsidien, weshalb die Beschlüsse juristisch tatsächlich illegal sind.

Am 20.01.1991 nach dem Zusammenbruch der Sowjetunion wurde nach einem Referendum die Ukraine zu einer autonomen Republik. Am 12.02.1991 per Gesetz – nur auf dem Papier – sogar zur Autonomen Sozialistischen Sowjetrepublik Krim innerhalb der Ukrainischen USSR. Nach der Unabhängigkeit der Ukraine erhielt die Krim am 04.09.1991 ihre Souveränität. Ein Referendum im Dezember belegte mehrheitlich die Befürwortung der Souveränität. Dann folgten etliche separatistische Handlungen auf beiden Seiten.

Am 20.02.2014 begann eine unangekündigte militärische Spezialoperation mit grünen Männchen in Militäruniform ohne Hoheitsabzeichen. Am 21.03.2014 verlieh Wladimir Putin per Dekret der Krim den Status eines „Föderalen Bezirks innerhalb der Russischen Föderation". Er hat die ukrainische Halbinsel KRIM völkerrechtswidrig eingegliedert.

Unterstützt wurde die Tat durch ein abgehaltenes Referendum, wo 95 % der Wähler für die russische Unterstellung waren. Das Referendum wurde von keiner offiziellen Seite anerkannt. Die Krim war in aller Welt als mondänes Badeparadies der Russen bekannt, als die Riviera des Ostens.

Putin ist kein rationaler Akteur. Seit Monaten zeigt er sich verändert. Seine Reden beinhalten nicht mehr den NATO-Beitritt

der Ukraine. Der Westen kann militärisch nicht direkt ein-
greifen. Daher sind Sanktionen das bisher Einzige, glaubt der
Westen. In der Zwischenzeit wächst die Erkenntnis, dass alle
Sanktionen umgangen werden.

Die aktuelle Erkenntnis liefert eine ballistische Rakete aus
Nordkorea, die in Charkiw niedergegangen war. In der Rakete
sind 290 elektronische Teile verbaut, die nicht aus Nordkorea stammen. Es sind Teile des Navigationssystems aus USA,
Deutschland, Singapur, Japan, Schweiz, Niederlande, Taiwan und
China, die auch darauf hinweisen, wie Nordkorea auf Importe
aus dem Ausland angewiesen ist und dies problemlos umsetzt.
Produktionsdaten auf einigen Komponenten weisen darauf hin,
dass die Rakete erst nach Beginn des russischen Angriffs auf
die Ukraine im Februar 2022 nach Russland gelangt ist. Das ist
das Ergebnis der Organisation „Conflict Armament Research"
in London. Nicht vergessen sollte man den entstandenen Schaden für die Wirtschaft der BRD. Deutsche Unternehmen wurden per Erlass von Putin unter Zwangsverwaltung gestellt und
haben erhebliche Vermögenswerte und Absatzmärkte verloren.

Eigentlich ist es völlig unlogisch, so einen Krieg weiterzuführen.
Denn Russland könnte Gas, Öl, Seltene Erden, Mineralien teuer
verkaufen und die Bevölkerung aus der Armut führen und in
Frieden leben lassen. Es gab vor dem Krieg nur die Bedrohung
des McDonald's-Kapitalismus, den man ja als intelligenter Bürger
GERMANIENs auch nicht empfehlen kann. Die von ihm ständig
wiederholte Aussage, dass die NATO Russland bedroht, ist, wie
wir jetzt selbst erkennen müssen, eine Luftnummer. Denn die
NATO ist kein Angriffspakt, sondern ein Verteidigungsbünd-
nis noch unter Führung der USA. Amerikanische Soldaten will
er nicht an seinen Grenzen sehen.

Unbeachtet bleibt das Budapester Memorandum von 1994. Russland, USA und GB hatten der drittgrößten Atommacht Ukraine
gegen die Abgabe aller Nuklearwaffen die territoriale Integri-
tät versichert. Es geht Putin nicht um die Ukraine; es geht ihm

um die Vernichtung der ukrainischen Nation. Als russischer Imperialist sieht er die orthodoxe Dreifaltigkeit aus Russland, Belarus und Ukraine. Sein Ziel ist, wie er geschrieben hat, die Auslöschung der nationalen Identität der Ukrainer; ein ideologischer Krieg mit dem klaren Ziel der Vernichtung. Seine Rüstungsindustrie, die ein Drittel des Haushaltes verbraucht, zahlt gute Löhne. Die Bevölkerung glaubt, dass der Krieg Russland stark macht. Den Krieg führt der Westen gegen Russland. Putin selbst führte eine Spezialoperation gegen die Ukraine. Seit März 2024 gibt es auch einen Verteidigungskrieg gegen NATO und EU. Eine Niederlage der Ukraine bedeutet: die Demokratie ist schwach und autoritäre Regime sind stark. Desgleichen ist es eine Niederlage des internationalen Rechts.

Das russische Kriegsmaterial ist nicht das, was der Westen immer geglaubt hat. Russland erfährt aktuell eine enorme Aufrüstung.

Es werden mehr zivile Gebäude zerstört als militärische Anlagen, so dass unbeteiligte zivile Personen in großer Anzahl teilweise auch gezielt getötet werden. Von Kollateralschäden kann bei dieser Art Krieg nicht mehr gesprochen werden. Es sind Tötungen, die gegen das Völkerrecht und Kriegsvölkerrecht verstoßen. Die Waffen stehen an Abschussorten, die außerhalb der Reichweite der Ukraine liegen. Zerschossene Krankenhäuser, Schulen, Energieversorgung, alles waren zivile Einrichtungen.

Ohne Nordkorea und den Iran, die Drohnen und Raketen liefern, sähe die Lage für die Ukraine positiver aus. Militärisch kann nur noch ein Drohnenhagel von Tausenden Drohnen eine Entscheidung zugunsten der Ukrainer bringen, wenn alle Waffenstellungen der Russen auf russischer Seite nahe der Grenze zur Ukraine vernichtet werden können. Dann bleibt die Ebene des Waffeneinsatzes auf dem jetzigen Niveau.

Eine Unsicherheit entsteht nur bei der Frage: Was geschieht, wenn Putin den Krieg schneller beenden will? Da sind alle westlichen Geheimdienste gefragt, rechtzeitige Anzeichen zu erkennen. Darauf muss sich auch der Kanzler der noch BRD vorbereiten.

Armeesoldaten werden zu Tausenden aus fremden Ländern, sogar aus Nordvietnam, mit 2 000 $ Monatsgehalt angelockt, da Putin keine allgemeine Mobilmachung befehlen will. In der Ukraine sind Nachschub für Material und Personal zu großen Problemfeldern geworden. Die Lage verschlimmert sich. Beim internationalen Einkauf von Munition hat Putin die Nase weit vorn, weil er gleich bezahlen kann, während NATO-Staaten zwar zusagen, aber das Geld über das Parlament verhandelt werden muss. Die Industrie nimmt nur Sofortüberweisungen. Das sind erhebliche Schwachstellen der Demokratie für die Ukraine.

Somit ist es jetzt das kleinere Übel, wenn man mit Verhandlungen beginnt, bevor man alles verliert. Die Forderungen müssen dem Kriegsverlauf angepasst werden. Man beginnt wie bei der Eisenbahnergewerkschaft mit Maximalforderungen und nähert sich dann an. Je nach Sturheit kann es sehr lange dauern.

Die Ukraine kann auf längere Sicht nicht alles Gelände zurückholen. Sie hat den Anfang militärisch verschlafen, seit eine 50 km lange russische Kolonne ohne Gegenwehr einmarschierte. Gebiete in Donezk und Luhansk sind total zerstört. Was wollen sie damit? Wer soll den Aufbau bezahlen? Das ist eine reale Frage, die man sich jetzt stellen muss! Den Ukrainern aus diesem Gebiet kann man das Geld für eine Umsiedlung im westlichen Teil übergeben. Die mehrheitlichen Russen in diesem Gebiet bleiben dort und müssen auf W. Putins Nachkriegszeit hoffen. Wenn die Ukraine Putin glaubhaft machen kann, dass sie über Nacht die Krim zurückholen könnte, gäbe es ein Verhandlungspfand. Mehr ist nach augenblicklicher Bewertung politisch nicht mehr drin. Die Ankündigung von Wladimir Putin im Juni 2024 zur Bereitschaft von Friedensverhandlungen mit Bedingungen ist für die Ukraine ein Aufruf zur Kapitulation. Das strategische Interesse von USA und NATO lässt eine derartige Friedensverhandlung nicht zu. Die Wankelmütigkeit des Kanzlers ist dabei nicht förderlich.

Historisch gesehen werden Kriege durch totale Übernahme, durch Kapitulation und/oder Friedensverhandlungen beendet.

Was kann geschehen? Die Ukraine bekommt Material und Personal, das zur Eroberung der Krim reicht.

- Material und Personal, das nur für einen jahrelangen Zermürbungskrieg reicht.
- Material und Personal, das nicht mehr ausreicht. Die Ukraine wird überrannt.

In beiden Fällen wird es keine Verhandlungen mit Wladimir Putin geben. Er lässt so lange kämpfen, bis sein Ziel erreicht ist. Die Drohung mit regionalem Einsatz von einer oder mehr Atomwaffen zur Erreichung seines Zieles ist sehr ernst zu nehmen.

Die Zerstörung von Menschenleben, Familien, Kulturgütern, Industrieanlagen ist ihm egal, wie man bisher erleben kann. Sogar ukrainische Kinder werden verschleppt und russischen Familien übergeben. Die Anklagen zu den Verstößen des Völkerrechts laufen; aber bisher ohne Wirkung.

Wenn er die Ukraine erledigt hat, sind die nächsten Ziele für sein Großrussisches Reich Georgien, Moldawien, Baltikum und Polen. Erst dann ist – wie in seinem Aufsatz nachzulesen – seine ideologische Mission füllt.

Zu Zeiten des Kalten Krieges gab es die atomare Abschreckung zwischen der UdSSR und den USA, wo mindestens zwei Mal ein Atomkrieg abgewendet worden ist.

Wenn Putin glaubt, einen Atomkrieg überleben zu können, dann kann Kiew mit einer Bombe rechnen. Vergleichsweise zum Kalten Krieg steht nicht nur Putins Russland gegen die USA und die NATO, sondern China und Nordkorea ebenso. Nur die Geheimdienste wissen, wie veraltet und einsatzfähig die Atomwaffen für eine Abschreckung sind. Da spielt Deutschland keine Rolle. Putin hat einen langen Atem und hat seine Zielsetzungen noch nicht verändert. Die Kriegsmaschinerie läuft auf Hochtouren.

Karl, mit den Erkenntnissen aus dem Kalten Krieg, sieht folgendes Szenario. Die Mär deutscher Politiker von der Eigenverantwortung der Ukraine für Verhandlungen ist ein großer Fehler einer provinziellen Denkweise. Denn die Auswirkungen dieses Krieges auf die BRD sind gewaltig. Deshalb müssen wir dafür sorgen, dass der Krieg schnellstens beendet wird.

Karl schöpft aus der „Deutschen Nachkriegsgeschichte". Willy Brandt hat nicht selbst mit der Russischen Führung über eine Wiedervereinigung verhandelt, sondern ein Unterhändler – ohne Teilnahme der Öffentlichkeit – über mehrere Monate hinweg. Es war sein Sonderbeauftragter Egon Bahr, der die neuen Beziehungen erfolgreich aufgebaut hat. **Sein Motto: „Wandel durch Annäherung".**

Danach könnten aktuell Verhandlungen wie folgt ablaufen:
Die EU stellt eine Gruppe von 4 passenden Ministerpräsidenten zusammen (nicht aus Grenzländern oder ehemalige Sowjetstaaten), die in Genf die Verhandlung aufnehmen. Verhandlungspartner sind jeweils Unterhändler der Russischen Föderation. Das Angebot der Ukraine: Beendigung des Krieges mit den aktuellen Kriegsgrenzen. Antwort von Wladimir Putin? ...Weitere Aussprachen.
Wenn Putin ablehnt, dann muss man ihn zu einer schriftlichen Niederschrift zwingen, seine Zielsetzung zu formulieren und eventuell mit der Besetzung der Krim drohen.
Dann weiter verhandeln. Daraus muss sich das Wissen ergeben, wann W. Putin bereit ist, Artillerie-Atommunition einzusetzen oder gar taktische atomare Mini-Bomben. Gibt es kein Ergebnis, erfolgt folgendes:
Die EU bietet der Rest-Ukraine sofort einen Beistandsvertrag. Die Oblasten Krim, Donezk und Luhansk sind verloren. Die neue Ostgrenze der Ukraine wird mit Hilfe der EU befestigt. Die erforderlichen Sicherheitsmaßnahmen für das Baltikum, Polen und Moldawien werden finanziell und militärisch verstärkt.
Die EU-Staaten Deutschland, Frankreich und Polen bilden den Kern einer Europäischen Verteidigungsgemeinschaft EVG (European Defense Organisation [EDO]) mit freiwilligem Beitritt weiterer Staaten wie z. B. GB als Teil der alten NATO mit den

USA. Eine Vereinheitlichung von Waffen in der Rüstungsindustrie wird vorangetrieben. Russland unter Putin bleibt der militärische Feind, dessen weitere militärische Operationen nicht erst bekämpft, sondern frühzeitig verhindert werden.

Die Bevölkerung der Republik GERMANIEN wird auf die ernste Bedrohung politisch und militärisch eingestimmt und aufgeklärt. Eine der Bedrohung entsprechend berechnete Verteidigungsbereitschaft ist erforderlich. Ansonsten heißt es, entweder am Leben bleiben oder russisch tot sein. Adolf Hitler hatte seine Ziele niedergeschrieben, Donald Trump hat seine Ziele im TV nachprüfbar geäußert, Wladimir Putin hat seine Ziele niedergeschrieben und alle haben ihre Ziele durchgesetzt, weil ihnen keiner glauben wollte und nur ständig gehofft wurde. Der bisherige Kriegsverlauf bedarf keinerlei Zweifel an der Ernsthaftigkeit der totalen Durchsetzung von Wladimir Putins Zielen, koste es was es wolle. Die KGB-Ausbildung lässt grüßen.

Israel und Palästina

Israel ist aufgrund des Krieges gegen die Hamas und die unbewaffnete Palästinenser-Zivilgesellschaft zu einem zentralen Kriegsschauplatz am Mittelmeer geworden und daher außenpolitisch mit Auswirkungen auf GERMANIEN näher zu betrachten. Aufgrund der ständigen historischen Antisemitismus-Diskussion in den deutschen Medien gibt es dafür ein gesondertes Kapitel, das auch Tatsachen beinhaltet, die nicht in den Medien erschienen, weil sie nicht in das „Deutschland-Schuld-Bild" passen. Inzwischen bringt nicht nur ein falsches Wort, sondern auch ein falsch verstandenes Wort jeden Bürger trotz Artikel 5 GG in Deutschland bis zum Wechsel zur RG vor den Kadi!

Wer ist denn jetzt schuld, dass Ministerpräsident Benjamin Netanjahu einen Krieg gegen Rest-Palästina führt? Alle Welt sieht zu, wie ein Volk auf grausame Art und Weise mit Verstößen gegen das Völkerrecht dezimiert wird. Warum sind die sogenannten „Überlebenden" nicht in der Lage, mit ihrer Erfahrung diese Kriege zu beenden? Nach über 80 Jahren immer wieder nur Reden der Mahnung; eine Dauerschleife ohne Erfolg. Denn es ist doch wieder passiert, nur mit Bomben und Artillerie sowie mit Sprengstoffladungen in zivilen Funkgeräten!

Karl, geboren im Dezember 1942, und sein Bruder (gestorben) waren beide zweifache innerdeutsche Flüchtlinge. Karl wurde im Januar 2023 im öffentlich-rechtlichen Fernsehen tatsächlich vorgeworfen, dass er und seine Mutter als Deutsche mitschuldig an Hitlers Verbrechen sind: Es wurde gesagt, alle Deutschen sind mit schuld. Wenn Karl jetzt behauptet, Netanjahus Glaubensgenossen sind alle mit schuld am Kriegsverbrechen der Zivilbevölkerung, dann ist das dieselbe Lüge.

Derartige Behauptungen lässt Karl in GERMANIEN ebenso unter Strafe stellen wie Beleidigungen jeglicher Art gegen Gläubige. Der Glaube ist eine persönliche Freiheit, solange er persönlich bleibt. Der Krieg Israel gegen Rest-Palästina ist kein Glaubenskrieg.

Schuldzuweisungen haben noch nie zum Frieden geführt. Taten sind erforderlich! Da gab es von deutschen Bürgern gegen Hitler in der Zeit von 1933 bis 1945 fünfundvierzig Attentatsversuche, davon 10 allein im Jahr 1933. Leider alle ohne Erfolg. Nachzulesen in Büchern, jedoch nicht vermittelt in den deutschen Schulen und in den Medien! Es gibt sogar neben der einen Gedenkstätte „Deutscher Widerstand gegen Hitler" weitere auch private Museen über alle Attentate. Das Schul- und Medieninteresse an diesen Museen ist nahezu null. Vergleichsweise gibt es gegen Netanjahu weder aktive Widerstandskämpfer noch Attentate. Warum nicht?

Nach über 70 Jahren Erinnerungs- und Mahnkultur in Deutschland fragt sich der politische Bürger: warum kann es 2024 in Israel einen Führer geben, der ungestraft Zehntausende Zivilpersonen töten lassen kann, obwohl die übrige Welt,

138 Nationen der Vereinten Nationen, die sofortige Einstellung der Kampfhandlungen in Gaza fordern?

Die Erinnerungs- und Mahnkultur, die jährlich mit Hitler-Judenfilmen in Deutschland verstärkt wird, hat versagt. Auch die Friedensforschung **hat versagt**. Sonst gäbe es jetzt Lösungen, die beide Kriege nach kürzester Zeit beenden könnten.

Manche Kriege sind nur dann schnell zu Ende, wenn man die Anführer auch schnell ihres Amtes entledigt und eine von der Bevölkerung anerkannte regierungsfähige Opposition einsetzt.

VÖLKERRECHT

Der Zustand im jetzigen 7. Israel-Krieg gegen Palästinenser ist im Völkerrecht nicht beschrieben, da keine zwei Armeen gegeneinander kämpfen.

Es stehen sich gegenüber: eine modern hochgerüstete Armee des Staates Israel mit Großgeräten von Armee, Luftwaffe, Heer, Marine, Atomwaffen und Geheimdienst. Die dazugehörigen Soldaten tragen Uniform und sind schwer bewaffnet. Der Geheimdienst Mossad sorgt für die Zielparameter.

Auf der anderen Seite steht eine Widerstandsgruppe Hamas der Palästinenser als Fußtruppe ohne Uniform mit Handfeuerwaffen ohne militärische Registrierung. Keiner auf dieser Welt weiß, wie sie alle aussehen und wie viele es sind. Die Hamas-Anhänger sind demnach Partisanen, also bewaffnete Kämpfer, die keine Soldaten einer Armee sind. Dazu kommen einige Hundert freiwillige Widerstandskämpfer und Mitläufer, die im von Israel eingezäunten Gefängnis, genannt Gazastreifen, mit der Hamas agieren.

Ihre Raketen sind ungelenkte Sprengstoffrohre, die in Selbstbausätzen aus Wasserrohren in größerer Anzahl vorhanden waren und bis heute keinen Israeli getötet und geringsten Sachschaden (kein Totalverlust eines Gebäudes/Hauses) verursacht haben. Hunderte von abgeschossenen Raketen haben in Verbindung mit den israelischen Sirenen nur eine moralische Wirkung. In Verbindung mit Sirenen werden sie politisch zum Psychoterror, stellen aber keine tödliche Gefahr dar. Schäden erfolgten bisher nur durch abgeschossene Trümmerteile sowie Flugkörper aus dem Iran.

1,4 der 2,2 Millionen Palästinenser sind auf der Flucht innerhalb des Gazastreifens von Nord nach Süd, von Ost nach West hin und zurück, wie es Netanjahu befiehlt. 45 000 zivile Palästinenser wurden bisher getötet, umgebracht. Trotz der internationalen Aufrufe setzt Israel seine Bombenabwürfe fort. Die Zivilbevölkerung hätte ja fliehen können, ist die Begründung. Die Bomben stammen aus den USA.

Alle internationalen Aufrufe für Humanitäre Korridore prallen bei Netanjahu und seinen Mitstreitern ab. Sie verweigern sogar Hilfstransporte.

Bei den militärischen Auseinandersetzungen zwischen Israel und Palästina wurde noch nie Rücksicht auf die Zivilbevölkerung genommen. Bomben, die Hunderte auf einmal töten, hinterlassen keine Bilder, die die Presse veröffentlichen kann. Kommunikationsanlagen sind zerstört. Also gibt es auch keinen Aufschrei wie bei einem Foto in der Presse von einer einzelnen blutverschmierten Geisel in Israel.

Der Hass hat sich seit der Gründung von Israel auf beiden Seiten von Jahr zu Jahr und von Militäroperation zu Militäroperation gesteigert. Die international verbotene israelische Siedlungspolitik tut ihr Übriges dazu.

Eine Internationale Organisation hatte 2022 – also lange vor dem Überfall – Umfragen bei der Bevölkerung des Gazastreifens, den Palästinensern, durchgeführt. 73 % wollten nicht direkt mit den Hamas etwas zu tun haben. 42 % unterstützen den Kampf gegen die Israelis.

Die palästinensische Zivilbevölkerung ist den Hamas ausgeliefert, von denen auch sie nicht weiß, wieviel Kämpfer es sind. Die Palästinenser kämpfen seit der Gründung von Israel um ihren eigenen Staat. Sie stehen seit Jahren zwischen den Fronten. Wie überall auf der Welt klammert sich die Bevölkerung an den, der ihre Ziele verwirklichen will: das eigene verlorene Staatsgebiet Palästina zurückzubekommen, um in Frieden zu leben.

Israel hält sich nicht daran; besser gesagt, Netanjahu. Denn das israelische Volk hat auch Gruppen mit unterschiedlichen Ansichten: von religiös rechtsextrem bis human liberal, für und gegen den Krieg.

Nur die Durchsetzung einer Staatenlösung für das völkerrechtlich anerkannte Palästina kann zu einer Beruhigung führen. 139 Staaten der Welt fordern seit Monaten die Beendigung des

Krieges. Die Ausbreitung des Israelkrieges hat Netanjahu selbst vorprogrammiert. Weitere Bombardierungen nach israelischer Art führen unweigerlich nicht nur zu einem Gegenschlag.

Rückblick: Am 07.10.2023 durchbrechen Hamas Widerstandskämpfer (Harakat al Maqawama al-Islamiya), ein Zweig der sunnitischen Muslimbrüderschaft, in unbekannter Zahl die Sperranlagen Gazas an mehreren Stellen mit primitivem Gerät und beginnen einen Überfall mit Handfeuerwaffen hinter der Grenze im Kibbuz Niz Oz. Ein Teil der Kämpfer hatte das Mittel Captagon genommen, das dieses tierische Massaker ermöglichte (aus Bericht Israel Defense Forces, IDF). Das Ziel der Hamas war die Tötung und Gefangennahme von 200 israelischen Soldaten, die jedoch zu großem Teil vorher in das Westjordanland verlegt waren, um die 700 000 Siedler zu schützen. Somit konnten die Gruppen unkoordiniert 695 zivile Israelis, 373 Sicherheitskräfte und 71 Ausländer töten und 239 Geiseln entführen.

Zuvor wurde diese Aktion 18 Monate vor den Augen der israelischen Grenzsoldaten geübt. Israel hat drei Geheimdienste: Mossad (Ausland), Schin Bet (Inland) und Aman (Militär). Der öffentlich-rechtliche Kan-Sender berichtete, dass der Geheimdienst Aman aufgrund des Briefes der Elite-Geheimdiensteinheit 8 200 vom 19.09.2023 über Training der Hamas für ein Eindringen in Militäreinrichtungen und von Plänen zur Entführung von 200 bis 250 Israelis (auch Frauen und Kinder) Vorgesetzte der Armee gewarnt hat. Diese Übungen wurden für ein Eindringen in Militäreinrichtungen beschrieben. In der Gaza-Division hat man dies ignoriert, weil man davon ausgegangen ist, dass im schlimmsten Fall mehrere Dutzend Terroristen an drei Stellen nach Israel vordringen könnten. Bis zum 07.10.2023 habe die Armee sich vor allem auf die Sperranlagen an der Grenze zum Gazastreifen verlassen, die bis tief in die Erde reichen. Ranghohe Militärs der Gaza-Division haben mit Geringschätzung auf die Warnungen des Geheimdienstes reagiert. Es hat niemand Alarm ausgelöst. Der Kommandeur der israelischen Gaza-Division hat nach dem Überfall seinen Rücktritt erklärt.

Die israelische Rache (Worte von Ministerpräsident Benjamin Netanjahu) erfolgte prompt mit der Einberufung von 300 000 Reservisten, der Verkündung des Kriegsrechts und dem Beginn der Militäroperation „Eisernes Schwert", inbegriffen weiterer Bomben-Luftangriffe. Die Armee soll im Rahmen der Selbstverteidigung bis zum totalen Sieg über die Hamas kämpfen. Es erfolgten Einmarsch und Besetzung.

Dabei wird das Selbstverteidigungsrecht seit dem 10.10.2023 nicht mehr auf eigenem, sondern auf fremdem Staatsgebiet ausgeübt; in Rest-Palästina, Gaza und dem Westjordanland.

Seit dem 09.10.2023 befand sich kein Hamas-Terrorist mehr auf dem Staatsgebiet von Israel. Eine Selbstverteidigung im eigenen Land ohne Gegner gibt es gemäß Völkerrecht nicht.

Die überlebenden Hamas-Kämpfer sind nach dem Überfall sofort wieder abgezogen und haben israelisches Gebiet verlassen.

Israelische Truppen marschierten mit schwerem Gerät und Panzer in das Staatsgebiet von Rest-Palästina, genannt Gazastreifen, ein. Erst wurde der Norden beschossen und bombardiert (6 000 Bomben in 6 Tagen). Gemäß UNOSAT wurden Moscheen, Schulen Wohnhäuser und Krankenhäuser von über 30 000 Bomben und Hunderten Sprengungen zerstört. Alle übriggebliebenen Krankenhäuser im Norden von Gaza sind nur noch Flüchtlingsherbergen. Von insgesamt 36 Gesundheitseinrichtungen im Gazastreifen sind nur noch 8 im Betrieb. Der Gaza-Hafen ist von Israel für Hilfsgüter blockiert. Die UN hätte Lazarettschiffe im oder vor Gaza-Hafen bereitstellen können. USA, GB und Frankreich haben derartige Schiffe; zurzeit alle ohne Einsatz. Die israelische Armee forderte palästinensische Flüchtlinge auf, Richtung Rafah zu evakuieren. Dann wurde auch dort bombardiert, wo sich inzwischen 1,4 Millionen der Zivilbevölkerung aufhielten. Des Weiteren wurden Wohngebäude entlang der Grenze gesprengt. Die Hamas, als Fußtruppe, verteidigte sich aus einem Tunnelsystem heraus mit Handfeuerwaffen. Einige Raketen der Selbstbausätze wurden noch gezündet, ohne Schaden anzurichten. 1,4 Millionen Flüchtlinge der Zivilbevölkerung sind im Gazastreifen gefangen, da sie keine Möglichkeit haben, das eingezäunte und eingemauerte größte Staatsgefängnis der Welt zu verlassen. Bei den Flächen-Bombenangriffen durch die Israelis wurden in der Zeit vom 08.10.2023 bis 08.10.2024 rund 44 000 Palästinenser getötet, davon 75 % Frauen, Kinder, Greise; jeden Tag 125 Personen der Zivilbevölkerung. 86 000 sind verwundet/schwer verwundet und verstümmelt (Beine, Arme, Augen, Gesicht usw.) Keine der Zivilpersonen konnte sich wehren und viele von ihnen sterben aufgrund mangelnder medizinischer Versorgung. Das sind mehrere Vergehen gegen das Völkerrecht und Kriegsvölkerrecht.

Wenn man rechnerisch von den 45 000 Toten Palästinensern 3 000 Hamas-Aktive subtrahiert, sind 42 000 zivile Personen völkerrechtswidrig getötet und ermordet worden und kein Hammas ist mehr am Leben. Es gibt jedoch von Netanjahu bis heute keine Nachricht, wieviel Hamas getötet wurden und wieviel noch zu töten sind. Damit ist der ständige Verweis auf Selbstverteidigung endgültig ein Witz.

Im Tunnelsystem zwischen Ägypten und Gaza, das die Israelis vor dem Überfall für den Warenaustausch geduldet hatten, sind einige Zivilisten gefunden worden, die durch Gas gestorben sind. Anfang April fluteten Israelis Tunnelsysteme mit Wasser, so dass darin alles ertrinkt, ohne zu wissen, was und wer sich darin befindet; auch ihre Geiseln. Beides sind Aktivitäten gegen das Völkerrecht.

160 000 Gebäude, also 60 %, sind im Gazastreifen zerbombt oder gesprengt! 1,7 Mio. Palästinenser haben bisher alles verloren und leben auf der Straße. Die Zivilbevölkerung hat keine Lebensmittel, keinen Handel, keine Arbeit, keine Freiheit und hat keine Ordnungshüter; sie verhungern und verdursten zu Hunderten. Hilfslieferungen nach Gaza bleiben im Süden stecken. Weiterhin finden Vertreibungen im Westjordanland durch Siedler statt, die Netanjahu ab 08.10.2023 bewaffnen ließ.

Am 22.12.2023 erfolgte eine Sprengung des Knotenpunktes des HAMAS-Tunnelsystems unter dem Palästina-Platz im Zentrum der Gaza Stadt. Alle Toten wurden unter Trümmern begraben. Parallel dazu wurden an den Grenzanlagen sämtliche Wohnhäuser gesprengt.

Seit Kriegsbeginn sind – nicht verifiziert – 12 500 Raketen von den Kass am-Brigaden auf Israel abgefeuert worden. Es gab jedoch keine getöteten oder verletzten Israelis, nur geringe Sachbeschädigungen; absolut kein Vergleich mit den Bombardements der Israelis.

Vor dem Krieg passierten 500 LKW pro Tag Rafah, jetzt sind es 90 oder gar keine. Die USA haben mit Jordanien eine Hilfe aus der Luft am Gaza-Strand organisiert sowie einen Hilfsanleger für Boote gebaut. Dabei kommen die Lebensmittel nicht bei den Schwachen an, da es keine Verteilerorganisation gibt.

Die Beschießungen und Flächenbombardierungen gehen sogar wieder in Nord-Gaza weiter. Die Meinung des Volkes auf der Straße: „Das ist doch keine Verteidigung mehr, das ist wie ein Genozid an den Palästinensern."

Dennoch bleibt Benjamin Netanjahu bei dem Ziel, die Hamas bis zum Sieg zu vernichten. Inzwischen wurden die Anführer zerbombt und den Krieg verlagert Netanjahu in den Libanon. Aber ein Sieg über die Hamas wurde noch nicht ausgerufen. Sein Kabinett von ultrarechten und tiefreligiösen Politikern verfolgt das Ziel von Großisrael: Eretz Israel Ha Schleme.

Das bedeutet Vertreibung, Aushungerung und oder Vernichtung der Palästinenser; nicht nur der Hamas-Miliz von geringer unbekannter Zahl.

Vergessen darf man dabei nicht, dass Netanjahu die Hamas in Gaza jahrelang finanziell unterstützt hat, um die palästinensische Autonomiebehörde im Westjordanland mit seinen 700 000 israelischen Siedlern zu schwächen. Diese Unterstützung ist als großer Fehler zu verbuchen.

Der Kriegsverlauf zeigt eine kollektive Bestrafung der Palästinenser, verbunden mit der Abkopplung humanitärer Hilfe.

Rechtslage

Die Selbstverteidigung gibt jedem Mitgliedstaat das Recht, sich gegen einen bewaffneten Angriff zu wehren und ist in Artikel 51 der Charta der Vereinten Nationen festgelegt. Das Selbstverteidigungsrecht soll nur den zeitlichen Verzögerungen Rechnung tragen, mit welchen der UN-Sicherheitsrat aktiviert werden kann und zu einer Entscheidung nach Kapitel VII der UN-Charta über Maßnahmen bei Angriffshandlungen gelangt. **Es kann so lange in Anspruch genommen werden, wie die Angriffshandlungen andauern. Rache und Vergeltung sind nicht zulässig.** Es endet, sobald die Angriffshandlungen endgültig beendet sind und somit der gegenwärtige Charakter des bewaffneten Angriffs nicht mehr gegeben ist.

Am 29.12.2023 hat Südafrika beim Internationalen Gerichtshof (IGH) in Den Haag gegen Israel Anklage wegen Völkermord an den Palästinensern im Gazastreifen eingereicht und erklärte: „Die Handlungen der israelischen Streitkräfte hätten einen völkermörderischen Charakter, da sie auf die Vernichtung der Palästinenser in diesem Gebiet abzielen würden."

Die Konvention über die Verhütung und Bestrafung des Völkermordes besagt im Artikel 2: Völkermord sind Handlungen, die in der Absicht begangen werden, eine nationale, ethnische, rassische oder religiöse Gruppe als solche ganz oder teilweise zu zerstören. **Über 135 000 getötete und verletzte/schwer verletzte Palästinenser sind eine zerstörte nationale und religiöse Gruppe und damit liegt Völkermord vor; nämlich sechs Prozent der Gesamtbevölkerung.**

Das Kriegsrecht ist ein Teil des Völkerrechts, das sich aus Verträgen, Abkommen, Konventionen und Pakten entwickelt hat.

Kriege sind heutzutage grundsätzlich gemäß Art. 2 Ziff. 4 Allgemeines Gewaltverbot der Charta der Vereinten Nationen völkerrechtswidrig.

Das Recht auf Selbstverteidigung Artikel 51 der Charta der Vereinten Nationen beinhaltet **kein Recht auf Vertreibung**. Es gilt so lange, wie die Angriffshandlungen andauern.

Eine militärische Auseinandersetzung nach Kriegsvölkerrecht beinhaltet die Versorgung von Verwundeten und Kranken außerhalb der Kampfzone.

Das Humanitäre Völkerrecht (HVR) besteht aus internationalen Abkommen und Völkergewohnheitsrecht. Die Kombattanten dürfen nur militärische Ziele bekämpfen. Sie tragen Uniform und sind daher leicht von der Zivilbevölkerung zu unterscheiden. Angriffe im bewaffneten Konflikt sind streng auf militärische Ziele zu beschränken.

Zivilpersonen dürfen nicht Ziel militärischer Angriffe sein. Im Zweifel gilt eine Person als Zivilperson, solange sie nicht an Feindseligkeiten teilnimmt. Verluste von Zivilpersonen sind auf ein Mindestmaß zu beschränken. Für Zivilpersonen (Flüchtlinge) sind neutrale Zonen einzurichten, um Verwundete, Kranke, Nichtkombattanten, nicht teilnehmende Zivilpersonen zu schützen.

Die UN-Vollversammlung hat vor dem 07.10.2023 **gegen Israels Aktivitäten in Palästina** von 2015 bis 2022 **140 Resolutionen** ausgebracht. Damit steht Israel nahezu allein in der Welt. 139 Staaten sind nur in der Lage, Israel mit Worten zu belangen.

Aufgrund der innerstaatlichen Flüchtlinge im Süden ist am 28.10.2023 die zivile Ordnung zusammengebrochen. Da Nahrung, Wasser und Energie totale Mangelware sind, werden auch die UNO-Lager geplündert. Ursache dieser Wirkung: Israel hat Wasser und Energie für ein ganzes Volk abgestellt und verweigert erforderliche Nahrungsmitteleinfuhren entgegen dem Völkerrecht.

In der UN-Resolution vom 28.10.2023 fordern sogar 123 Staaten eine humanitäre Waffenruhe. Das negiert Netanjahu/Israel völlig. 2/3 der Welt protestiert gegen die Vorgehensweise der Israelis gegen die Zivilbevölkerung Palästinas. Weiterlaufende Kriegshandlungen nach 60 % Zerstörung von Gaza und über 140 000 Toten und Verletzten sind totale Ignoranz des Völkerrechts, des Kriegsrechts und der UNO-Konventionen.

Am 04.12.2024 haben 157 : 8 Staaten in der UN-Vollversammlung (UNGA) in einer Resolution Israel aufgefordert, die besetzten palästinensischen Gebiete zu verlassen und die Zweistaatenlösung umzusetzen.
Am gleichen Tag wurden im Libanon 4 047 Tote und 16 638 Verletzte gemeldet.

Das Völkerstrafrecht hat eine internationale und eine nationale Seite. Es beinhaltet jeweils Völkermord, Verbrechen gegen die Menschlichkeit und Kriegsverbrechen. Welche Bewertung für den „Israel Krieg" vorzunehmen ist, ist offensichtlich eine Frage der 6 Sichtweisen.

Zum Verständnis Völkermord international:

Es liegt die Absicht eines Handelns vor, eine nationale, ethische oder religiöse Gruppe ganz oder teilweise zu zerstören. Dies beinhaltet:

- Die Tötung von Mitgliedern einer solchen Gruppe
- Die Verursachung von schweren körperlichen und seelischen Schäden
- Die vorsätzliche Auferlegung von Lebensbedingungen, die geeignet sind, körperliche Zerstörung einer solchen Gruppe ganz oder teilweise herbeizuführen.

Gemäß Völkerstrafgesetzbuch der BRD vom 30.06.2002 ist das Leugnen von Völkermord strafbar.

Das Auslöschen der Fußtruppe Hamas und Nachfolger kann nur im Kampf Mann gegen Mann erfolgen, ohne die Zivilbevölkerung zu gefährden, so wie es das Völkerrecht vorsieht.

Rest-Palästina

Der Gazastreifen gehört mit dem Westjordanland zu Rest-Palästina.

Das israelitische Militär hat bis heute unter dem größten Gaza Krankenhaus Al Schifa keine Kommandozentrale gefunden. Bombardierungen auf und um das Krankenhaus waren nicht nur ein Verstoß gegen das Völkerrecht, sondern auch grundlos. Beweise für eine Zentrale kann es auch gar nicht geben, denn Araber kennen so ein Führungselement gar nicht. Sie führen in Gruppen. Für die Diskussion benötigen sie einen Raum mit Sitzflächen, um dabei Tee zu trinken. Ansonsten hätten sie auch die vorangegangenen Kriege in Übermacht gegen Israel nicht verloren. Es gibt eine Männerrunde mit Befehlsausgaben und dann geht jeder Führer in seine mobile Stellung zurück zu seiner Gruppe. Sie arbeiten in selbständigen Gruppen ohne zentrale Führung. Daher werden sie weiterhin wie bisher operieren, militärisch als Partisanen gegen eine hochaufgerüstete Armee.

Ministerpräsident Benjamin Netanjahu lehnt nach Ende des Gazakrieges einen palästinensischen Staat ab. Gemäß US-Portal Axios hat er dem US Außenminister Blinken gesagt: „Da werden wir auf Jahrzehnte alle Hände voll zu tun haben." Das ist das Eingeständnis für einen konzeptlosen Guerillakrieg. Einen Plan für danach gibt es bis heute nicht.

Jetzt hat Benjamin Netanjahu einen neuen Kriegsschauplatz aufgemacht. Israels Militär hat schon Mitte Juni 2024 nach eigenen Angaben „operative Pläne für eine Offensive im Libanon" erarbeitet.

Kommt es zu weiteren einhundertdreiunddreißigtausend libanesischen toten und verletzten Zivilisten? 4 047 Tote und 16 638 Verletzte sind es schon mit Stand 04.12.2024!

Man muss die Opposition mit in die Bewertung einbeziehen. Rhetorisch gibt es da auch andere Töne. Daniel Hagari, ein israelischer Armeesprecher sagte: „Die Hamas ist eine Idee, sie ist eine Partei. Sie ist in den Herzen der Menschen verwurzelt. Wer glaubt, wir können die Hamas ausschalten, der irrt sich.

Über die Zerstörung der Hamas zu reden, führe die Öffentlichkeit in die Irre." Sowohl Verteidigungsminister Joav Galant als auch Ex-General Benny Gantz fordern einen Friedensplan. Die Ultrarechten von Netanjahus Regierung fordern dagegen eine Wiedererrichtung israelischer Siedlungen im Gazastreifen unter israelischer Militärherrschaft.

Aufgrund der besonderen Behandlung des Themas Juden – nicht Israelis – durch viele Medien in Deutschland hat Karl seinen Bekannten **Daniel Adler aus P.E.I. Canada** gebeten, seine unbelasteten Auffassungen hier mitzuteilen.

Israel eine Gesamtbetrachtung

Israel ist ein Viel-Volksgruppen-Staat mit unterschiedlichen Juden, die weder in der Religion noch in der Politik übereinstimmen. Es gibt zum Beispiel 150 000 äthiopische Juden, die als Beta-Israelis in Israel leben. Wer als Jude anerkannt werden will, muss einem Stamm zugehören. Es gibt also nicht anerkannte Juden in Afrika und Konvertiten, die auch nicht in der übrigen Welt anerkannt werden. Die meisten Juden wissen auch 2024 nicht, welchem Stamm sie zugehören.

In Urzeiten gab es 12 Stämme. Heute gibt es drei Gruppierungen: Kohanim, Leviten und Israeli = Sonstige. Für alle gibt es Rabbiner, jedoch ohne zentralen Tempel. Die Klagemauer ist ein geduldeter Ersatz.

Woher weiß ein Jude, dass er Levit oder Kohen ist? Es geschieht durch mündliche Überlieferung vom Vater auf den Sohn (patrilineare Abstammung). Ketubah, der Nachweis ist normalerweise der eigene Ehevertrag oder der der Eltern, der von einem glaubhaften Zeugen, einem Priester, unterschrieben ist. Ein Ehevertrag impliziert, dass dann alle genannten Personen jüdisch sind.

+ Antisemitismus

Wenn man die jungen Leute an Unis und Hochschulen als anti-semitischen Mob bezeichnet, ist das genauso dumm verallgemeinert und unverschämt wie die Aussage eines überlebenden gefeierten Juden, der im TV 2023 das gesamte deutsche Volk als Mitverantwortliche von Adolf Hitlers Gräueltaten bezeichnet hat.

Die Geschichte des Judenhasses ist über 2000 Jahre alt. Griechen, Perser und Römer unternahmen Versuche, die jüdische Religion auszulöschen und deren Gläubige entweder zu bekehren oder zu vernichten. Unterschiede werden heutzutage zwischen religiösem, sozialem, politischem, nationalistischem und rassistischem Antisemitismus gemacht.

Der Antisemitismus wurzelt im christlichen Antijudaismus. Dieser ist so alt wie das Christentum selbst. Die Jesus-Bewegung war anfangs eine innerjüdische Reformbewegung. Um die neue religiöse Bewegung, das spätere Christentum, vom Judentum abzugrenzen, wurden Juden beschuldigt, Jesus ermordet zu haben. Die sich abgewendeten Gläubigen, jüdischer Tradition und nicht hebräisch sprechend, wurden antijüdisch, sie wurden zu anderen „Nicht-Juden", später als Antisemiten bezeichnet. Semiten sind also eine Volksgruppe, zu der alle Völker gehören, die die semitische Sprache sprechen. Semitische Sprachen sind Hebräisch, Aramäisch, Äthiopisch, Arabisch. Somit sind Nicht-Juden alle antisemitisch! Wo ist da eine Beleidigung? Ihre deutsche Sprache ist offensichtlich eine sehr schwere Sprache.

Mein Freund Karl gibt zu, dass er nicht Hebräisch spricht und weder jüdisch glaubt noch danach lebt. Er ist ein echter Antisemit! Alles, was er sagt und denkt, ist antisemitisch. Daher wird eine Bestrafung im Rechtsstaat der Bundesrepublik Deutschland nicht möglich. Aber wer weiß was geschieht, da die Juristen kein Brockhaus-Deutsch verstehen.

Amateurhistoriker Zvi Misinai vertritt sogar in seinen Schriften die Ansicht, dass die heutigen Palästinenser Juden sind, die nach der Vertreibung der Römer im Land geblieben sind und die später zur islamischen Konversion gezwungen wurden. Derartige Aussagen stehen alle im Zusammenhang auf der Suche nach den 10 verschollenen Stämmen, nach dem jüdischen Gen. Heute ist Israel kein einheitlicher jüdischer Staat.

Man sollte alles im historischen Zusammenhang sehen, um sachlich zu bleiben. In den Beurteilungen sind stets die Ursachen zu benennen, die es rechtzeitig zu erkennen oder auch zu bekämpfen gilt. Diskussionen im Nachhinein sind keine Hilfe für die Betroffenen. Es gibt auch im jetzigen Israelkrieg Sichtweisen, die man auseinanderhalten muss:

+ Historische Sichtweise

Am 29.11.1947 wurde von der UN-Generalversammlung die Resolution 181 beschlossen, die den Konflikt zwischen arabischen und jüdischen Bewohnern im britischen Mandatsgebiet Palästina lösen sollte; einen Staat für Juden und einen Staat für Araber mit Jerusalem unter internationaler Kontrolle. Die arabischen Staaten forderten Unabhängigkeit statt Teilung.

Am 09.04.1948 kam es im arabischen Dorf Deir Jassin zu einem Massaker durch rechtszionistische Truppen: 120 Palästinenser – auch Kinder Frauen, Greise – wurden getötet oder ermordet. Vor lauter Panik flohen mehr als 300 000 Palästinenser oder wurden vertrieben (Kurzform).

Am 14.05.1948 erfolgte in Tel Aviv die Staatsgründung Israels ohne Einbeziehung der Palästinenser auf dem Territorium Palästinas mit Grenzen zum Libanon, Jordanien und Ägypten. Daraufhin gab es Angriffe mehrerer arabischer Staaten, die zum Palästinakrieg führten. Israel dehnte sein Territorium über die Grenzen des UNO-Teilungsplanes hinaus aus.

Von den 193 Mitgliedstaaten der Vereinten Nationen erkennen 138 den von der PLO ausgerufenen Staat Palästina an. Am 29.11.2012 erhielt Palästina als Staat den Beobachterstatus der

UN. Palästina und die Palästinenser sind nicht die Hamas. Hamas ist eine politische, soziale und militärische kleine Gruppe von 0,1 %, bezogen auf die Gesamtbevölkerung.

Im Staat ISRAEL leben aktuell 20 % Araber und 80 % Juden mit unterschiedlicher Auffassung gegenüber Andersgläubigen. Da gibt es die extremen Siedler, die Ultraorthodoxen, die konservativen und die liberalen Juden. Letztere sind europäische Juden und haben mit ihren Kibbuzen Israel aufgebaut und in der Welt bekannt gemacht. Juden im Gazastreifen wurden von ihren eigenen Juden aus dem Staat Israel vertrieben.

+ Religiöse Sichtweise

Wie jeder weiß, ist Jerusalem im Land Palästina der Ursprungsort von 3 Religionen. Alle drei berufen sich auf die Situation von vor über 2 000 Jahren. Kriege haben – wie überall auf der Welt – dazu geführt, dass sich die Gebietsverteilung immer wieder verändert hat. Was sich nicht verändert hat, sind religiöse Fanatiker, die heute das Gestern wollen. Das verbriefte Miteinander in der Bibel, im Koran und in der Tanach (fünf Bücher Mose) wird missachtet oder ausgelegt und interpretiert.

In der Thora sind Aussagen zu Selbstverteidigung und Krieg zu finden. Vor einer Kriegserklärung oder einem Kampf muss aber ein ernsthafter Versuch unternommen werden, Frieden zu schließen und den Konflikt zu vermeiden. Wenn dieses Angebot nicht angenommen wird, schreibt die Thora vor, dass jeder Mann getötet und Frauen, Kinder und Vieh als Beute genommen werden sollen. Wenn jemand kommt, um dich zu töten, dann steh auf und töte ihn [16]. Das heißt auch weiterhin: Wenn jemand kommt, um dich zu verletzen, dann steh auf und verletze ihn. Man solle sich vor seinem Feind nicht verstecken und ihn nicht von hinten angreifen, heißt es im Talmud. Das sind alles Aussagen, die den Kampf Mann gegen Mann beschreiben; nicht Bomben und Artillerie gegen Mann. Für radikale Juden ist diese Art offensichtlich ein neuzeitliches Auslegen und Verstehen des Talmuds.

Für die Christen sind Aussagen über den Krieg die individuellen Predigten in den Gottesdiensten.

Die Suren der Moslems über Krieg werden ebenfalls durch Imame ausgelegt.

Keine Volksgruppe auf dieser Welt hat aktuell das Recht, einen Gebietszustand aus der Vergangenheit einzufordern!

Libanon und Jugoslawien waren nach dem Zweiten Weltkrieg zwei Länder, in denen mehrere Glaubensrichtungen friedlich nebeneinander gelebt haben. Da gab es Führer, die das Gemeinsame unterstützt haben und nicht das Trennende.

Wenn jeder den anderen glauben lässt – auch am selben Ort –, dann gibt es religiösen Frieden!

+ Humanitäre Sichtweise

Die humanitäre Sichtweise betrifft insbesondere die Zivilbevölkerung. Im Krieg gibt es normalerweise Kombattanten, die durch ihre Uniform erkennbar sind und sich von der Zivilbevölkerung unterscheiden. Dies trifft hier nur für die israelische Armee zu.

Kriege werden von Einzelnen oder einer kleinen Minderheit in Gang gesetzt. Leidtragend ist immer die Zivilbevölkerung, die sich nicht wehren kann. Wenn sie sich wehren, werden sie eingesperrt oder erschossen oder kommen im Straflager um. Um diese Unmenschlichkeit zu vermeiden, gibt es das Völkerrecht, das Kriegs- und das Humanitäre Völkerrecht.

Das Humanitäre Völkerrecht, die Haager Landkriegsordnung und die Genfer Abkommen verlangen den Schutz von Zivilpersonen in Kriegszeiten. Insbesondere stellt ein Angriff auf diesen geschützten Personenkreis ein Kriegsverbrechen dar.

Netanjahu wurde vom US-Präsidenten Joe Biden überredet, nicht gleich loszuschlagen, da nicht alle Palästinenser

Hamas-Terroristen sind. Aber sein Hass ist stärker als das Völkerrecht, mit dem 139 Staaten dieser Erde verlangen, seinen Krieg zu beenden.

+ Juristische Sichtweise

Die juristische Sichtweise basiert auf dem Kriegsvölkerrecht und dem Völkerrecht. Kriegsvölkerrecht ist das Recht zum Krieg und das Recht im Krieg. **Kriege sind heute grundsätzlich völkerrechtswidrig.** Artikel 2 Ziffer 4 der Charta der Vereinten Nationen **und nicht mehr die Fortsetzung der Politik mit anderen Mitteln!**

Da gibt es Ausnahmen, die auch dazu führen, dass Zivilisten getötet werden können. Diese sind jedoch durch die Behauptung der Selbstverteidigung nicht gegeben. Da es vielseitige militärische Maßnahmen im Bodenkampf geben kann, sind die Bombeneinsätze aus der Luft in Wohngebieten mit Zivilbevölkerung **gem. Völkerrecht Völkermord**.

Die Palästinenser sind in der 3. Generation wiederholt Vertriebene durch israelische Kampfhandlungen. Es sind von den 2,2 Mio. Palästinensern 1,2 Mio. Menschen Flüchtlinge; eingesperrt in Gaza und Westjordanland. Diese **Palästinenser sind** alle unbewaffnet und nicht militärisch ausgebildet und auf jeden Fall gemäß Völkerrecht geschützt. Sie haben auch mit dem Überfall der Hamas absolut nichts zu tun.

+ Militärische Sichtweise

Die militärische Sichtweise stellt bisher eine sehr große Informationslücke in den Medien-Aktivitäten dar. Es gab bisher etliche Kriege mit Israel:

Israelischer Unabhängigkeitskrieg (11/1947–7/1949) gegen Araber (Ägypten, Libanon, Syrien, Irak, Jordanien); alles Feinde Israels.

Sinai-Krieg (10/56–03/57) Israel, England und Frankreich gegen Ägypten.

Sechstagekrieg Juni 1967 Israel gegen Ägypten, Syrien und Jordanien.

Abnutzungskrieg (07/1967–08/1970) Israel gegen Ägypten, UdSSR und PLO

Operation Litani März 1978 Israel Einmarsch in den Libanon

Libanonkrieg (06–09/82) Israel Einmarsch in den Libanon

Libanonkrieg (07–09/82) Israel gegen Hisbollah im Libanon

Operation gegossenes Blei (12/2008–01/2009) Luftangriffe Israels auf den Gazastreifen

Operation Wolkensäule (11/2012) Luftangriffe Israels auf Hamas Einrichtungen in Gaza

Operation Protective Edge (Jul–Aug/2014) Militäroperation gegen Hamas im Gazastreifen

Operation Eiserne Schwerter ab 08.10.2023 Krieg gegen die Hamas im Gazastreifen mit dem Ziel der Vernichtung aller 2 500 (geschätzt) Hamas Angehörige.

Das sind Kriege, die bei den israelischen Feinden Spuren hinterlassen und den Hass geschürt haben. Hinzu kommt, dass Israel und Ägypten aus dem Gazastreifen seit 1994 nach und nach ein riesiges Gefängnis unter freiem Himmel gemacht haben (auch das ist gemäß Völkerrecht verboten).

Historisch belegt befahl 1973 im Jom-Kippur-Krieg Ministerpräsidentin Golda Mair, 13 Atombomben à 20 Kilotonnen TNT für die F-4 auf der Tel Nof Air Base gegen die Palästinenser gefechtsklar zu machen. Richard Nixon und Henry Kissinger verhinderten dies mit militärischen Unterstützungsmaßnahmen für Israel. Die Produktionsstätte für Atombomben Israels befindet sich weiterhin in und um Divona in der Wüste Negev.

Am 05.11.2023 hat der Minister für Kulturerbe Amichai Elijahu von der Likud-Partei (wie Netanjahu) öffentlich von einer Atombombe auf den Gazastreifen als Option gesprochen. Inzwischen ist er suspendiert. Aber das zeigt den noch immer verbreiteten Hass gegen die Palästinenser in Israel im Sinne von Golda Mair bis heute. Israelische Medienverantwortliche verhindern die Veröffentlichung dieser Tatsachen.

Die Israelis haben technisch eine der modernsten Armeen zu Land, zur Luft und zur See mit atomaren Fähigkeiten (119 Atombomben). Letzteres ist ihre Abschreckung in Nordafrika, vor deren Einsatz alle Araber Angst haben.

Die Hamas, seit 2010 den Israelis im Detail bekannt, ist eine bewaffnete Fußtruppe mit Handfeuerwaffen (Gewehre, Handgranaten, Panzerfäusten) und selbstgebauten Raketen (ungelenkte metallene Rohre mit Sprengstoff; also keine Flugkörper), die bis zum 07.10.2023 in Israel zu keiner getöteten Person geführt haben. Dieser militante Teil der Hamas ist ein nationalistischer Terrorismus für den Kampf um Autonomie und Unabhängigkeit, gepaart mit religiösem Extremismus.

Die Hamas-Taktik, Menschen als Schutzschild zu nehmen, was den Israelis seit 2010 sehr detailliert bekannt ist, ist eine weltweit bekannte uralte Guerillataktik, die den totalen Sieg nur durch Kampf Mann gegen Mann ermöglicht. Dagegen führen Panzereinsätze und Bombardierungen aus der Luft mit 200- und 400-Pfund-US-Bomben vorsätzlich zu höchsten Opferzahlen der unbewaffneten Zivilbevölkerung. Dabei entfallen auch die Möglichkeiten, weltweite Fotos der Getöteten zu verbreiten.

Für die Zivilbevölkerung in Krankenhäusern hätte es zu Beginn des Israelkrieges die Möglichkeit gegeben, die Evakuierung auf von der UN beigestellte Lazarettschiffe im Gaza-Hafen zu lenken; wie es die USA im Koreakrieg gemacht haben. Und das mit effektivster Sicherheitskontrolle gegen die Hamas.

15 000 Israelis gingen Ende Juni 2024 in Tel Aviv auf die Straße und sind gegen Netanjahus Militäraktionen. Sie wiederholen die Demonstrationen weiterhin.

73 % der Palästinenser wollen mit der Hamas nichts zu tun haben.

+ Politische Sichtweise

Die politischen Sichtweisen basieren hier auf religiösen Zielsetzungen. Daraus folgt auch ein Menschenbild, welches mit unserem heutigen christlichen Menschenbild nichts gemein hat. Ein Menschenleben ist für die beiden Kontrahenten Araber und Juden auf der Erde aus der Sicht ihres religiösen Ursprungs von vor über 2000 Jahren gegenseitig nichts wert. Das muss man zur Kenntnis nehmen. Es fehlt beiden eine ideologische Auseinandersetzung wie die Französische Revolution in Westeuropa es war.

Zur Entwicklung:
Palästina, einst das Gelobte Land Kanaan, ist heute ein zersplittertes Gebiet. Es ist das Gebiet zwischen Mittelmeer und Jordan und umfaßt das Staatsgebiet Israel sowie die seit 1967 von Israel besetzten Palästinensergebiete; Gazastreifen, Ostjerusalem und Westjordanland.

Von der Nachbarschaft zum Konflikt:
Ende des 19. Jahrhunderts lebten in Palästina, das damals zum Osmanischen Reich gehörte, fast eine halbe Million Araber mit circa 25000 Juden friedlich zusammen. Als der 1901 gegründete Jüdische Nationalfonds ab den 1920er-Jahren damit begann, systematisch Land im Mandatsgebiet Palästina zu erwerben, um eine jüdische Besiedlung zu forcieren und die Basis eines zukünftigen jüdischen Staates Israel zu schaffen, kam es zu ersten Spannungen mit der dortigen arabischen Bevölkerung.

Die Zuwanderung und der Landerwerb konzentrierten sich auf ländliche Regionen. Denn im Gegensatz zu den arabischen Vorbesitzern beabsichtigten die zionistischen Landeigentümer, das Land selbst zu bewohnen und zu bearbeiten. Damit verloren landlose Bauern, die zuvor für die Vorbesitzer gearbeitet hatten, ihre Lebensgrundlage. Sie sahen sich gezwungen, in die Städte zu ziehen, wo sie meist in Armut lebten.

Somit begann der israelisch-palästinensische Konflikt als ein sozialer Konflikt zwischen der arabischen Landbevölkerung und den jüdischen Siedlern. Zugleich verbreitete sich auch unter den Arabern ein immer stärkeres Nationalgefühl, das dem Konflikt zwischen beiden Gruppen zusätzlich Dynamik verlieh. Da beide Seiten das Gebiet Palästina für sich beanspruchten, entwickelte sich bis heute ein Territorialkonflikt.

Regionale Neuordnung nach dem Ersten Weltkrieg

Entscheidend für die weitere Entwicklung der jüdisch-arabischen Beziehungen waren die regionalpolitischen Veränderungen nach dem Ersten Weltkrieg. Das Osmanische Reich, zu dem Palästina 400 Jahre lang gehört hatte, zerfiel, nachdem es den Ersten Weltkrieg gegen die Alliierten verloren hatte. Nun stand eine politische Neuordnung des gesamten Nahen Ostens an, im Rahmen derer Palästina 1920 britisches Mandatsgebiet wurde. Die Briten hatten noch während des Ersten Weltkriegs sowohl den Arabern als auch den Zionisten das Gebiet Palästina versprochen. Während sich die Araber auf die britische Zusage beriefen, ein arabisches Königreich errichten zu dürfen, welches auch Palästina einschloss, verwiesen die Zionisten auf die Balfour-Deklaration von 1917, in welcher der damalige britische Außenminister Arthur Balfour dem jüdischen Volk eine „nationale Heimstätte" in Palästina zusicherte.

Die jüdischen Einwanderer legitimierten ihre Anwesenheit mit dem Argument, zu einer Modernisierung und wirtschaftlichen Belebung Palästinas beitragen zu können. Doch viele Palästinenser befürchteten, von den jüdischen Einwanderern wirtschaftlich abgehängt und politisch fremdbestimmt zu werden. Mit der Einrichtung jeweils eigener Institutionen und Unternehmen entwickelten sich schon früh getrennte Gesellschaften in Palästina.

Das britische Mandat über Palästina

Das von Großbritannien während des Ersten Weltkrieges besetzte Palästina wurde am 25.04.1920 durch den Obersten Rat der Alliierten auf einer Konferenz in San Remo britischer Verwaltung unterstellt. [...] Der Völkerbundrat bestätigte am 24.07.1922 das britische Mandat über Palästina. [...] Die britische Mandatsherrschaft über Palästina dauerte bis zum 14.05.1948 an. [...]

Arabischer Widerstand gegen Einwanderung und Teilungsplan
Ab 1929 kam es an mehreren Orten zu arabischen Aufständen und Angriffen auf Juden und Repräsentanten der britischen Mandatsmacht. Vordergründig ging es um die Kontrolle über die heiligen Stätten in Jerusalem, gleichzeitig kristallisierten sich im Kontext der Gewaltausbrüche erstmals zwei verfeindete Nationalbewegungen heraus. **Historisch kann das Jahr 1929 daher als der Beginn des israelisch-arabischen Konflikts betrachtet werden.** Großbritannien war nicht in der Lage, diesen Konflikt zu befrieden und geriet stattdessen immer mehr zwischen die Fronten. Als im Zuge einer arabischen Revolte 1936 ein friedliches Zusammenleben beider Bevölkerungsgruppen zunehmend unmöglich schien, erarbeitete London einen Teilungsplan für Palästina. Während der Zionistische Kongress 1937 diesen Plan im Prinzip billigte, lehnten ihn die Araber ab und setzten ihren Aufstand gegen die Mandatsmacht fort. Daraufhin löste Großbritannien alle nationalen Komitees der Araber auf und ließ Tausende Aufständische verhaften.

Unterdessen stieg die jüdische Einwanderung in Palästina sprunghaft an, da die im Deutschen Reich 1933 an die Macht gekommenen Nationalsozialisten die Juden verfolgten, vertrieben und deportierten, um schließlich – während des Zweiten Weltkriegs – einen beispiellosen Völkermord an ihnen zu verüben. Um während des Krieges zu verhindern, dass sich die arabischen Staaten mit dem verfeindeten Deutschen Reich verbündeten, versuchte Großbritannien, die jüdische Einwanderung mit strikten Quoten zu begrenzen und verbrachte Tausende illegale Einwanderer in Internierungslager auf Zypern. Dennoch gelang es jüdischen Organisationen, bis zu 100 000 Juden illegal nach Palästina zu schleusen.

Als nach dem Zweiten Weltkrieg die Gewalt in Palästina erneut eskalierte und radikale Zionisten Attentate auf britische Behörden verübten, erklärte sich Großbritannien bereit, sein Mandatsgebiet Palästina an die neu geschaffenen Vereinten Nationen abzutreten. 1947 beschloss die UN-Generalversammlung dann gegen die Stimmen arabischer und muslimischer Staaten und bei Stimmenthaltung Großbritanniens in ihrer Resolution 181 einen eigenen Teilungsplan für Palästina. Dieser sprach Juden und arabischen Palästinensern mehrere etwa gleich große Gebiete zu, die jedoch schlecht untereinander verbunden waren. Für Jerusalem sah der Teilungsplan eine internationale Verwaltung vor. Die arabische Welt lehnte diesen Teilungsplan umgehend ab und in Palästina kam es zu blutigen Kämpfen zwischen jüdischen und arabischen Milizen.

Großbritannien und der Zionistische Weltkongress waren seit 1929 die beiden Parteien, die um Grenzen und Gebiete gemäß ihrer Teilungspläne für Araber und Juden feilschten. Am Ende gab es einen UN-Teilungsplan, an den sich Israel bis heute nicht gehalten hat.
Gegen die zunehmende jüdische Einwanderung und die britische Mandatsherrschaft erhob sich die arabische Bevölkerung im Aufstand von 1933 bis 1936. Unruhen gab es am Jaffa-Tor in Jerusalem im Oktober 1933. Der jüdische Zuzug nach Palästina und die Entstehung des Staates Israel stoßen auf den Widerstand der arabischen Einwohner Palästinas. Es entsteht ein Konflikt, der in den Folgejahrzehnten in mehrere kriegerischen Auseinandersetzungen eskaliert und bis heute fortbesteht.

Der UN-Teilungsbeschluss vom November 1947 besagt:
1. Das Mandat für Palästina endet so bald wie möglich …
2. Die Streitkräfte der Mandatsmacht werden schrittweise aus Palästina abgezogen, wobei der Abzug so bald wie möglich abzuschließen ist, in jedem Fall bis spätestens am 01.08.1948.

Am 09.04.1948 kam es im arabischen Dorf Deir Jassin zu einem Massaker durch rechtszionistische Truppen: 120 Palästinenser – auch Kinder Frauen, Greise – wurden getötet oder ermordet. Vor lauter Panik flohen 300 000 Palästinenser oder wurden vertrieben.

Sobald das britische Mandat formal auslief, proklamierte am 14.05.1948 um 16 Uhr David Ben Gurion in Tel Aviv – ohne Einbeziehung der Palästinenser – nach 2 000 Jahren ohne eigenen Staat die Errichtung des Staates Israel **„Kraft des natürlichen und historischen Rechts des jüdischen Volkes".** Am selben Tag endete das Völkerbundmandat (Klasse A Mandat des Völkerbundes vom 19.04.1920) für Palästina.

Als Reaktion darauf griffen Ägypten, Syrien, Transjordanien, der Libanon und der Irak Israel an, mussten in diesem ersten Nahostkrieg jedoch eine Niederlage hinnehmen. Israel wiederum gelang es, mit diesem Krieg sein Staatsgebiet über die Grenzen des UNO-Teilungsplanes hinaus um ein Drittel zu vergrößern.

Nach dem Krieg wurden alle im neuen israelischen Staatsgebiet lebenden Menschen zu israelischen Staatsbürgern – nach dem Nationalitätsgesetz von 1952 damit auch etwa 160 000 palästinensische Araber. Die große Mehrheit der Araber, etwa 700 000 Personen, war vor den Kämpfen in die Nachbarländer geflohen bzw. dorthin vertrieben worden. Ihnen verweigerte Israel nach dem Krieg die Rückkehr. Daraus wird verständlich, dass der Krieg von 1948 bis heute zwei ganz unterschiedliche Bewertungen erfährt: Was jüdische Israelis als Geburt ihres Staates feiern, gilt den meisten Palästinensern bis heute als *Nakba*, „Katastrophe".

1950 wurde die Aufteilung Palästinas wieder ohne Mitwirkung derselben durch die formelle Annexion des Westjordanlandes durch das Königreich Jordanien besiegelt. Palästina-Gebiete standen unter israelischer Herrschaft.

1964 wurde die PLO gegründet mit dem Ziel eines eigenen Staates und der Vernichtung Israels, welches sich palästinensische Gebiete angeeignet hat. Die Fatah unter Jassir Arafat unterstützte dies.

Im Sechstagekrieg 1967 hatte Israel das Westjordanland – die Westbank – erobert, sowie den ägyptischen Teil Palästinas.

Die UNO-Resolution 242 von 1967 fordert bis heute den Rückzug aus den von Israel besetzten Gebieten! Israel negiert diese und Folgeresolutionen bis heute.

Nach der Besetzung beider Landstriche durch Israel 1967 entstand die „Palästinensische Befreiungsorganisation".

1974 wurde die PLO als einzig legitime Vertretung des palästinensischen Volkes von der UNO anerkannt.

Im Juli 1980 annektiert Israel per Gesetz das im Sechstagekrieg eroberte Ostjerusalem und erklärt Jerusalem zur ewigen ungeteilten Hauptstadt.

Im Dezember 1987 erfolgt die Gründung der Hamas.

1988 hat die PLO ihr Ziel die Zerstörung des Staates Israel aufgegeben. Die Palästinensische Nationalcharta sieht noch immer eine Einheit Palästinas in den Grenzen der britischen Mandatszeit vor.

Im November 1988 ruft die vertriebene Führung der PLO mit Sitz in Algier den Staat Palästina aus.

1993 beginnt die Hamas mit Selbstmordattentaten in Israel.

Israelische Truppen marschieren immer wieder kurzfristig in den Gazastreifen und das Westjordanland ein. Am 17.04.2004 wird der Hamasführer Abd-al-Aziz ar-Rantisi von Israelis gezielt getötet. Es folgen weitere israelische militärische Operationen.

Im September 2005 beendet Israel die fast 40-jährige Besetzung des Gazastreifens.

26.01.2006 siegt die Hamas bei den Parlamentswahlen im Westjordanland und im Gazastreifen. Israel beginnt, den Gazastreifen einzuzäunen. Es gibt für die Palästinenser bis heue keine Fluchtmöglichkeit. Sie sitzen im Gefängnis Gaza, dem größten Freiluftgefängnis der Welt. Der von Europa bezahlte Flughafen Gaza wurde Monate nach Fertigstellung mit EU-Geldern 1898 von den Israelis vom 04.12.2001 bis 10.01.2002 völlig zerstört. Die EU erhob keine Forderungen. Von See wachen U-Boote und Schnellboote der Israelis über die Gazaküste.

In einem internen Konflikt endet der Streit zwischen Fatah und Hamas. Fatah erhält die Kontrolle über das Westjordanland und die Hamas über den Gazastreifen. 2011 versöhnen sich beide in Kairo.

Seit dem 08.10.2023 stehen sich der Ministerpräsident Benjamin Netanjahu in Israel und die Hamasführer im Gazastreifen gegenüber. Netanjahu, geboren 1949 in Tel Aviv, ist in Amerika aufgewachsen. 1988 kehrte er zurück nach Israel. Ministerpräsident von 1996–1999, 2009–2021, 2022 bis heute. Seine Auffassung ist bekannt.

Netanjahu kooperiert mit Russland gegen Syrien. Daher gab es auch keine Unterstützung für seinen Glaubensbruder Selenskyj im Russlandkrieg gegen die Ukraine. Benjamin Netanjahu ist ein Sympathisant von Donald Trump. Er hat es über 15 Jahre Regierung nicht gewollt, die UN-Resolution 181 umzusetzen. Warum nicht? Weil Benjamin Netanjahu und seine jetzigen Regierungsmitglieder nach Hammurabi verfahren: Auge um Auge, Zahn um Zahn, bis zum letzten toten Hamas. Die Unbekannte dabei ist, dass es auf dieser Welt niemand gibt, der weiß, wieviel Hamas es gibt, wer sie sind und wie sie aussehen.

Das Selbstverteidigungsrecht Israels spricht niemand ab. Aber gegen eine unmilitärische Zivilbevölkerung Bomben einzusetzen ist ein Kriegsverbrechen. Gegen eine Fußtruppe unbekannter nicht erkennbarer Anzahl von Widerstandskämpfern (ca. 0,1 % der Bevölkerung) führt diese Art Kriegsführung vorsätzlich bis zur Vernichtung von Tausenden unschuldigen Palästinensern. Und alle Welt schaut wieder zu! Aus der Geschichte wurde offenbar nicht gelernt. Krieg wird immer noch als legitimes Mittel zur Durchsetzung nationaler Interessen angesehen.

Bis heute ist die Kommandozentrale unter dem größten Krankenhaus in Gaza nicht gefunden worden. Das ist unglaubwürdige Propaganda Israels und erinnert an Präsident Bush mit Lügen, um den Irak-Krieg zu begründen.

Es ist keine Selbstverteidigung, Hunderte gefangene Männer in Unterhosen im Wüstensand in der Sonne sitzen zu lassen, die

Zivilbevölkerung auszuhungern, deren Wohnstätten zu bombardieren und Kinder mit Granatfeuer auf Krankenhäusern und Schulen zu verstümmeln.

Der internationale Gerichtshof in Den Haag hat im Mai 2024 Israel zu einer sofortigen Beendigung des Militäreinsatzes im Süden von Gaza verpflichtet.

Gegen Benjamin Netanjahu wurde am 20.11.2024 ein Haftbefehl erlassen, ebenso wie gegen Wladimir Putin: Verbrechen gegen Völkerrecht und Kriegsvölkerrecht liegen dem zugrunde.

Dennoch hat Benjamin Netanjahu offensichtlich reiche religiöse Freunde in den USA, die ihm den 4. Auftritt vor dem US-Parlament ermöglicht haben. Was sind das für Menschen, die einen Führer einladen und zujubeln, der im eigenen Land gegen Gesetze verstoßen hat und dafür vor Gericht steht und bisher über 150 000 tote und verstümmelte Palästinenser und weitere Tausende libanesische Zivilisten zu verantworten hat.

Die Welt dieser Art Führer hat sich nicht verändert.

Die Palästinensische Autonomiebehörde war als Gesamtheit nicht lange aktiv. PLO, Fatah und Hamas haben aufgrund unterschiedlicher politischer Ansprüche an einen Staat Palästina zu der heutigen Situation beigetragen. 2006 siegte die Hamas bei den Parlamentswahlen und Israel zog sich aus dem Gazastreifen zurück und evakuierte die eigenen Israelis/Juden gegen ihren Willen und erheblichen Widerstand.

Die Hamas ist eine Gruppe von Widerstandskämpfern, deren oberste Führer im Ausland lebten. Man schätzte einen Kern von 2 200 und eine unbekannte Anzahl von Sympathisanten der 2,2 Millionen Palästinenser. Ziel Ihres Überfalls vom 07.10.2023 war es, die arabischen Friedensinitiativen zu beenden und des Weiteren jeder Art Störungen bis zur Schaffung eines eigenständigen Staates Palästina zu verursachen.

Die Regierung Israel

Um die Regierung kämpfen in Tel Aviv rechtskonservative, zionistische, liberale, liberal zionistisch, sozialistische, sozialistisch arabische, kommunistische, konservative, nationale, national religiöse, usw. Parteien.

Netanjahu regiert seit 2022 mit seiner Likudpartei (32), Parteigruppe Religiöser Zionismus (14) und Ultraorthodoxe (18), eine jüdisch religiöse Gruppierung gegen die Opposition liberal/demokratische Parteien. Auf den Punkt gebracht bekämpfen sich radikale aggressive Rabbiner, die in ihren Gruppen bestimmen und Demokraten, die aus dem Europäischen Judentum kamen und als die Kibbuze den Staat Israel aufgebaut haben. In der zionistischen Gruppe ist Radikalismus und Rassismus gegenüber „anderen Gläubigen" angesagt, wie die Siedler im Westjordanland gegenüber dortigen Palästinensern täglich beweisen.

Solange die radikalen religiösen Vertreter in einer Regierung Netanjahu sitzen, wird es von Seiten Israel keinen Frieden geben.

Solange die Palästinenser kein eigenes Territorium gemäß der von 138 Staaten anerkannten UN-Charta erhalten, wird es von Seiten des Iran und seiner Anhänger keinen Frieden geben. Hamas und Hisbollah bleiben der verlängerte militärische Arm des Iran.

Verfasser: **DANIEL ADLER**

Israels Waffen

Die israelische Armee (IDF) ist im Besitz der modernsten Waffen der Welt. Terrororganisationen wie die Hisbollah und die Hamas verursachen regelmäßig weniger tödliche Bedrohungen als Psycho-Chaos mit eher primitiven Raketen oder Drachen und Luftballons (Hamas und palästinensischer Islamischer Dschihad). Diese Situation dauert seit Jahren an, aber jetzt werden neue hochmoderne Waffen der israelischen Armee eingesetzt.

Laserwaffe Nummer 1

Ende Dezember 2019 stellte die IDF ein Lasersystem mit dem Namen „Light Blade" vor, das sich mit dem „Kite Jihad" befassen wird, dem unermüdlichen Versuch, Felder und Wälder im Süden Israels mit sogenannten Brandballons und Drachen in Brand zu setzen.

Die Light Blade wird diese Drachen und Ballons abschießen, bevor sie Israel erreichen können. Das Lasersystem kann Ziele im Umkreis von zwei Kilometern abschießen und ist mobil.

Das System wird nun entlang der Grenze zu Gaza und dem Libanon eingesetzt, von wo aus auch die Hisbollah im vergangenen Sommer sporadisch Angriffe mit Brandballons und Drachen startete.

Iron Dome

Iron Dome (alte Version) hat bis heute beeindruckende 2 400 Raketen abgefangen und wurde auch im Norden Israels bei Konfrontationen mit iranischen Streitkräften und deren Vertretern eingesetzt.

Ein Jahrzehnt nach seiner Einführung kann der Iron-Dome-Schild nun 100 Prozent der ankommenden Raketen abfangen.

Panzer

Die Rafael Company gab weiterhin bekannt, dass sie ihre erfolgreiche Panzerabwehrrakete SPIKE-SR aufgerüstet hat, die in mindestens 34 Länder weltweit verkauft wird. Der ultraleichte (10 kg) SPIKE-SR kann nun Ziele in einem Umkreis von zwei Kilometern treffen und wird von der Infanterie eingesetzt. SPIKE-SR ist die kleinste Version der Panzerabwehrrakete und verfügt über einen hochexplosiven Panzerabwehrsprengkopf (HEAT), der trotz des Vorhandenseins einer *Explosive Reactive Armor (ERA) Abwehr* an einem Panzer in das Ziel eindringen kann.

Nach einem Kaltstart kann sie innerhalb von nur sechs Sekunden aktiv sein und sich schnell bewegende Ziele angreifen.

Hoch Energie Laser

Die Entwicklung und Verwendung der Abfangraketenschilde Iron Dome ist jedoch äußerst kostspielig, da beispielsweise der Abschuss einer Rakete zwischen 50 000 und 60 000 US-Dollar kostet.

Angesichts der Aussicht auf einen Mehrfronten-Raketenkrieg, der laut Experten einen Regen von bis zu 1 500 Raketen pro Tag auf die israelischen Städte sowie die militärische und zivile Infrastruktur mit sich bringen könnte, könnte ein solcher Krieg den jüdischen Staat finanziell und produktiv in die Knie zwingen.

Der Einsatz des neuen Hochenergielasers kostet nur noch einige Dollar pro Schuss.

Hoch Energie Laser sind der Beginn einer neuen Ära der Kriegsführung. Durch die Forschungs- und Entwicklungsinvestitionen der Verteidigungsbehörde in den letzten Jahren gehört der Staat Israel zu den führenden Ländern auf dem Gebiet der Hochenergielasersysteme. Die Entwicklung des neuen Lasersystems begann im Jahr 2009 und erlebte 2019 einen großen Durchbruch, als es den Ingenieuren des Verteidigungsministeriums, Rafael und Elbit, gelang, den Laserstrahl auf Ziele mit großer Reichweite zu richten und zu stabilisieren und gleichzeitig atmosphärische Störungen zu überwinden.

Das Verteidigungsministerium hat jetzt drei Programme gestartet, um in einem ersten Schritt ein Bodenlasersystem zu entwickeln, das als Ergänzung zu Iron Dome verwendet wird. Die zweite Phase beinhaltet die Entwicklung eines mobilen Systems zum Schutz der Bodentruppen während der Schlacht. Ein drittes Projekt ist die Integration des neuen Lasers in eine Drohne wie den Heron of Israel Aerospace Industries. Eine solche Drohne wäre in der Lage, auf einfallende Projektile weit außerhalb der Grenzen Israels zu zielen und den derzeitigen Raketenaufbau in Syrien und im Irak unbrauchbar zu machen.

Die überlebenden Hamas, der Islamische Dschihad sowie die Hisbollah, die vom Iran gegründete Golan-Befreiungsbrigade und die Quds Force des Islamic Revolution Guards Corps im Iran werden sich auf die neuen Waffensysteme einstellen müssen.

Dabei ist die Unterstützung mit US-Waffensystemen in die Bewertung mit einzubeziehen. Und die Exporte von Rüstungsgütern von Deutschland unterliegen einer Klage von Nicaragua beim Internationalen Gerichtshof in Den Haag.

FRIEDENSAUSSICHTEN

Zur Beurteilung über die Friedensaussichten, die 138 Nationen und beide zivilen Bevölkerungen wollen, sind alle Faktoren mit Einfluss auf den Nahen Osten zu berücksichtigen. Nach einem Jahr Krieg durch ISRAEL/Ministerpräsident Benjamin Netanjahu, der über **einhundertsechzigtausend** tote/ermordete/verletzte/schwer verletzte Palästinenser Zivilpersonen, 2/3 Gebäude, 70 % Schulen und Krankenhäuser gefordert hat, sind keine Emotionen, sondern Tatsachen zu bewerten. Historische Ereignisse spielen dabei eine große Bedeutung.

Staat

Vor dem Teilungsplan lebten im britischen Mandatsgebiet 1947 rund 1,41 Millionen arabische Palästinenser und etwa 650 000 Juden. Dennoch sollte der arabische Staat nur 43 % des britischen Mandatsgebietes umfassen, während für den jüdischen Staat 57 % vorgesehen waren. Die arabische Bevölkerung Palästinas lehnte den Teilungsplan ab. Denn die Vereinten Nationen hätten nicht das Recht, über Palästinas Zukunft gegen ihren Willen und auf ihre Kosten zu entscheiden. Der Streit war vorprogrammiert!

Israel wurde trotzdem am 14.05.1948 von Ben Gurion auf einem Gebiet gegründet, dass gem. UN-Teilungsplan vom 29.11.1947 den Israelis zugesprochen war. Es ist heute ein Staat mit 9,4 Mio. Einwohnern, davon 7 Mio. Juden, 2 Mio. Araber und 0,4 Mio. andere wie Christen und Drusen. Bei der letzten Demonstration gegen Netanjahu mit 150 000 Israelis hat sich gezeigt, dass sich die Araber Israels davon fernhalten; es tut sich eine Spaltung auf, weil die Demonstranten kein Wort über die getöteten/ermordeten Palästinenser verlieren und nur israelisch denken und demonstrieren. Diskussionen werden zunehmend feindlich.

Die Palästinenser haben bis heute keinen eigenen Staat. Ihr Siedlungsgebiet ist seit 1994 von den Israelis durch Sperranlagen mit den 3 kontrollierten Grenzübergängen Kerem, Schalom und Rafah zum größten Freiluftgefängnis der Welt ausgebaut worden. Die Palästinenser sind ein arabisches Volk von 2,2 Mio. Einwohnern und haben viele Sympathisanten, die gegen diese Art von Krieg sind. Gaza-Land ist mit Munition und Chemikalien verseucht sowie mit zerstörter Infrastruktur von jeder Art Energie. Gaza und Westjordanland bilden jetzt ein staatenloses Rest-Palästina. Gaza war vorher 40 Jahre von den Israelis besetzt. Netanjahu und seine Anhänger wollen diesen Staat nicht. Netanjahu hatte Katar erlaubt, die Hamas finanziell zu fördern, damit er sagen konnte: Ich habe gar keinen Ansprechpartner für eine Zweistaatenlösung.

Politik

Ziel der Führung Israels ist die totale Vertreibung der Palästinenser aus dem Westjordanland und dem Gazastreifen. Zur Wahrheit gehört auch, dass sogar ein atomarer Einsatz von orthodoxen Extremisten angedacht wird, wenn es zu keiner Sicherheit für Israel kommt.

Ziel der Führung der Hamas, bestehend aus politischer Partei, soziales Hilfswerk, Izzadin al-Qassam-Brigaden und ihrem Unterstützer Iran ist nunmehr die Vernichtung des Staates Israel. Die zivile Bevölkerung der Palästinenser steht in deren Abhängigkeit.

Religion

Die religiösen Einstellungen lassen keine Änderung der Haltungen zu. Im Koran und im Talmud finden sich Aussagen (über 2000 Jahre alt), die diese Art Auseinandersetzung rechtfertigen.

Militär

Israel hat die modernste Armee der Welt, mit der es den Hamas weit überlegen ist. Sie müssen den Partisanenkampf vermeiden, in dem sie unterlegen sind. So setzen sie hauptsächlich Bomben bei Nacht ein.

Die Hamas 0,1 % der Bevölkerung von Gaza sind eine Gruppe mit Handfeuerwaffen und nur im Partisanenkampf auf eigenem Gebiet überlegen. Es gibt keine Armee. Die eingesetzten Raketen sind minderwertig. Die Bedrohung mit gefährlichen Waffen kommt aus dem Iran.

Lebensverhältnisse/Lebensgrundlage

Israel ist ein weitgehend autarkes Land, kann sich selbst versorgen und hat für sich offene Grenzen. Aus den USA erfolgt eine nahezu 100%ige finanzielle Unterstützung für den Krieg und den Unterhalt des Militärs.

Rest Palästina ist bankrott. Arbeit bei 70 % Zerstörung und Vertreibung im Westjordanland verhindern Einkommen der Bevölkerung. Finanzielle Unterstützung kommt von Hilfsorganisationen und unbekannten Spendern. Kreditaufnahmen sind unmöglich. Der Waffeneinsatz wird angeblich vom Iran finanziell unterstützt.

Vorherige Kriegserfahrungen

Von Beginn des Jahres 2023 bis zum Überfall der Hamas starben in neun Monaten durch Israels Terroreinsätze 200 Palästinenser in Gaza. Gemäß Büro der Vereinten Nationen für die Koordinierung wurden im gesamten Westjordanland an 507 Palästinenserinnen und Palästinensern – darunter 87 Kinder – rechtswidrige Tötungen von den Israelis vorgenommen.

Israel wurde von Hunderten von Raketen aus Gaza beschossen; ohne Tote und Verletzte. Die Grenzanlagen waren bis zum 07.10.2024 ein technisch hochmoderner Schutz. Gaza befindet sich hinter zwei Sperranlagen, gemäß Israel zum Schutz gegen radikale Palästinenser, die in den Jahren zuvor durch Selbstmordattentate mehrere Israelis getötet hatten. Es sind Sperranlage und Schutzwall um den Gazastreifen von 60 km Länge und die Sperranlage zum Westjordanland hat 759 km. Die Küste wird von See her durch israelische Marinepatrouillen überwacht; unter Wasser und über Wasser sowie aus der Luft. daher gab es am Boden keine kriegerischen Auseinandersetzungen; ausgenommen etliche nächtliche Luftangriffe, um Führer der Hamas zu töten.

Trauma

Dem palästinensischen Trauma „Al Nakba", die Katastrophe von 1947 bis 1949 mit dem Massaker von Deir Jassin sowie Vertreibungen und Flucht von 750 000 Palästinensern aus 400 bis 600 Dörfer mit vergifteten Brunnen durch die Israelis aus der angestammten palästinensischen Existenz wird nun das israelische Bombentrauma mit permanenter Flucht innerhalb des Gefängnisses Gaza hinzugefügt. Diese Erlebnisse haben starke und lange Auswirkungen auf die Nachfolgegenerationen über weitere Jahrzehnte (siehe Erfahrungen in Geschichtsbücher).

Unterdrückung, Freiheitsentzug führen zu Wut, Ärger, Groll, Hass und Rache. Das Massaker in den Kibbuzen war Rache für jahrelange Besatzung, Unterdrückung und Demütigung seitens Israel.

Dem Juden-Trauma des Zweiten Weltkrieges folgt nach 84 Jahren das Israel-Trauma vom 07.10.2024 durch den überraschenden Überfall von Hamas Anhängern mit 1 200 Toten und Ermordeten.

Beide Traumata sind 76 bzw. 85 Jahre alt und zeigen ihre Auswirkungen. Das erneute Erstarken einer Judenfeindlichkeit hat in aller Welt eindeutig mit dem völkerrechtswidrigen

Krieg des Ministerpräsidenten Benjamin Netanjahus gegen die Zivilbevölkerung der Palästinenser zu tun, der entgegen seiner eigenen Bevölkerung in Israel nicht den Schwerpunkt auf Befreiung, sondern auf Rache mit militärischen Mitteln legt: Töten bis zum letzten Mann. Wer ist der letzte Hamas Mann?

Völkerrecht

Der extreme Hass, verbunden mit militärischer Erniedrigung und Trauma, wird von Führungskräften beider Seiten unerbittlich aufrechterhalten. Das Völkerrecht wird von Israel unter Führung von Benjamin Netanjahu völlig ignoriert. Das bisherige Geschehen bezeichnet der Bürger als Völkermord.

In einer Demokratie bringt man nicht alle Gegner um, die einem im Wege stehen!

Wer sich jetzt die Frage stellt, wie sieht die Zukunft aus, der muss **die heutigen jugendlichen Palästinenser der 3. „Vertriebenen Generation"** (74 % davon sind arbeitslos) mit einem Leben unter ständigem Waffeneinsatz im größten Freilichtgefängnis der Welt in einer realistischen Antwort als **dauerhafte Kriegskranke** einstufen. Das hat auf jeden Fall Auswirkungen auf andere Länder; besonders auch in Deutschland!

Daraus folgt, dass es je eine neue Generation geben muss, die unbelastet aufeinander zugehen kann. Die wird es aber in den kommenden 100 Jahren nicht geben! Die israelischen – nicht jüdischen [es handelt sich nicht um einen Glaubenskrieg] Feinde bleiben ein zusätzlicher Unsicherheitsfaktor.

Wer einen Krieg beendet, muss wissen, welche Personen danach eingesetzt werden sollen, um die neue Führung und den Frieden sicherzustellen. Die USA haben es nach dem 2. Weltkrieg nach ihren Kriegen nie geschafft! Sie haben nur gespalten. Erstes Beispiel ist Nord- und Süd-Korea.

Eine Zukunftsplanung für den Wiederaufbau Restpalästinas gibt es nicht. Eine Fremd-Finanzierung ist aus keiner Richtung in Sicht. Eine Eigen-Finanzierung ist aufgrund fehlender Ressourcen nie möglich.

Als Übergangslösung funktioniert nur eine neutrale Verwaltung unter Aufsicht der UN, die auch das neue Staatsgebiet Palästina mit einer geeinten politischen Führung festlegt und einen eigenen Staat Palästina als Zielsetzung hat. Für die neutrale Verwaltung muss die UN sorgen, die sich 1947 über die Palästinenser hinweg entschieden hat!

Bei einem erneuten Gegenschlag gegen den Iran steht Israel mit den USA allein da, weil Jordanien, VAR, Saudi-Arabien und Katar um einen Angriff auf ihre Ölfelder fürchten. Damit verbunden wäre auch der internationale Ölpreis mit Auswirkungen auf alle Länder der Welt.

Zu beachten ist: Der Kriegsbeginn mit der Hisbollah im Libanon, wieder mit unschuldigen Zivilisten, lenkt davon ab, die Frage vom Ende des Krieges in Gaza zu beantworten. Es handelt sich jetzt um zwei unabhängige Kriege in zwei Ländern gegen zwei Völker. Der verlagerte Krieg in den Libanon ist ein neues Kapitel gegen das Völkerrecht geworden.

Gerade zu Redaktionsschluss ist die Frage nach dem Ende der Kriege unbeantwortet.

Ärzte für Menschenrechte und Al Dschasira melden, dass der israelische Plan, die Zivilbevölkerung des nördlichen Gazastreifens vollständig zwangsumzusiedeln, begonnen hat. Dazu wird die Einfuhr von lebenswichtigen Hilfsgütern wie Nahrungsmittel und Medikamente sowie Treibstoff verweigert. Das nennt man Aushungern! Durch Erdbarrieren zwischen Gaza-Stadt und dem Norden sind schon Zehntausende Familien isoliert. Die ganze Vorgehensweise erinnert die Palästinenser an ihr Nakba 1948. Da kommen bei deren Großeltern und Eltern die Erinnerungen der Enteignung und Vertreibung erst durch jüdische Paramilitärs dann nach Staatsgründung durch das Militär Israels hoch. Bis zu 600 Dörfer wurden zerstört, Brunnen vergiftet und Eigentum geplündert. Das Trauma ist zurück!

Geheimdienst

Der Geheimdienst Israels Mossad gibt im Interview selbst die Antwort für die Zukunft. Zitat aus Sendung „60 Minutes" des US-Senders CBS.

Am 17.09.2024 um halb vier am Nachmittag piepten die Hosentaschen Tausender Hisbollah-Terroristen. Auf den Pagern, die sie hervorzogen, war zu lesen: „Sie haben eine verschlüsselte Nachricht erhalten." Um die Nachricht auf den Pagern zu entschlüsseln, mussten die Hisbollah-Mitglieder zwei Knöpfe an dem Gerät gleichzeitig drücken. Damit lösten sie selbst die Detonation des Sprengstoffs aus, der sich darin befand.

Am darauffolgenden Tag explodierten dann die „Walkie-Talkie-Bomben", wie Ex-Agent „Michael" sie nennt, in den Brusttaschen etlicher Hisbollah-Kämpfer. Diese Explosionen stellten sich als besonders fatal heraus, da die Opfer sie an einer empfindlichen Stelle trugen. „Die Bombe wurde also in die Brusttasche gesteckt, direkt über dem Herzen?", fragt CBS-Moderatorin Lesley Stahl den Ex-Geheimdienstler. „Ja", antwortet dieser.

Die Folge war eine unglaubliche Zahl an toten und verletzten Männern, die überall im Libanon in Notaufnahmen und Krankenhäuser eingeliefert wurden. Die meisten von ihnen verloren Finger oder ganze Gliedmaßen, viele ließen ihr Augenlicht, manche starben mit zerfetzten Eingeweiden. Mit der konzertierten Aktion versetzte Israel der Hisbollah einen schweren Schlag. Dabei wurden **3 000 Menschen verletzt, 30 starben, darunter auch zwei Kinder.**

Der Mossad ist offenbar stolz auf die äußerst blutige Anti-Terror-Operation. So sagt der Ex-Agent „Gabriel" über die Aktion, das Ziel sei es nicht gewesen, Hisbollah-Terroristen zu töten, sondern sie schwer zu verletzen. Die zynische Logik dahinter: „Diese Menschen ohne Hände und Augen sind der lebende Beweis dafür, dass man sich im Libanon nicht mit uns anlegen sollte. Sie sind der lebende Beweis für unsere Überlegenheit im gesamten Nahen Osten."

Israels Geheimdienst hält viel auf seine Fähigkeiten der Arglist und Täuschung. Dass der Mossad auch stark auf die psychologischen Wirkungen seiner Aktionen setzt, ist ebenfalls bekannt. Ihm geht es darum, seine Gegner einzuschüchtern. So lässt einer der beiden Ex-Agenten im Interview zum Schluss noch fallen, dass der Dienst bereits an einer ähnlichen Aktion arbeite. Welche Geräte dieses Mal manipuliert worden sein könnten, verrät er nicht. „Sie *[Anm.: die Feinde Israels]* sollen ruhig weiterraten, was als Nächstes in die Luft fliegen könnte."

Bei der öffentlichen Berichterstattung ist in Deutschland eine permanente journalistische Schieflage zu registrieren. Man muss doch der Welt reinen Wein einschenken. Das glaubt doch kein Mensch, dass die 3 000 Menschen und 2 Kinder Hisbollah-Kämpfer waren!

Vor aller Welt **in einem Jahr eine Stadt mit Zivilbevölkerung wie Ingolstadt platt** zu machen, schreit doch in der arabischen Welt nach Vergeltung. Der Ministerpräsident Israels, Benjamin Netanjahu hat die Zukunft seines Landes und seiner Religion weltweit selbst verspielt.

Jetzt kann sich die Welt darauf einstellen, dass in dieser Region das Wort Frieden auf Jahrzehnte ein Unwort bleibt.

© copyright by KD ✴

Zum Thema „Ursachen der fortwährenden Feindseligkeiten gegenüber Israel im arabischen Raum und in der Welt" wird eine Doktorarbeit ausgeschrieben.

Abgabe in Englisch oder Deutsch; Arabisch mit Übersetzung. Arbeiten, die nicht den deutschen Universitätsstandards entsprechen, werden nicht akzeptiert.

Sponsoren für die Ausschreibung und Preisgelder für 5 Arbeiten werden gesucht. Ernstgemeinte Voranfragen können unter kdk.dame@gmx.de gestellt werden.

Agrarwesen	Integration der alten Landwirtschaft der BRD in eine gleichrangige Gesamt-Wirtschaftspolitik mit Steuer- und Subventionsgerechtigkeit
AJRG	Arbeitsgruppe Justiz der Republik GERMANIEN ist eine Institution zur zügigen Anpassung von Rechtsvorschriften an veränderte Verhaltensweisen der Gesellschaft
Allgemeinwohl	Juristisch abgesicherte nicht einklagbare Ebene über dem Einzelwohl (für Spitzfindige: Gruppenwohl gleich Einzelwohl)
Arbeit	Tätigkeit für alle Bürger zur medizinisch geforderten Erhaltung der Gesundheit und Zufriedenheit
BIG	Bürgerinitiative GERMANIEN, eine Bürgerschaft (ehemals Partei)
Bildung	Gesamtstaatliche Aufgabe unter Einbeziehung der Länder/Stadtstaaten
BFM	Bürger Funk Medien, Schwerpunkt für politische Bildung aller Bürger
BMVg	Ehemals Bundesministerium für Verteidigung, jetzt MVg
Bürger	Staatsbürger, die alle Rechte und Bürgerpflichten der Verfassung wahrnehmen
Bürger Fernsehen	Monatsgespräche von Bürgern im staatlichen Fernsehen, ARD I für Nationales, ARD III für Regionales und ZDF für Globales.

Bürgerschaft	Gruppe von Bürgern
Demokratie	Volksherrschaft wie in der Republik GERMANIEN
Ehrenamt	Freiwillige Hilfe mit einheitlicher staatlicher Unterstützung für Fahrgelder
Eigentum	Für kulturelle Eigentumsschädigung gilt der neue § 305a StGB
EVG	Europäische Verteidigungsgemeinschaft mit ¾ Mehrheit statt 100 %
Ganzheitliche Verfahren	Juristische Verfahren von Straftaten als Gesamtvorgang ohne zusätzliche Klagen auf anderen Ebenen
Geopolitik	Ministerielle Konzeption der ehemaligen Außenpolitik ohne moralischen Zeigefinger und ohne finanzielle Auslandsgeschenke
Gesundheitswesen	Schutzpflicht mit dem Ziel der Wehrhaftigkeit der gesamten Bevölkerung
Gründerfond	Staatlich geförderte Unterstützung für Produkte, die im Interesse aller Bürger sind
Grundsteuer M	Im Mietrecht nicht identische Grundsteuer des Vermieters, sondern berechnete Steuer für die abgewohnte Nutzfläche des Mieters. Es sei denn, der Mieter besitzt Eigentumsanteile
Integration	Einheitliche konsequente schnelle Eingliederung in die Arbeitswelt mit eigener Unterkunft
IPFG	Institut Politische Führung GERMANIEN, eine Bildungsstätte der Basis- und Fachbildung für Regierung und Führungskräfte

ISYS	Intelligente Systemsteuerung
IT	Informationstechnik; auch Communications
Kanzler	Leiter der Republik GERMANIEN und Vorsitzender der Regierung
Kanzler Stellvertreter	Leiter im Verteidigungskrieg der RG
Klimaschutz	Vermeidung von nationalen Vorgängen, die zur Temperaturerhöhung der Erde beitragen
Koordinierungsausschuss	Institut auf Republikebene mit Zuständigkeit für die Wahl Planungsziele der Bürgerschaften mit Vorgaben für 15–20 Seiten (Transparenz und Vergleichbarkeit für die Bürger)
Kriminalität	In der BRD eine Form der Arbeit, in GERMANIEN erfolgreiche sofortige Täterbestrafung
Kultur	Hier der Unterricht mit den Bereichen Religionen, Traditionen, Sitten, Gebräuche, Kunst, Musik, Bürgerkunde, Sport in der Verantwortung der Länder und Stadtstaaten
Lobbyismus	Kontrollierter transparenter Zugang zur politischen Einflussnahme
Master of Government Science	Zertifikat für politische Führungskräfte nach dem Studienabschluss
Medizin Pflicht Behdlg.	Grundsätzlich für alle Gesunden eine gleiche Behandlung, um Ansteckungen Unbeteiligter zu verhindern
Merkel Politik	Regierungspolitik der BRD nach Bauchgefühl und daher unprofessionell in den Bereichen Atomenergie, Infrastruktur und Flüchtlinge

Migranten	Flüchtlinge mit Erlaubnis Einwanderer, ohne Erlaubnis Zuwanderer
MVg	Minister der Verteidigung als Führer im Verteidigungskrieg
Nationalbewusstsein	im Elternhaus und in staatlichen Ausbildungsstätten erlerntes Eintreten für die Nation GERMANIEN
NZG	Nationaler Zivilschutz GERMANIEN als Teil der Landesverteidigung
Öffentlichkeit	ist die gesamte Bevölkerung mit freiem Zugang zu allen allgemeinen Angelegenheiten der Bürger
OMADAKRATIE	Gruppenherrschaft; ausgeübt in der BRD und den USA als Pseudodemokratie
Pflegekosten	Kosten für staatliche und private Anteile zur Pflege
Politik	Führen von GERMANIEN, eine Gesellschaft mit mittelfristigen und langfristigen priorisierten Strategien, Taktiken und Plänen
Politiker	Absolventen der politischen Bildung und Fachausbildung SIR
Produktions-Priorität	Stätten der Herstellung und Logistik, die von gesamtstaatlicher Bedeutung sind, werden nach Prioritätenliste interministeriell koordiniert so unterstützt, dass sie in nationaler Verantwortung bleiben
Regierungswahl	Kandidatenwahl für die Regierung im 5-Jahre-Turnus. Ausnahme der Minister der Verteidigung erst nach 12 Jahren
Regionalwahlen	Wahlen der Länder und Stadtstaaten

Republikwahlen	Wahlen der Parlamentarier – ohne Regierung – turnusmäßig alle 5 Jahre – um 1 Jahr versetzt zur Regierungswahl
Richterrat	In der BRD nicht eingeführtes, aber von der EU seit 2009 empfohlenes Kontrollelement
RG	Republik GERMANIEN, Demokratischer Nationalstaat in Zentral Europa
sGV	Sofortige Gerichtsverfahren ohne Verzögerung, um weitere Schäden von Bürgern dieser Demokratie abzuwenden
Sichtweisen	Durch Zuhören zu respektierende Meinungen, wie: energetisch, finanziell, geopolitisch, juristisch, kulturell, medizinisch, moralisch, militärisch, national, religiös, sicherheitsmäßig, sozial, wirtschaftlich, wissenschaftlich. Durch Erkennen von Zusammenhängen, Priorisierung und Koordinierung werden sie zu einer politischen Grundlage für Entscheidungen
Sozialleistungen	Leistungsbezogene staatliche Zuwendungen unter Berücksichtigung des Arbeitswillens
Sport	Bewegung aller gesunden Bürger von der Schule bis zum Rentenbeginn zur medizinisch geforderten Gesunderhaltung und Vermeidung unnötiger Krankenkosten
Staat	Politische Instanz für Recht und Ordnung der Gesellschaft mit Staatsvolk, Staatsbürger als mündige und registrierte Bürger
Ständiger Sicherheitsschutz	Juristisch auferlegte Aufgaben und Arbeiten für Straftäter in Tätigkeitsfeldern der Öffentlichkeit

Stellenbeschreibung ministerielle Führung	Das Anforderungsprofil beinhaltet: Aufgaben/Tätigkeiten; Fremdsprachenkenntnis mindestens Englisch Stufe B; Fachkenntnisse: Basiskenntnisse aller Aufgabenstellungen des Ministeriums, Persönliche Fähigkeiten wie Einsatzbereitschaft, Durchsetzungsvermögen, Teamfähigkeit, Verlässlichkeit, Glaubwürdigkeit, Koordinierungswille,
Streik	Ein nicht gesellschaftsschädigender Arbeitskampf. Wird in der RG differenziert ausformuliert und namentliches Grundrecht in der Verfassung
Studium SIR	Studium für Internationale Regierungswissenschaft mit Basis- und Fachseminar
Tarifverträge	Beschäftigungsverträge der Wirtschaft mit Mindestlaufzeiten von 2 Jahren für die erforderliche Planungssicherheit
VDRG	Verteidigungsdienst der Republik GERMANIEN
VP Nr	Personenbezogene Verteidigungspflicht Nummer
VPRG	Verteidigungsplan der Republik GERMANIEN
Verfassung RG	Gemäß GG-Artikel 146 der BRD die geforderte nationale Gesetzgebung nach Vollendung der Einheit und Freiheit Deutschlands.
Verteidigungsfähigkeit	Dauerhafte parteipolitisch unabhängige Fähigkeit zur Verteidigung
Verteidigungspflicht	Pflicht für alle Bürger, um im Verbund der NATO und der EU einen Verteidigungskrieg zu verhindern

Verteidigungspolitik	Durchgängig langfristig geführte gemeinsam beschlossene Sicherheitspolitik
Währung	Grundwährung Euro, €. Eine €-Kryptowährung wird unterstützt
Wehrhaftigkeit	Bereitschaft, Frieden und Freiheit der Republik zu verteidigen
Wert des Menschen	Für sämtliche Gerichtsverfahren allgemeingültige monetäre Bewertung einer getöteten Person, unabhängig von der juristischen Sichtweise über die Art der Tötung.
Wirtschaftspolitik	Mittel- und langfristige Förderung und Gesetzgebung zum Wohle der gesamten Gesellschaft nach Abschaffung der Subventionspolitik
Miet-Wohnen	Begrenzter Basis-Mietzins für das tatsächliche Abwohnen der Mieter
Zentralkartellamt	Neue und einzige Institution für alle Wirtschaftsverstöße auf Ebene der Republik
ZPBGG	Zentrale der Politischen Bildung GERMANIEN in Berlin. Zugeordnet ist jeweils eine Institution der Länder und Stadtstaaten
Zukunftsmesse	Messe mit Schirmherrschaft der Regierung über jährliche kostenlose Vorstellungen von Innovationen jeder Art von jungen Leuten bis 27 Jahre

STICHWORTVERZEICHNIS

BRICS	Brasilien, Russland, Indien, China, Südafrika
BVP	Bayrische Volkspartei
CAPC	Center to advance palliative care, Zentrum zur Förderung Palliativpflege
CEO	Chief executive officer = Hauptgeschäftsführer
FEMA	Federal Emergency Management Agency; übersetzt
	Nationale Koordinierungsstelle für Katastrophenhilfe
HVR	Humanes Völkerrecht
IDF	Israel Defense Forces
ISYS	Institut für Systemdynamik (von Forschung bis Anwendung)
KPD	Kommunistische Partei Deutschland
KSWR	Kampffront Schwarz-Weiß-Rot (aus DNVP und Stahlhelm)
NSDAP	Nationalsozialistische Deutsche Arbeiterpartei
P.E.I.	Prince Edward Island, CanadS
RKW	Rationalisierungs-Kompetenzzentrum Deutsche Wirtschaft
UmA	Unbegleitete minderjährige Ausländer
UNOSAT	Satellitenbeobachtungsprogramm der UNO

EIN HERZ FÜR AUTOREN A HEART FOR AUTHORS À L'ÉCOUTE DES AUTEURS MIA ΚΑΡΔΙΑ ΓΙΑ
ΣUΓΓΡΑΦΕΙΣ FÖR FÖRFATTARE UN CORAZÓN POR LOS AUTORES YAZARLARIMIZA GÖNÜL VEREL
... PER AUTORI ET HJERTE FOR FORFATTERE EEN HART VOOR SCHRIJVERS TEMOS OS
... SERCE DLA AUTORÓW EIN HERZ FÜR AUTOREN A HEART FOR AUTHORS À L
... ВСЕЙ ДУШОЙ К АВТОРАМ ETT HJÄRTA FÖR FÖRFATTARE À LA ESCUCHA DE LOS
... ΜΙΑ ΚΑΡΔΙΑ ΓΙΑ ΣUΓΓΡΑΦΕΙΣ UN CUORE PER AUTORI ET HJERTE FOR FORFATTERE
... ZERZÖINKÉRT SERCE DLA AUTORÓW EIN HEI
... ORAÇÃO ВСЕЙ ДУШОЙ К АВТОРАМ ETT HJÄR

Der Autor

Karl Dame wurde 1942 in Berlin-Lich-
terfelde geboren. Nach dem Abitur
absolvierte er eine Ausbildung zum
Kaufmann für Groß- und Außen-
handel. Beruflich war er auch als
Datenverarbeitungs-Anwendungs-
organisator, als Berufssoldat (Mari-
ne-Stabsoffizier) und als Testamentsvollstrecker tätig. Über besondere
Fähigkeiten verfügt er im Bereich der Navigation,
Planung, Organisation und Gestaltung. Zu seinen
Lieblingsaktivitäten zählen Malen, Rudern, Segeln,
Reiten, Radfahren und Fotografieren. Sein bishe-
riger schriftstellerischer Werdegang umfasst eine
Tätigkeit als Chefredakteur der Schülerzeitung „das
panorama" der Berufsschule Berlin-Schöneberg
und der Monatsschrift „Einblick" der Freien Wählergemeinschaft Kosel. Er ist auch Autor der beiden
unveröffentlichten Teile C und R der Eis-Trilogie.

Der Verlag

*Wer aufhört
besser zu werden,
hat aufgehört
gut zu sein!*

Basierend auf diesem Motto ist es dem novum Verlag
ein Anliegen, neue Manuskripte aufzuspüren, zu veröffentlichen und deren Autoren langfristig zu fördern.
Mittlerweile gilt der 1997 gegründete und mehrfach
prämierte Verlag als Spezialist für Neuautoren in
Deutschland, Österreich und der Schweiz.

**Für jedes neue Manuskript wird innerhalb we-
niger Wochen eine kostenfreie, unverbindliche
Lektorats-Prüfung erstellt.**

Weitere Informationen zum Verlag und
seinen Büchern finden Sie im Internet unter:

w w w . n o v u m v e r l a g . c o m